中华老字号 传承创新中的

法律风险防范

王正志 / 主编

中国民主法制出版社

图书在版编目（CIP）数据

中华老字号传承创新中的法律风险防范／王正志主

编．—北京：中国民主法制出版社，2023．11

　ISBN 978-7-5162-3427-3

　Ⅰ．①中…　Ⅱ．①王…　Ⅲ．①老字号—工商企业—企

业法—研究—中国　Ⅳ．①D922．291．914

中国国家版本馆 CIP 数据核字（2023）214529 号

图书出品人：刘海涛
责 任 编 辑：陈　曦　袁　月

书名／中华老字号传承创新中的法律风险防范
作者／王正志　主编

出版·发行／中国民主法制出版社
地址／北京市丰台区右安门外玉林里 7 号（100069）
电话／（010）63055259（总编室）　　63058068　63057714（营销中心）
传真／（010）63055259
http：// www. npcpub. com
E-mail：mzfz@ npcpub. com
经销／新华书店
开本／16 开　710 毫米×1000 毫米
印张／18. 25　**字数／**254 千字
版本／2024 年 1 月第 1 版　2024 年 1 月第 1 次印刷
印刷／北京天宇万达印刷有限公司

书号／ISBN 978-7-5162-3427-3
定价／98. 00 元
出版声明／版权所有，侵权必究。

本书编委会

主　　编：王正志

编 委 会（按正文编写顺序排列）：

骆振宇　袁　吉　杜　淼　罗　瀚　沙仁高娃

刘　敏　杨守义

前言

北京:"头顶马聚源,脚踩内联升,身穿八大祥,腰缠四大恒"……

上海:从大白兔奶糖到南翔小笼包,从永久牌自行车到上海牌手表,从恒源祥毛衣到老凤祥珠宝……

广州:王老吉凉茶、蛇胆川贝枇杷膏、致美斋酱园、莲香楼广式月饼和皇上皇的广式腊肠……

漫漫岁月长河始终流淌,从北到南的众多老字号灿若星辰,数不胜数。老字号代表着传承、发展的精神理念和高质量、讲信誉的不变承诺,这一共识存在于不同时代的消费者心中。"诚是无声广告,信为金字招牌。"不论是在日常生活场景,还是在专业研究领域,老字号都被理所当然地与历史、文化等领域相联系。老字号,尤其是中华老字号,已经成为中华优秀传统文化的重要符号。

然而,在网络时代和数字经济的大背景下,中华老字号品牌也同样面临着现代商业市场的诸多挑战。一方面,老字号有沿袭多年的商业风格、产品与服务方式,且相对成熟固定;另一方面,在消费升级换代的浪潮下,作为消费者主体的年轻人群体更加注重新鲜感和个性化体验,墨守成规的产品、服务和营销必然会被认为陈旧而乏味。对于中华老字号的未来发展,可以预见到的是,行业竞争将更为激烈,品牌崛起或消失的速度也会更快。结合我们长期服务的各类型老字号企业，我们发现，中华老字号要长盛不衰，不仅需要恪守商道，诚信经营，还必须采取更好的管理和经营策略，依法经营，合规经营；同时，也要学习、使用互联网和数字化技术，着力提升品牌形象和产品质量。

15年前我们出版了《中华老字号：认定流程、知识产权保护全程实录》一书，当时关注重点是中华老字号的知识产权保护问题。随着与中外老字号企业的接触不断深入，我们发现，知识产权保护固然是中华老字号企业的核心工作，但企业日常的法律风险防范、合规建设以及整体经营的法治思维同样不容忽视。老字号企业秉承的诚实守信理念其实与法治的本质并无二致，也是鉴于此，我们汇总了部分研究，将一些经验以案例的形式诠释出来，从律师视角为老字号的发展提供建议，期待这样的尝试能够帮助老字号的经营者和管理者获得经验和启发，为广大老字号企业守正创新、传承发展贡献专业力量。

本书主要分为三部分。第一部分将介绍最新的中华老字号的示范创建政策，包括其历史渊源、品牌文化、发展保护价值及申报规则。第二部分将深入探讨中华老字号与法律和知识产权的关系，分析中华老字号在知识产权保护方面所面临的挑战，阐述中华老字号如何保护自己的品牌商标、防范侵权行为等。第三部分则着眼于法律之外，从产品、客户和经营策略调整等方面为促进中华老字号品牌的传承和创新发展提供建议。

这本小书的诸多思考，得益于骆振宇、袁吉、杜淼、罗瀚、沙仁高娃、刘敏及杨守义等同事，因此本书也是前述各位的作品，我衷心感谢每一位对于各章节的贡献。在我以演说或通讯的形式进行阐述后，很多老字号掌门人、老字号专家对如今呈现在本书中的某些思想观念加以评论，并给予我鼓励和鞭策，对所有这些人我致以衷心的谢意。

感谢中国民主法制出版社的刘海涛社长、袁月编辑，本书在很多环节离不开他们的协助。

感谢所有支持我们开展老字号相关工作的各界师友，没有大家的接纳、包容和持续鼓励，难以想象自己能够在此领域连续工作了20年。

　　更要感谢全国各地老字号的掌门人及管理团队，是他们在风云变幻的经济环境下，坚持、努力值守并发展着老字号。多年来，老字号企业攻坚克难、百折不挠地传承着优秀的中华商业文明和文化，相信今天的老字号也一定能继续引领风骚，继续代言我国的商业精神和传统文化，也一定能够实现我国商业崛起、民族复兴的愿望。

王正志

2023 年 10 月 16 日于北京

目录

第一部分 中华老字号示范创建政策

第二部分　老字号面临的法律风险及其应对措施

第三部分　中华老字号传承创新发展

第一部分

中华老字号示范创建政策

一、什么是中华老字号

（一）中华商业文明概览

　　中华商业文明是指在中国历史上形成的商业发展和商业文化的总称，它包括了商业交流、商业制度、商业道德、商业思想等方面的内容。自古以来，中国就是一个物产丰富、商业繁荣的国家，商业文明在中国的历史上扮演着非常重要的角色。商业交流是中华商业文明的核心之一。早在商代，商人们就开始了商业交流，商代商人的商业活动包括狩猎、捕鱼、农耕、手工业生产等。商代商人之间的交易以实物交换为主，例如用铜器交换粮食、用布帛交换盐等。商代以后，商业交流逐渐发展成以货币为媒介的交易方式。汉朝时期，货币的出现和流通，推动了中国商业交流的发展。由于货币的广泛使用，商业交流的范围逐渐扩大，商人们开始组织商队，进行长途贸易。唐朝时期，丝绸之路的开辟，更是促进了东西方商业交流的繁荣。宋朝时期，南北方的商业交流达到了空前的繁荣，此时商人们开始使用银钱作为交易媒介，宋朝的货币制度也随之发展。明朝时期，中国的海洋贸易也逐渐发展起来，商人们开始进行远洋贸易，与东南亚、南亚等地区进行贸易往来。清朝时期，中国商业交流的范围更是广泛，不仅与周边国家进行贸易，还与欧洲国家进行贸易往来。中华商业文明的发展是与商业交流紧密相连的。

　　中华商业文明是中国传统文化的重要组成部分，对于中国社会的发展和进步起到了重要作用。随着时代的变迁，中华商业文明的传统精神仍然具有很强的现代价值。

　　商业文化的核心是诚信，诚信既是商业交流的基础，也是社会信任和稳定的重要保障。在当今社会，商业活动已经成为社会经济发展的重要动力，诚信也成为商业交流和社会交往的重要因素。因此，中华商业文明的诚信精神仍然具有很强的现代意义。

商业制度是商业文明的重要组成部分，商业制度的完善和发展对于商业交流的规范和保障起到了重要作用。在当今世界经济一体化的背景下，商业制度也需要不断地完善和发展，以应对新的商业形式和商业挑战。

我们的祖先并非唯擅农耕、拙于工商。中华民族不仅创造过人类历史上辉煌的农业文明，而且创造过发达的工商业文明，进行过繁荣的国际贸易，其代表就是从中国出发、连接亚欧非的陆上丝绸之路和海上丝绸之路。在工商业经济长期领先于世界的基础上，中华民族创造了独具特色、自成一脉的商业文化。

中国传统商业文化是中华优秀传统文化江河水系的一脉支流，是中华优秀传统文化良田沃土孕育滋养的瑰丽结晶。中华优秀传统文化具有的讲仁爱、重民本、守诚信、崇正义、尚和合、求大同等特质，塑造着商业文化的价值取向、事业追求、职业态度、行为规范、得失标准。商业文化以工商业者为传承主体，以行规业俗为载体，以金谷细务为对象，以国计民生为旨归，特别强调足履实地，格外注重行动实效，是知行合一的实践舞台、经世致用之笃行原野。

中国古代的商品交换出现于旧石器时代，专业化商业起源于夏朝后期。较早从事职业性商贸活动的是居住在今河南东部的商族部落，后世的商业、商人、商品等概念均与商族部落有关。春秋战国时期，民营工商业空前繁荣，管仲、鲍叔牙、子贡、范蠡（陶朱公）、白圭、吕不韦等一大批士大夫出入商海，具有很高的社会地位、思想水平和政治影响。他们不仅在商界长袖善舞，也注重从理论上探究商业本质和规律。范蠡赖以致富的《计然之策》、白圭提出的为商四德"智勇仁强"等，都以商人自己的话语展现出工商业者的理论探索成果，标志着已经形成研究工商业经济以"富国""富家"的专门学问。孔子称这种专业知识和能力为"货殖"。《史记·货殖列传》集先秦与秦汉商业文化之大成，在世界商业文化史上的地位同期无出其右。秦汉以降，虽然历代王朝奉行重农抑商政策，但实质并非摒弃工商业，而主要是把利润丰厚和关系国计民生的重要物品，如盐、铁、铜、酒、茶、醋、香药、矾等纳入官府专卖制度，服务于国家财政。事实上，无论是私人著述，抑或是历代正史《食货志》载录的官方政策，都主张工商业是社会经济不可或缺的有机组成部分。与之相伴生发展的商业文化也薪火相传，绵延至今。

中国古代工商业经济的持续发展及其长期居于世界前列的经济成就，与商业文化和商业精神同频共振，相互激荡，从侧面展现了中华优秀传统文化经邦济世、富国裕民、利以和义、守信践诺等价值取向和行为准则。坚定文化自信理应继承和弘扬中华优秀传统商业文化。

中国传统商业文化积淀丰厚、绚丽多姿。其中，战国时期白圭提出的为商四德"智勇仁强"，总括了中国商业文化史上的基本原则和重要理念，与儒家推崇的君子三达德"智仁勇"、兵家倡导的为将五德"智信仁勇严"等有共通耦合之处，以中国式话语体系构建了中国商业文化的主体框架，是工商业者传承数千载的群体性共识。

"智足与权变"的求是创新精神。进行商业活动，既要对事物本质和规律有深刻正确的判断，掌握经商的基本规律，还要能够根据时势变化采取适当对策，主动应变、积极创新。司马迁在《史记·货殖列传》中总结的"诚一"之道，揭示了洞悉事物本质和规律的基本方法。所谓"诚一"就是聚焦和精进，只有聚焦主业、全力以赴、专心致志、持恒精进，才能对事物本质和规律认识透彻、达到超越群侪的高度。正是本着"诚一"之道，我国古代商人经过长期观察和深入思考，阐明了世界上最早的经济周期理论，即《计然之策》和白圭根据周期性变化判断年景丰歉和粮价涨跌，并通过认识供求关系变化预判价格波动的理论。识变为应变，求新以创新。中国商业史上的创新案例层出不穷，例如，信用制度从汉代以来不断发展创新，北宋前期四川成都出现的世界上最早的纸币"交子"，就是这种信用制度高度发展的产物。

"勇足以决断"的稳健进取态度。勇敢无畏、决策果断、积极进取是抓住商机发展事业的必备品质。中华优秀传统文化推崇的"勇"，绝非不计后果的单纯胆大，"决断"更非不惜代价的一味蛮干。勇敢是有前提的，决断是有依据的，勇而有谋、断而有据才是真正的勇者。在这方面，中国传统商业文化积累了三个有效方法：一是有备而战。如《计然之策》提出"旱则资舟，水则资车"，就是大旱之年要备好船只，大涝之年要备好车辆。二是审时度势。如汉景帝时期爆发吴楚七国之乱，金融借贷业者无人敢借钱支持朝廷，唯独无盐氏对局势有清醒判断，勇贷千金，一年获利十倍。三是利用波动。如白圭的经营原则——"人弃我取，人取我与"，实际是运用逆向思维，进行反向操作。

"仁能以取予"的和谐共赢追求。取予以仁对内的表现是不以雇主为本位，而是崇尚雇主与员工的合作与和谐。白圭能"与用事僮仆同苦乐"，就是对内和谐的实践表率。正是基于休戚与共的企业组织理念，晋商很多合约强调企业乃"东伙合作制"，从而设计出了"银股""身股"等合伙协作、利润分红时权利相等的制度安排。取予以仁对外的表现是强调企业必须对交易者、弱势群体、国家民族承担社会责任。坚持伦理道德、体现人文关怀、批判见利忘义、鄙夷不义之财，是中国传统商业文化贯穿始终的高扬旗帜。从弦高退秦师、卜式捐家财，到近代工商巨擘张謇、范旭东、卢作孚等"实业报国""实业救国"，商人不计个人得失、报效国家、毁家纾难的感人壮举史不绝书。

"强能有所守"的自律诚信原则。"胜人者有力，自胜者强"，征服别人只是有力量，战胜自己才是真强者。但如何"自胜"呢？中国传统商业文化提供的方案是"能有所守"，就是坚持信念、严守纪律、服从原则。落实到商业活动中，就是律己、制贪、守信。律己，即强化自我管理。白圭是这方面的典范，他"能薄饮食，忍嗜欲，节衣服"。制贪，即自觉节制对利润的贪欲。刻意贪多，反而可能少赚；主动让利，或许获益更广。守信，即对承诺的信守和对诚信经营理念的坚守。《管子·乘马》云"非诚贾不得食于贾"，不讲诚信者根本就没有资格从事工商业。信守承诺、讲究诚信是中国传统商业文化的重要内容，也与现代市场经济制度水乳交融。①

---

① 李晓：《弘扬中华优秀传统商业文化》，载《红旗文稿》2022 年第 9 期。

（二）老字号的基本概念

提起中华老字号（又称老字号），大家都不是很陌生，而且一下子就能联想到"同仁堂""全聚德""恒源祥"等著名老字号。中华老字号，是经过时间的历练，具有悠久历史，拥有独特的产品、特殊的经营理念、优质的服务、良好的品牌信誉，在社会上具有影响力的知名企业。对于"中华老字号"，可以从字面和法律意义两方面加以进一步的认识。

字号作为中国特有的一种文化现象，在我国有着悠久的历史，指过去的人除了名以外的另外称呼或一家商铺的名称，也指以文字作为编次的符号。宋代李心传《建炎以来系年要录·绍兴三年六月》："诏自今给降空名官告绫纸，令官告院各立字号，吏部置籍。"据文献资料记载，字号早在西周时期就已经出现。它最早是对人的一种称谓方式。人的称谓，有名、字和号之别。名，是出生时由父母或其他长辈起的，是其一生中唯一的正式称谓。因要登记在官府的户籍簿上，所以也称官名或大名。而字和号则是长大成人之后才有的称谓。字号虽不属于正式的称谓，但在古代社会生活中，却被普遍使用，并且成为一种文化习俗。字和号在冠名和使用上，都有一定区别。从表面文字上理解，号，又称别号，是名和字以外的别名，是古人给自己起的称号，一般都是尊称、美称。号不仅是一种称谓，也往往寄托着自己特定的志向、意向、情感、修养和追求，抑或蕴含有某种情趣。与字相比，号更富于情感、情趣、个性，多耐人寻味。陆游，自号放翁，就寓含不拘礼法之意。辛弃疾，自号稼轩，意为人的一生当勤奋耕耘。所以，呼人之号比呼其字更示尊重与客气。此外还有一类"诨号"、"绰号"或"外号"，如《水浒传》中的一百零八位好汉中的"豹子头""智多星"等，又含有亲昵、诙谐或玩笑的意味。字号包含着传承、期待、祝福等特定寓意，既雅致又时尚。① 在古代社会生活中，为各阶层人士普遍接受和使用，成为一个人除了官名以外经常使用的称谓。在以后

---

① 王红主编：《老字号》，北京出版社 2006 年版，第 2—5 页。

的历史中，字号的使用范围不断拓展。其中最具代表性的，是将字号这种形式运用于商业活动之中。随着商品经济的出现，在商品竞争中，经营者急需一种记得住、叫得响，又能显示商家和产品个性特征的标识、招牌，以拓展市场。这种包含着传承、祈福、明志等特定寓意和推广宣传功能的字号，也就从对人的称谓，逐步拓展到了商业活动之中，成为商家不可或缺的名号、品牌，出现在各式牌匾、招幌、产品和包装上。那些历史悠久、工艺独特、具有特色经营的商业字号传承到现在就成了老字号。

从法律意义上看，字号，又称商号，是商事主体所有的在商事交易中使用的具有明显识别价值的专有名称，它是商事主体的文字表现形式，为该商事主体所专有，既是区别于其他企业的标记，又是企业的一项重要财产。《德国商法典》第 17 条对字号（商号）作出了规定，其有两重含义：第一，字号是一个名称，在商业活动中，商人可以依据此名称从事经营及其服务；第二，商人以字号的名义起诉和被诉。根据我国《企业名称登记管理规定》第 6 条的规定，企业名称由行政区划名称、字号、行业或者经营特点、组织形式四部分构成，而且字号是企业名称的重要组成部分和法定构成因素。严格意义上的中华老字号（China's Time-honored Brand），是指历史悠久，拥有世代传承的产品、技艺或服务，具有鲜明的中华民族传统文化背景和深厚的文化底蕴，取得社会广泛认同，形成良好信誉的品牌的字号。

二、发展中的中华老字号

（一）商务部认定中华老字号

中华老字号是由中华人民共和国原国内贸易部评选的中国大陆的老牌企业。在 1991 年进行的评定中，全中国有 1600 余家老字号企业被授牌。2005 年，中国商业联合会公布中华老字号认定规范征求意见稿。2006 年，中国国家商务部发布了"振兴老字号工程"方案，将由商务部在全中国范围内认定"中华老字号"，并以中华人民共和国商务部的名义，授予牌匾和证书。商务部分别于2006年、2011年先后认定两批"中华老字号"品牌，共1128家。

老字号是历史悠久，传承独特产品、技艺或服务、理念，取得社会广泛认同的品牌，具有鲜明的中华优秀传统文化特色和深厚的历史底蕴，具有广泛的群众基础和丰富的经济文化价值。近年来，我国老字号发展活力不断增强，品牌影响力持续提升，但仍然存在创新能力不够、发展水平不高等突出问题。为推动老字号创新发展，充分发挥老字号在建设自主品牌、全面促进消费、坚定文化自信方面的积极作用，更好地满足人民美好生活的需要，2022年《商务部等8部门关于促进老字号创新发展的意见》中提出：以习近平新时代中国特色社会主义思想为指导，全面贯彻党的十九大和十九届二中、三中、四中、五中、六中全会精神，坚持稳中求进工作总基调，完整、准确、全面贯彻新发展理念，加快构建新发展格局，实施老字号保护发展五年行动，建立健全老字号保护传承和创新发展的长效机制，促进老字号持续健康高质量发展，将老字号所蕴含的中华优秀传统文化更多融入现代生产生活，更好满足国潮消费需求，促进中华优秀传统文化的创造性转化和创新性发展，满足人民日益增长的美好生活需要。

坚持政府引导和市场主导相结合。充分发挥市场在资源配置中的决定性作用，更好发挥政府作用，推动老字号企业以市场为导向提升品牌价值，激发高质量发展内生动力，全面提升老字号质量水平。

坚持文化价值和经济价值相结合。弘扬社会主义核心价值观，传承中华优秀传统文化精髓，传播老字号优秀商业理念，充分发挥老字号对弘扬优秀传统文化和建设中国自主品牌的积极作用，讲好中国故事。

坚持保护传承和创新发展相结合。准确把握老字号历史沿革和文化特色，着力完善品牌保护体系，打造文化传承载体，激发企业创新活力，推动新技术新业态新模式发展，多措并举、综合提升，实现老字号持续健康发展。

坚持分层推进和分类指导相结合。以中华老字号的传承发展为重点，兼顾地方老字号的挖掘提升，准确把握各类老字号所属行业特点、生存现状和发展阶段，结合实际、因企制宜，分业分类细化政策措施，提升老字号总体发展水平。

到 2025 年，老字号保护传承和创新发展体系基本形成，老字号持续健康发展的政策环境更加完善，创新发展更具活力，产品服务更趋多元，传承载体更加丰富，文化特色更显浓郁，品牌信誉不断提升，市场竞争力明显增强，对传播中华优秀传统文化的承载能力持续提高，对推动经济高质量发展的作用更加明显，人民群众认同感和满意度显著提高。

加强老字号保护法治建设。加强与相关法律法规衔接，研究完善老字号保护管理相关制度，推动建立老字号名录管理机制，加大老字号传承力度，规范相关市场主体行为，健全老字号保护促进体系。指导法律服务机构为老字号企业提供专业法律服务，支持老字号企业依法维护自身合法权益。

保护老字号知识产权。建立健全老字号名录部门共享机制，依法加强对老字号企业名称和老字号注册商标的保护，严厉打击侵犯老字号商标权、名称权等侵权违法行为。支持老字号企业开展海外知识产权保护。引导社会机构搭建老字号知识产权纠纷互助平台，会同相关部门和有关企业打击侵犯老字号知识产权和制售假冒伪劣老字号产品的不法行为。

保护老字号历史网点。将老字号网点建设纳入相关规划。将符合条件的老字号集中成片区域依法依规划定为历史文化街区，将符合条件的老字号原址原貌优先认定为文物、历史建筑并进行原址保护。在旧城改造中注重对老字号原址原貌的保护，涉及动迁的需征求业务主管部门意见。对确需动迁的，要尽可能安排原址复建或就近选址，并依法落实相关补偿。

保护老字号文化遗产。支持符合条件的老字号传统技艺纳入国家传统工艺振兴目录和各级非物质文化遗产代表性项目名录，鼓励老字号企业申报非物质文化遗产生产性保护示范基地，支持老字号技艺传承人参加非物质文化遗产相关培训。依法加强对老字号重要史迹、实物的保护。

传承老字号传统技艺。支持餐饮、食品和中医药老字号企业建设符合传统工艺要求的生产、加工、配送基地，加大用地保障。支持中医药老字号企业开办中医诊所，符合条件的按程序纳入医疗保障定点管理。支持老字号企业根据自身条件建设传统技艺展示馆和传承所，对具有独特历史意义的老字号濒危传统技艺项目实施抢救性记录和保护。

活化老字号文化资源。加强老字号文化资源的挖掘整理，建设"老字号数字博物馆"，运用数字化技术保存展示老字号发展史料。鼓励有条件的老字号企业和社会组织建设体现行业特色、反映民俗文化、弘扬中华优秀传统文化的专题博物馆、展览馆，鼓励向公众免费开放。举办"老字号嘉年华"，聚焦中华民族传统节日，线上线下同步开展系列宣传推广和消费促进活动，支持各地结合地方特色民俗，开展形式多样的展览展销和文化体验活动。

壮大老字号人才队伍。引导老字号企业与相关院校开展合作，鼓励老字号技艺传承人到院校兼职任教，支持有能力的院校在课程设置中加强相关内容。对符合条件的老字号企业吸纳院校毕业生就业、提供职业技能培训，按规定落实社会保险补贴、职业培训补贴、创业担保贷款及贴息等扶持政策。以适当方式宣传老字号企业家优秀事迹。

推动老字号创新产品服务。支持举办老字号文化创意活动，深入挖掘老字号传统文化和独特技艺，创作富含时尚元素、符合国潮消费需求的作品，延伸老字号品牌价值。鼓励老字号企业联合有关机构开发文化创意产品，举办文化体验活动，提供定制化服务。引导老字号企业运用先进适用技术创新传统工艺，研发适应市场需求的产品和服务，提升质量水平。

支持老字号跨界融合发展。引导老字号企业将传统经营方式与大数据、云计算等现代信息技术相结合，升级营销模式，发展新业态、新模式，营造消费新场景。推动电商平台设立老字号专区。鼓励有关旅游机构将符合条件的老字号企业纳入旅游路线进行重点推介。

促进老字号集聚发展。将老字号集聚区建设纳入相关规划，鼓励有条件的城市打造老字号特色街区。鼓励特色商圈、旅游景区和各类客运枢纽引入老字号企业开设旗舰店、体验店。推动购物中心等大型商场设立老字号专区专柜，促进特色消费。放宽对临街老字号店铺装潢管理要求，允许老字号企业按照传统或原有风格对门店进行修缮，保留符合要求的传统牌匾。合理放宽老字号企业户外营销活动限制，支持老字号企业开展店内外传统技艺展示、体验和促销活动。

引导老字号体制机制改革。推动国有老字号企业深化产权制度改革，建立现代企业组织形式和法人治理结构。引导社会化、专业化的第三方机构开展老字号商标价值评价，支持相关主体研究以商标作价入股等合适方式，妥善处置老字号企业商标所有权和使用权分离问题。支持经营业务相近或具有产业关联关系的老字号企业进行整合重组，打造老字号企业集团。

优化老字号金融服务。支持金融机构开发适合老字号特点的金融产品，优化对老字号企业的金融服务。鼓励符合条件的社会资本设立老字号发展基金，引导创业投资、股权投资对品牌价值高、发展潜力大的老字号加大资金、管理和技术投入。支持符合条件的老字号在资本市场上市或在全国中小企业股份转让系统、区域性股权市场挂牌，利用多层次资本市场做大做强。

推动老字号走出国门。充分利用服务贸易创新发展引导基金，按照市场化原则，引导符合条件的代表性领域老字号企业开展服务贸易，推动老字号优质服务走向国际市场。探索在"一带一路"沿线国家和地区举办展会，支持符合条件的老字号企业参加境外专业展会，积极宣传推广老字号品牌。

加强组织领导。切实把推动老字号保护传承和创新发展工作放在突出重要位置，建立由商务主管部门牵头，相关部门共同参与的工作机制，加强老字号工作的组织协调，统筹推进各项工作任务。

健全名录体系。按照示范创建相关规定，统筹推进中华老字号和地方老字号认定，建立动态管理机制，定期调整、公布中华老字号和地方老字号名录。

强化工作支撑。推动老字号协会建设，开展交流活动，加强行业自律。培育专注老字号研究的专家队伍，为推动老字号传承创新发展提供支持和保障。充分调动社会各方力量积极参与，共同做好老字号保护发展各项工作。

持续宣传推广。鼓励各类媒体开设老字号宣传专题专栏，拍摄老字号纪录片、微电影，制作老字号丛书、画册，充分利用新媒体拓宽宣传渠道，扩大宣传范围，持续营造国内国际良好舆论环境。

为立足新发展阶段，完整、准确、全面贯彻新发展理念，促进老字号创新发展，充分发挥老字号在商贸流通、消费促进、质量管理、技术创新、品牌建设、文化传承等方面的示范引领作用，服务构建以国内大循环为主体、国内国际双循环相互促进的新发展格局，2023 年，商务部等 5 部门发布了《中华老字号示范创建管理办法》，进一步规范了创建中华老字号、管理中华老字号的具体实施。

（二）老字号的历史发展

我国大部分的老字号企业历经封建社会、半封建半殖民地社会、社会主义计划经济和改革开放，其间经历了数次社会、经济、政治的动荡和变革，经历数次战乱的磨难，一直生存、发展到今天，可谓长途跋涉、风风雨雨、历经坎坷、饱经沧桑。在漫长的发展进程中，我国的老字号企业形成了独具特色的产品和服务，创造、继承、发展了优秀的民族文化，树立了良好的商业信誉和社会形象。老字号企业所承有的这些因素，铸成了老字号企业的金字招牌，大多数成为"百年老店"。中华老字号能够在商业大潮中长盛不衰地"老"起来，赢得传世信誉，名扬天下，都因其具有匠心独具的传统技艺，不可替代的特色产品，走品牌化、持续经营的管理理念，全程控制的质量保证，诚信为本的经营之道等多元素历史特点。

1. 匠心独具的传统技艺

纵观千余家老字号的发展历程，支持百年老店长盛不衰的关键是每个老字号企业都有一个或多个自主开发的传统技艺。这种技艺饱含着精益求精、开拓创新的民族品牌的核心精神。例如：国泰照相馆自 20 世纪 50 年代迁京后，从专营结婚礼服摄影扩大到艺术人像摄影，其新颖的化妆手段、优质上乘的服务、淋漓尽致的表现手法，深得广大市民的喜爱，也影响、带动了照相业的发展。国泰自行研制的彩色感光材料冲洗工艺，最早积累了使用彩色相材的丰富经验。史学家吴晗，艺术家王晓棠、胡松华、张君秋等都是国泰的常客。大型图片《国庆十年成果展》《毛泽东生平组照》《周恩来生平组照》等都是国泰制作。又如北京最老的烤鸭店"便宜坊"，始办于明正德年间，是由王、于、刘三姓的人合股创办的，其中王少甫占主要股份。京城第一美味——烤鸭，按制作方法可区分为两大流派：一是以全聚德为代表的挂炉烤鸭；二是以便宜坊为代表的焖炉烤鸭。焖炉炉体是用砖和耐火材料砌成的，炉膛容积约1立方米，每炉一次只可烤制8—12只鸭子。烤鸭必须选用北京填鸭，育龄、重量都有严格要求，焖炉烤制的特点是先用热源将炉膛加热到特定的温度，而后撤去明火，将加工好的鸭坯挂入炉内，关闭炉门，用炉障辐射温度焖烤。焖炉因不用明火，技术性强，掌炉人必须把握好炉温，与挂炉用明火烧烤相比，更难于掌握。正是便宜坊几代人认真反复钻研，独创了焖炉烤鸭，那独特的口味口感，着实吸引了顾客，并流传至今。

2. 不可替代的特色产品

老字号之所以能够永续经营，长盛不衰，首先是因为老字号提供的实物质量是不可替代的特色。这些产品虽然没有当今的专利产品那样受到保护，但是由于它们的生产技术，或者核心配方是独一无二的，而且保密措施相当成熟，无法被人仿冒，所以老字号便有了长盛不衰的基础。可以说，这是许多老字号的命根子。例如，马应龙的眼药、雷允上的六神丸、十八街的大麻花、狗不理的包子，仿冒者众多，但谁又能将它们击倒呢？老字号产品特色，在一定程度上得益于它们赖以生存的地理环境得天独厚，别人不可能具备，也不可能用人为的方式加以仿造。例如，茅台酒之所以香溢五湖四海而其他人无法仿冒，是因为它处于"两山夹一河，出门就爬坡"的地理位置，具有形如一个天然酒窖的得天独厚的地理条件。又如六必居的酱菜、火宫殿的臭豆腐等许多名特土产，都是因为地理环境的原因而成为中华一绝的，也因为这一"绝"而长盛不衰。独特的加工工艺过程和产品配方是形成产品特色的另一个原因。提到锦芳斋的元宵，可以说是家喻户晓，锦芳斋制作元宵，从不计较材料价格高低，一律选购上好的江米。磨面时加工精细，做到面内无渣子。做元宵馅时，按配方和成本下料，不管活儿多忙，任务多急，对十几种原料都严格按配比过秤，从不马虎，不合格的桃仁、果仁都要逐个挑出。元宵馅是随配料随生产，保证新鲜，这一系列的工艺，使锦芳斋的元宵独步京城。同仁堂生产的数百种中成药材中，安宫牛黄丸、乌鸡白凤丸、安坤赞育丸、参茸卫生丸、苏合香丸、再造丸、局方至宝丸、活络丹、女金丸、紫雪散最负盛名，被称为"十大王牌"，加上牛黄清心丸、十香返还丸、虎骨酒，又有"十三太保"之称。这些名牌产品都原料珍贵，配方科学，制作讲究，疗效神奇，其独特制作工艺使之成为中华医药宝库中的珍品。

3. 走品牌化、持续经营的管理理念

应该说老字号的创业者绝大多数从一开始创业就抱定了长久经营下去的信念，用今天的话来说就是具有永续经营的企业精神。许多企业都在名字中传递和表达着他们的心愿，如"万全堂""永明""永生""永安""永裕"；还有的是用家族命名企业，如"老孙家""爆肚王""张小泉剪刀""王致和臭豆腐"，以此明志。在企业管理方面，老字号凭经验管理的成分多，受传统文化浸染，西风东渐的影响，我国的老字号在经营实践中，创造了许多新鲜的管理经验和管理方式并影响了整个商业文化。其主要表现在：（1）重视人才，讲究人和。这是老字号企业实现永续发展的显著特色。中国自古就有得人才者得天下的说法，老字号的经营者深谙此道，一些技术专家、理财能手往往被重金委以重任，"东家"和"掌柜的"就是老字号用人方式的具体体现。（2）重视技艺，强调利器。这也是持续经营的一个特色。"工欲善其事，必先利其器""一招鲜，吃遍天"，为了保证产品质量特色，工具的改造、机器的采用始终受到重视，一些独特构造的工艺和具有特殊用途的工具被沿用至今。（3）重视品牌，树立形象。注意塑造产品的形象，也是老字号保证持续经营的特点。许多老字号企业通过命名字号，树立企业形象，并区别于人。通过商标命名、广告宣传，

塑造形象，有比较明确的品牌意识，现存的老字号企业很大一部分将其字号注册了商标。

4. 全程控制的质量保证

老字号生产加工的过程是从认真选购好原材料开始的。对原料的独特要求和近乎苛刻的标准是大部分老字号产品取得独特效果和广泛认同的基础。例如，叶开泰制虎骨酒的虎骨，要选购前有"凤眼"后有"邦骨"的腿骨来炖制虎胶，再配以高度汾酒制作。制作参桂鹿茸丸，一定要选购一等的石柱参、正安桂和马铌茸配用高丽参。制作八宝光明散，所用的麝香一定要选购杜盛兴的，冰片要选用炒草堂的正大梅。"修制务精"，这个"修"是中药制作的行业术语，"精"就是精益求精。其意是员工要敬业，制药求精细。在胡庆余堂百年历史中，流传着许多精心制药的故事。如"局方紫雪丹"，是一味镇惊通窍的急救药。按古方制作要求最后一道工序不宜用铜铁锅熬药，为了确保药效，胡雪岩不惜血本请来能工巧匠，铸成一套金铲银锅，而专门制作紫雪丹的金铲银锅现被列为国家一级文物，并誉为中华药业第一国宝。

5. 诚信为本的经营之道

老字号企业之所以百年生存，其共同的特质就是具有童叟无欺、货真价实、诚信为本的经营之道。同仁堂三百多年来历经沧桑而壮大，与实施信用营销、服务营销和关系营销密不可分。同仁堂的古训"炮制虽繁必不敢省人工，品位虽贵必不敢省物力"是历代同仁堂人在制药过程中必须遵循的行为准则。"同气同声福民济世，仁心仁术医国医人"是同仁堂北京店的一副对联，同仁堂经营既有价格昂贵的高档药材，也有品种十分丰富的廉价药品，如狗皮膏药、眼药水，甚至是一分钱一卖的天仙藤。有老药工坐堂咨询，长期保留代客加工中成药的服务，加工的丸、散、膏、丹等均保持了传统的制作工艺，至于预约服务、送药上门、免费医病等更是一贯的传统。从清雍正年间开始，同仁堂就一直为皇宫供药，建立了良好的政府关系。每当京城会试期间，同仁堂总要向应试举子赠送四季应时药品，这些举子考中后做了大官，自然少不了照顾同仁堂的买卖。每年冬天同仁堂都要支锅煮粥，让那些饥寒交迫的流民糊口，树立了良好的形象。

老字号门类齐全，涉及二十多个行业。老字号的分布主要包括餐饮、医药、食品（烟、酒、菜、茶、肉等）加工、百货、出版、工艺美术、文物古玩、照相、理发、洗染、沐浴、机械制造、纺织、金融等二十多个行业，其中食品工商业和餐饮业占64%左右，中医药业占10.8%左右，日用百货加工或零售业占5.6%左右，服装鞋帽加工或零售业占4.6%左右，居民服务业占3.9%左右，钟表眼镜加工或零售业占3.1%左右，文化用品加工或零售业占2.7%左右，其他占5.3%左右。中华人民共和国成立以前，在相当长的历史时期，我国的工商业生产经营活动主要围绕老百姓日常生活展开，传统服务业、医药业、纺织业、手工业等行业发展、传承成为社会经济的主体。19世纪60年代以后，受国际资本主义市场经济影响的工商界人士创办了一批工业、商业企业，有的逐步发展传承下来。此外，还有一批是新中国成立后直到公私合营的一段时间，国家在原有老字号的基础上，恢复、合并、重组、迁移、重新命名了一批老字号，形成了一批具有计划经济特点，但又传承了特色产品或服务模式的企业，这批企业广泛分布在国民经济的各个行业，包括机械制造、工业、金融、交通运输等关系国民经济命脉的重要行业。

几百年来，随着经济的发展和文化的积累，在历史文化名城形成了一条传统商业街区。唐朝盛世是中国经济发展和国际交流的兴盛时期；起源于宋代的以街为市，是商业发展的一大进步；元代，京杭大运河的开凿和海上运输线的开辟，沟通南北区域的经济联系，促进了商品贸易的发展；明代，城市商品经济和手工业的发展，形成了米市、肉市、布市、灯市等行业性专门市场和庙会市场，方便了市民生活和贸易；清代，城市商业布局有了更大的变化，至晚清，在一些街区内，店铺林立、商贾云集、牌匾交错、人声喧腾，其中不乏一大批闻名遐迩、各具特色的老字名号。虽然我国手工业和商业发展历史早，但是在长期的农业经济背景下，我国早期的工商业在整个社会经济中所占比重并不大，农业经济长期占统治地位，只是在新中国成立以后，我国的工业化才得到快速发展，第二产业、第三产业占国民经济的比重才不断地得到提高。我国这种早期经济发展结构，决定了我国早期手工业和商业发展的一个基本特点，即地区发展不平衡，主要集中于历史古都或商业、文化名城。2006 年由商务部认定的 434 家中华老字号，几乎分布在我国内地每个省、自治区、直辖市，但大多数集中于北京、上海、天津、杭州、南京、西安、福州、郑州、广州、重庆、成都等历史名城。如北京市老字号企业有 67 家，上海市有 51 家，浙江有 38 家，天津市有 30 家，这三个城市合计达到 186 家，约占 43%。根据中国品牌研究院公布的《首届中华老字号品牌价值百强榜》显示，品牌评比的 100 强主要分布在沿海地区，其中广东 14 个、浙江 13 个、上海 11 个、山东 8 个、天津 7 个；内地省份除四川达到 7 个外，一般都是一两个。

我国的大多数老字号企业在产权所有制形式上，经历了"家族企业—公私合营—国有企业"的历程，这种所有制形式是不同历史阶段的政治、经济、社会制度影响的产物，出现了当前多种所有制形式并存的局面。从 20 世纪 80 年代初到 90 年代初，我国商业服务业率先实行了全面改革，对小型商业企业实行"改、转、租、卖"，至 1990 年"改、转、租、卖"的小型商业企业超过 90%。改革使得一些老字号企业或被卖给企业历史家族传人、企业管理者或被承包经营。随着我国经济体制由计划经济向社会主义市场经济的转变，对企业体制的改革也不断深入，老字号企业的所有制形式进一步变化。一些老字号企业已发展成为拥有法人治理结构完善的现代企业，更多的老字号企业根据企业的实际情况，逐步选择了适合企业经营方式和发展模式的所有制形式，并有效地增强了企业活力和发展动力。目前，我国老字号企业已形成个体工商户、私营（或家族）、合伙经营、国有或国有控股、股份有限公司、有限责任公司等多种所有制并存、经营主体多元化的局面。但仍有部分企业所有制改革进展缓慢，制约了老字号的发展。随着社会主义市场经济的快速发展和新的经营理念的冲击，老字号企业的经营模式呈现多样化发展。部分老字号企业从传统的手工业生产方式转变为工业化生产方式，先进的生产方式和科学技术得到了广泛应用。当前老字号企业中：约38%的老字号企业建立了信息化系统；约27%的老字号企业通过了质量管理等各种体系认证；约29%的老字号企业实行了现代连锁经营方式，规模得到快速扩大。大多数中华老字号企业规模不大，但市场功能齐全。老字号企业中，100人左右规模的为数众多。这是因为老字号多存在于手工业、传统服务业的行业特点所决定的。单点经营100人的规模，应该说是中等以上水平。虽然产业规模不大，但与人民生活密切相关。中药店、饮食店、食品加工厂等本不需更大规模，但离开了这些传统的老字号，饮食就会乏味，生活就会不方便，消费就会没有特色。改革开放后，特别是我国经济体制转变为社会主义市场经济体制后，一些老字号企业进入最快的发展时期。但由于体制、经营观念、市场意识、管理水平、机遇等方面的原因，这一时期也是老字号企业之间发展差距拉大最快的时期，一些老字号企业通过及时调整，适应了市场经济的要求，规模得以快速扩大，成为促进经济发展的重要力量。在商务部认定的老字号企业中，我国老字号企业注册资金小于100万元的约占63.4%；100万—1000万元的约占19.7%；1000万—1亿元的约占13.3%；超过1亿元的约占3.6%。员工人数在100人以下的约占35.1%；100—1000人的约占55.7%；1000人以上的约占9.2%。

纵观历史经验，具有突出价值的事物往往都经得起时间的考验，这也是人们对老字号评判的重要标准。现代国际品牌的成长时间平均只有约100年的历史，有的甚至只有几十年。根据材料显示，我国老字号历史不足100年的占57.3%；100—200年的占28%；200—500年的占12.7%；500年以上的占2.0%。一千六百余家老字号企业平均有近140年的历史。老字号经历了数百年的风风雨雨，代代相传。它们的产品不断改进完善，经久不衰。老字号企业在长期的发展过程中沉淀，积累了丰富的商业文化、优秀的传统技艺和经营之道，成为我国宝贵的精神财富和文化产业。

三、如何创建中华老字号

为立足新发展阶段，完整、准确、全面贯彻新发展理念，贯彻中共中央办公厅、国务院办公厅《关于实施中华优秀传统文化传承发展工程的意见》，落实《商务部等 8 部门关于促进老字号创新发展的意见》，促进老字号创新发展，充分发挥老字号在商贸流通、消费促进、质量管理、技术创新、品牌建设、文化传承等方面的示范引领作用，服务构建以国内大循环为主体、国内国际双循环相互促进的新发展格局，商务部、文化和旅游部、国家市场监督管理总局、国家文物局、国家知识产权局联合制定了《中华老字号示范创建管理办法》（以下简称《办法》）。

《办法》指出，本办法所称中华老字号，是指历史底蕴深厚、文化特色鲜明、工艺技术独特、设计制造精良、产品服务优质、营销渠道高效、社会广泛认同的品牌（字号、商标等）。

商务部负责全国中华老字号示范创建工作，会同文化和旅游部、市场监管总局、文物局、知识产权局将符合《办法》认定规定的老字号企业，在全国范围内具有较强示范引领性的品牌认定为中华老字号，将其所属企业认定为中华老字号企业，建立中华老字号名录。

明确各省、自治区、直辖市和计划单列市商务主管部门会同同级相关部门（文化和旅游局、市场监管局、文物局、知识产权局）负责本行政区域内中华老字号示范创建相关工作。

中华老字号示范创建遵循"自愿申报、自主创建、优中择优、动态管理"的原则。中华老字号示范创建以企业为主体，创建企业应当体现品牌示范性、企业代表性、行业引领性，注重理念、设计、研发、工艺、技术、制造、产品、服务、经营、营销、管理等各方面创新，与时俱进、守正创新，彰显经济价值和文化价值。

（一）申报条件

中华老字号应当具备以下基本条件：

（1）品牌创立时间在 50 年（含）以上；

（2）具有中华民族特色和鲜明的地域文化特征；

（3）面向居民生活提供经济价值、文化价值较高的产品、技艺或服务；

（4）在所属行业或领域内具有代表性、引领性和示范性，得到广泛的社会认同和赞誉。

中华老字号企业应当具备以下基本条件：

（1）在中华人民共和国境内依法设立；

（2）依法拥有与中华老字号相一致的字号，或与中华老字号相一致的注册商标的所有权或使用权且未侵犯他人注册商标专用权，传承关系明确且无争议；

（3）主营业务连续经营 30 年（含）以上，且主要面向居民生活提供商品或服务；

（4）经营状况良好，且具有较强的可持续发展能力；

（5）具有符合现代要求的企业治理模式，在设计、研发、工艺、技术、制造、产品、服务和经营理念、营销渠道、管理模式等方面具备较强的创新能力；

（6）在所属行业或领域内具有较强影响力；

（7）未在经营异常名录或严重违法失信名单中。

（二）申报程序

商务部会同相关部门原则上每 3 年认定并公布新一批次中华老字号名录。中华老字号申报和认定工作主要通过商务部中华老字号信息管理系统（网址：https：//zhlzh.mofcom.gov.cn）进行，具体时间安排由商务部会同相关部门发布通知。

符合规定条件的企业应在规定日期内通过商务部中华老字号信息管理系统上传申报材料，具体包括：

（1）企业基本信息、股权结构及近5年经营情况；

（2）品牌创立时间的证明材料；

（3）老字号注册商标的权属证明文件；

（4）主营业务传承脉络清晰的证明材料；

（5）品牌历史价值和文化价值的介绍材料；

（6）企业在设计研发、工艺技术、产品服务和经营理念、营销渠道、管理模式等方面创新发展的介绍材料；

（7）企业文化的介绍材料和获得荣誉的证明材料；

（8）针对上述材料并经法定代表人或负责人签字的真实性承诺；

（9）商务主管部门和相关部门认为应当提交的其他相关材料。

上述申报材料应当真实、有效、完整，其中能够通过政府信息系统获取的，相关部门可不再要求企业提供。

中央企业可通过其一级集团（总公司）并经主管单位同意后向商务部申报。

省级商务主管部门会同同级相关部门组织有关机构和专家对申报材料进行研究论证后向商务部提出推荐名单，并优先推荐已被认定为省级老字号3年（含）以上的企业。

商务部将根据各地中华老字号和省级老字号数量，结合各地历史文化、经济发展等综合情况，采用因素法确定每一批次各地可推荐的数量上限。

省级商务主管部门可根据需要委托市级相关部门对本地区企业申报材料的真实性、有效性、完整性进行审核。

推荐名单应当对外公示，且公示期不少于15个工作日。公示期满无异议或异议不成立的，由省级商务主管部门向商务部提出推荐意见并上报申报材料。

商务部会同相关部门组织专家按照科学、公平、公正的原则，对各地推荐的企业进行评议，按照不超过全国推荐总量 80% 的比例提出拟认定的中华老字号及其所属企业。参与评议的专家可根据需要或委托有关机构采取材料审查、现场调查、查阅档案等形式进行审查。

商务部在商务部网站对拟认定的中华老字号及其所属企业相关信息进行公示，公示期不少于 15 个工作日。任何单位或个人对名单有不同意见的，均可向商务部提出异议，并提供详实的书面举证材料。

商务部在接到异议后会同相关部门组织专家对异议情况进行复核。如存在较大争议，商务部可召开听证会。

在公示期间无异议或异议不成立的，由商务部会同相关部门列入中华老字号名录并向社会公布，由商务部依据本办法授予中华老字号标识使用权、颁发中华老字号牌匾。

新颁布的《办法》与之前的《"中华老字号"认定规范》相比，在明确历史悠久、底蕴深厚、文化特色鲜明、工艺技术独特、社会广泛认同等方面，更强调了传承与发展，提出产品服务要优质，营销渠道要高效，切实保证中华老字号保质保量，符合现代企业发展的规律。

《办法》细化了中华老字号应当具备的条件，品牌创立 50 年（含）以上，连续经营 30 年（含）以上等的具体规定确保申报人有明确的标准参考，并第一次明确依法拥有与中华老字号相一致的字号，或注册商标所有权或使用权与中华老字号主体相一致，传承关系明确。作为中华老字号申请的主体拥有与之一致的注册商标，保证字号商标一致性，有利于保护中华老字号避免侵权纠纷产生瑕疵，但在老字号实际经营中也大量存在字号与商标分离的现实情况，《办法》的出台对之前因为没有注册商标或者因为历史原因，注册商标被其他持有人占有，而本身具有传承关系的老字号企业提供有申报、认定中华老字号的资格。

《办法》明确中华老字号以名录方式进行规范管理，每 3 年认定一次。第一次在时间上明确了 3 年的期限。《办法》第一次细化了申报材料具体内容，有利于申报人在申报材料范围内及时保存、收集相应配套材料。

配套材料建议参考范围：

（一）关于"品牌创立时间在 50 年（含）以上"，可提供：

1. 清晰列明品牌传承脉络的时间轴、大事记等图表以及相关资料。

2. 2002 年及以前出版的地方志、县志、历史档案等史料记载的摘录。

3. 反映品牌诞生、传承等重要事件、活动的文献记载。

4. 包含时间信息的书籍记载、考证资料、字号牌匾、历史账目记录。

5. 历史证明人提供的相关物证照片。

（二）关于"具有中华民族特色和鲜明的地域文化特征"，可提供：

1. 被列入非物质文化遗产名录的证书、公布文件等。

2. 被列入文物保护单位或不可移动文物的证书、实地照片、公布文件等。

3. 与品牌关联历史建筑的文字、影像资料。

4. 专利相关资料。

5. 历代传承的店训、堂训、师训、店规等文字、影像资料。

6. 文化博物馆、展室展厅、技艺展示、销售窗口照片等。

7. 组织举办典礼仪式等文化活动资料。

8. 以电影、电视剧、广告片、纪录片等形式宣传展示品牌文化或掌门人故事的资料。

（三）关于"面向居民生活提供经济价值、文化价值较高的产品、技艺或服务"，可提供：

1. 介绍产品、技艺或服务的文字、图片、影像资料。

2. 体现产品、技艺或服务的文化产品，如出版发行的历史文化书籍、影视作品等。

3. 企业在职员工拥有的非遗传承人证书等资料。

4. 历史名人题词、媒体报道等历史流传记录资料。

（四）关于"在所属行业或领域内具有代表性和示范性，得到广泛的社会认同和赞誉"，可提供：

1. 获得的各类体系认证证书。

2. 各级政府部门、行业机构颁发的荣誉证书、牌匾照片、公告文件等。

3. 参与疫情防控、抢险救灾、应急保供等公益活动，以及在促进社会和谐稳定等方面作出突出贡献的资料。

4. 积极参与政府部门、行业协会组织的消费促进和宣传推广活动，以及参与促进行业发展公益性活动的资料。

（五）关于"在中华人民共和国境内依法设立"，可提供：

企业营业执照或统一社会信用代码。

（六）关于"依法拥有与中华老字号相一致的字号，或与中华老字号相一致的注册商标的所有权或使用权且未侵犯他人注册商标专用权，传承关系明确且无争议"，可提供：

1. 申报表中商标信息的相关资料，以及与主营业务紧密相关的资料。

2. 驰名商标情况。

（七）关于主营业务连续经营30年（含）以上，且主要面向居民生活提供商品或服务，可提供：

1. 对因企业改制、重组等客观原因中断经营的，允许在恢复经营且保持主营业务、生产技艺有序接续，且未产生其他争议性主体、不存在争议性纠纷的前提下，累计计算经营时间。

2. 清晰列明企业名称、经营范围等演变过程和沿革脉络的时间轴、大事记等图表以及相关资料，如原工商行政管理部门出具的企业变更登记，2002年以前出版的地方志、县志、历史档案等史料记载的摘录等。

（八）关于"经营状况良好，且具有较强的可持续发展能力"，可提供：

1. 近5年资产负债表、利润表、损益表，或经第三方审计的财务报告。

2. 直观展示企业股权结构的股权穿透图、股权结构图等图示，以及相关资料。

3. 上市企业年报等相关资料。

（九）关于"具有符合现代要求的企业治理模式，在技艺、产品、服务、研发和经营理念、运营模式等方面具备较强的创新能力"，可提供：

1. 运用互联网技术、推动线上线下营销渠道融合并经营良好的资料。

2. 产品、技艺、服务与时俱进，持续推出新产品新服务且成效明显的资料。

3. 建立技术中心或科研机构的资料。

4. 改进包装、标识设计、升级店面的资料。

5. 构建现代企业治理体系的资料，如深化改革、兼并重组、延长产业链、集团化或产业化发展等。

6. 建立高效完善内部管理制度的资料，如突发事件应急处理、环境卫生、知识产权、消费者权益、人才管理等。

7. 专业人才队伍建设的资料。

（十）关于"在所属行业或领域内具有较强影响力"，可提供：

1. 牵头或参与组建行业协会、制订国家标准或行业标准等资料。

2. 产品覆盖范围、市场份额占比等资料。

3. 举办有影响力的消费类、文化类活动的资料。

4. 与国货品牌、影视或动漫作品、文创产品等跨界互动，联合打造IP，共同开展营销等情况的资料。

（十一）关于"未在经营异常名录或严重违法失信名单中"，可提供：

截至申报前的查询记录等（可通过国家企业信用信息公示系统、信用中国等网站查询）。

《办法》明确申报流程，从省级商务主管部门推荐开始，优中择优，并优先推荐等方式，同时推荐数量有上限。省级推荐须公示无异议后，再向商务部上报申报材料。

《办法》规定中华老字号成功认定后，中华老字号须如实上报企业变动情况、填报经营情况等措施，有利于监督中华老字号企业的自身管理、经营规范等方面，督促企业完善并发展技术创新、质量管理、品牌建设、文化传承的目的。

动态管理

《办法》规定：

第十五条　中华老字号企业的企业名称或其商标发生以下变化的，应当自发生变化之日起 30 个工作日之内通过商务部中华老字号信息管理系统向住所地省级商务主管部门提出申请，并详细说明发生变化的理由：

（一）企业名称发生变化的；

（二）在不丧失老字号注册商标使用权的前提下，该注册商标发生转让的。

省级商务主管部门在接到企业申请后，应按照中华老字号认定条件进行审核，并提出审核意见报商务部。审核过程中可根据需要现场核实相关情况或要求企业补充提供相关材料，必要时向社会公示。

商务部收到省级商务主管部门审核意见后进行复核，必要时商相关部门联合审核，并通过商务部中华老字号信息管理系统公布复核通过的企业变更信息。

第十六条　中华老字号企业应当于每季度首月 10 日前通过商务部中华老字号信息管理系统填报上一季度经营情况，并于每年 1 月 31 日前填报上一年度经营情况（上市公司可在季报年报公布后的 5 个工作日内进行上报）。

第十七条　商务部组织有关机构开展中华老字号日常监测，建立"红绿灯"机制，对出现本办法第十八条、第十九条、第二十条所列有关情形的中华老字号企业，分别采取相应管理措施。商务部组织有关机构建立创新发展评估模型，原则上每年对中华老字号企业进行评估，发布评估报告，并依据评估结果分别采取通报表扬、约谈警示等措施。

《办法》明确了中华老字号名录有进有出的动态管理方式。中华老字号的成功认定后并不是一劳永逸的，《办法》第18条、第19条、第20条所列有关情形主要规定的是违反相应规定需要整改、暂停中华老字号标识及牌匾使用、移出中华老字号名录并收回中华老字号标识使用权及牌匾等违规违法的处罚措施，以达到监督、规范中华老字号企业市场健康发展的目的。

《办法》规定：

第十八条　中华老字号企业出现下列情形之一的，由住所地省级商务主管部门责令3个月内予以整改，必要时可约谈企业负责人：

（一）企业信息发生变化后未按本办法第十五条规定及时提交申请的；

（二）未按本办法第十六条规定按时在商务部中华老字号信息管理系统填报相关信息的；

（三）中华老字号标识、牌匾使用不符合《中华老字号标识和牌匾使用规定》的；

（四）因经营问题被相关部门作出行政处罚，或引起社会不良影响的；

（五）因违反《文物保护法》相关规定，对涉及不可移动文物的生产经营场所违法进行修缮、转让、抵押、改变用途等活动被相关部门作出行政处罚的；

（六）被相关部门列入经营异常名录的。

第十九条　中华老字号企业出现下列情形之一的，住所地省级商务主管部门可以建议商务部暂停其中华老字号标识及牌匾使用权：

（一）被省级商务主管部门约谈，未按时整改或整改措施不力的；

（二）被相关部门列入严重违法失信名单的。

商务部认为确有必要的，应当作出暂停其中华老字号标识及牌匾使用权的决定，并责令其于3个月内完成整改。

中华老字号企业整改完成后，由住所地省级商务主管部门对整改情况进行审核，并提出审核意见报商务部。商务部认为整改到位的，应当作出撤销暂停其中华老字号标识及牌匾使用权的决定。

第二十条　中华老字号企业出现下列情形之一的，住所地省级商务主管部门可以建议商务部将其移出中华老字号名录并收回中华老字号标识使用权及牌匾：

（一）企业破产清算、解散、注销、被吊销营业执照或三年以上不开展经营活动的；

（二）丧失老字号注册商标所有权及使用权的；

（三）发生严重损害消费者权益、出现重大质量问题或安全事故、重复侵犯他人知识产权、严重扰乱市场秩序或其他严重违法行为的；

（四）以欺骗或其他不正当手段骗取中华老字号示范称号的；

（五）被暂停中华老字号标识及牌匾使用权，到期后仍未有效整改的；

（六）其他不符合中华老字号和中华老字号企业基本条件的。

商务部认为确有必要的，商相关部门作出移出中华老字号名录并收回中华老字号标识使用权及牌匾的决定。

《办法》同时对商务部之前认定的中华老字号管理作出相关规定，已被授牌认定的中华老字号企业不需要重新认定，但需要提供配套材料进行复核。

《办法》规定：

第二十一条　商务部会同相关部门原则上每 3 年对中华老字号开展复核。对复核中发现已经不符合中华老字号条件的，商相关部门作出移出中华老字号名录、收回中华老字号标识使用权及牌匾的决定。

第二十二条　商务部作出暂停或收回中华老字号标识使用权、移出中华老字号名录决定的，在商务部中华老字号信息管理系统中通报并在商务部网站向社会公布。

被移出中华老字号名录的，自决定作出之日起两个申报周期内不得再次申报中华老字号。

第二十五条　本办法实施前已经商务部认定的中华老字号，按照本办法管理，无需重新申报，但应当按照本办法规定进行定期复核。

四、创建中华老字号的价值

中华老字号大多数拥有百年及以上历史，经过长时间的经营和沉淀，成为中华文化传承的重要代表，具有历史、文化、经济等多方面的价值。

中华老字号是中国历史文化的重要组成部分，它们是中国近代商业历史的见证者和传承者。这些老字号大多源于清朝末年和民国初期，经过多次风雨洗礼，历经百年沉淀，见证了中国商业发展的历程。它们的历史渊源、文化内涵以及品牌形象，都反映了中国近代商业文化的特点和发展历程，具有很高的历史价值。

中华老字号承载着中国传统文化的精髓，体现了中国传统商业文化的智慧和理念。它们蕴含着大量的文化元素，如传统匠人精神、客家文化、饮食文化等，这些文化元素是中国传统文化的重要组成部分，具有很高的文化价值。同时，中华老字号也是中国商业文化与其他文化交流的重要窗口和纽带。

中华老字号传承中国传统文化，中华老字号是中国传统文化的重要代表，它们蕴含着中国传统文化的精髓和智慧，传承了中国传统的商业文化、匠人精神等。这些传统文化元素被中华老字号所传承和发扬，不仅可以让消费者了解和认识中国传统文化，也可以帮助保护和传承这些文化元素。弘扬中国文化，中华老字号在长期的经营过程中形成了自己的文化特色和品牌形象，通过品牌传播可以有效地弘扬中国文化，让世界更好地了解和认识中国文化，增强国家的文化自信。

促进文化产业发展，中华老字号作为中国传统文化的重要代表之一，具有很高的文化价值，可以促进文化产业的发展。中华老字号的品牌文化和产品特色可以成为文化创意产业中重要的组成部分。

中华老字号对于国家经济的发展具有重要的作用。中华老字号经营的产品品质优良、信誉度高，具有很高的市场认知度和口碑。这些品牌的高附加值不仅带动了相关产业的发展，也有助于提高整个行业的品牌价值和影响力。中华老字号对提升品牌溢价效应有巨大的推动作用，由于这些品牌历史悠久，品牌形象深入人心，消费者对于其产品和服务有着较高的信任度和忠诚度。这种品牌溢价效应不仅有助于增强品牌的竞争力，也可以使得这些品牌的产品和服务价格更高。中华老字号的存在，不仅为中国经济的发展提供了坚实的基础，同时也是国家品牌的重要组成部分，是中国经济实力的重要体现，有助于增强中国品牌的国际影响力。

在市场经济体制的引导下，"创造自主品牌，拥有自主知识产权"成为当前时期经济建设的主要发展模式。我国老字号的生存、保护和发展遇到很多的问题，由此引起了全社会的广泛关注，也得到了社会和国家的高度重视，在培育著名品牌和保护重要文化遗产的背景下，国务院各部门采取各种措施促进老字号品牌发展，各级政府纷纷出台支持老字号的具体措施，社会各界形成了"关注老字号，发展老字号"的良好氛围，老字号面临前所未有的发展机遇。

从商务部启动实施的"振兴老字号工程"到最新颁布的《中华老字号示范创建管理办法》，国家通过制定必要的扶持和保护政策，全面促进老字号的振兴发展，重点扶持一批优势明显、具有发展潜力的"中华老字号"发挥品牌优势做精做强，并发掘整理一批具有广泛影响和较强市场价值的老字号传统产品和技艺。

党的二十大擘画了以中国式现代化推进中华民族伟大复兴的宏伟蓝图，指出中国式现代化是物质文明和精神文明相协调的现代化，强调物质富足、精神富有是社会主义现代化的根本要求。《扩大内需战略规划纲要（2022—2035年）》提出，培育和发展中华老字号和特色传统文化品牌，提高供给质量，推动供需在更高水平上实现良性循环。老字号是我国工商业发展历史中孕育的"金字招牌"，历史悠久，拥有世代传承的独特产品、技艺和服务，具有鲜明的中华民族优秀传统文化特色和深厚的历史文化底蕴，取得社会的广泛认同，形成良好信誉的品牌，具有很高的经济价值，也有丰富的文化价值，已成为百姓"日用而不觉"的一部分，在建设社会主义现代化中不可或缺，在满足居民消费需求方面发挥着重要作用。截至 2023 年 8 月底，我国有中华老字号 1128 家、地方老字号 3277 家，其中有 701 家中华老字号创立至今超过 100 年，历史最悠久的北京便宜坊到今天已经走过 607 年的岁月。从行业来看，这些老字号广泛分布在食品加工、餐饮住宿、居民服务等 20 多个领域，既有柴米油盐，也有琴棋书画。从规模看，全国老字号年营业收入超过 2 万亿元，在消费促进、产业升级、文化引领、民族自信等方面发挥着重要作用。从国际上看，重视对老字号的保护支持也是普遍做法，日本仅 2022 年就有 1300 多家企业迎来了"百年生日"，入选 2022 年《财富》世界 500 强的德国企业中，有一半发展历史超过百年。中国作为全球第二大经济体、第二大消费市场、货物贸易第一大国，有条件、有能力，也有必要培育壮大一批中国的"百年老店"。

党中央、国务院高度重视老字号创新发展工作，已将"中华老字号"纳入全国创建示范活动项目目录。《中华老字号示范创建管理办法》就是认真落实中央有关工作部署，通过"三个突出"，强化示范创建、动态管理，把老字号的创新活力释放出来。突出"优中选优"，从历史文化深厚、经营管理规范、创新发展能力突出三个方面，设计量化的认定指标，把真正的好品牌找出来。突出"示范引领"，特别强调企业的代表性、带动性，把诚信经营、规范发展摆在突出位置。突出"动态管理"，努力打造一批知名品牌，树立一批标杆企业，对符合条件的，持续敞开"大门"；对出现问题的，及时采取约谈警示等管理措施，直至退出，推动老字号实现高质量发展。

促进、发展、保护、创新中华老字号的重要意义还在于有利于弘扬中华民族优秀传统文化，中华老字号都蕴含着传统的文化气息，是数百年中华文化历史的沉积，有着浓郁的民族气息和特色。中华老字号的发展和兴旺是历史文化特色和市场化运作的经典结合，为企业的发展打下了良好的文化基础，有助于提高民族品牌竞争力。越是民族的越是世界的，面对全球经济一体化环境，在新的发展时期培育民族名牌企业、名牌产品的意义就更为重大。老字号是我国工商业在发展中孕育的自主品牌，在全国人民、海外华人和国际友人中具有深远影响，对于培育、发展成为国内国际市场上的著名品牌，有良好的基础和优势。保护促进老字号发展，充分发挥老字号的品牌和文化优势，进一步提升老字号品牌的社会影响力和竞争力，是国家实施品牌战略、实现自主创新目标的一项重要任务，对促进民族企业做精做强，增强民族经济的国际竞争力具有重要战略意义。像同仁堂、云南白药、全聚德等都成了中华老字号企业中民族企业品牌的典型代表。我国老字号发展历史悠久，一些老字号企业横跨封建社会、半封建半殖民地社会、社会主义社会，伴随我国社会的发展、商业的发展、城市的发展、文化的发展而发展。可以说老字号企业的发展历史，就是我国经济社会发展变革的历史，是我国商业的发展历史，是一座城市的发展历史，是地域民族优秀传统文化的发展历史，它是我国社会、经济、文化发展的"活化石"，对于了解、学习、研究我国社会、经济、文化发展的历史，具有重要的史料价值。在历史长河中，中国的经济、科技、文化有四个多世纪处于世界领先地位。在18世纪70年代（清乾隆初期），中国的经济还占世界经济总量的1/3。中国商业理念、商业经济、商业文化有长时间的沉淀和深厚的文化底蕴。中国的"大商道""茶马古道""丝绸之路""郑和船队下西洋"等全球知名的辉煌业绩，都凝聚着历代中华老字号的心血和功力，中华老字号在中国经济和商业文化的发展史中功不可没，为中华民族的发展壮大作出突出贡献。在21世纪总结和弘扬中华老字号的精神理念和经验，借以促进我国物质文明和精神文明的传承和发展，是值得重视和开发的一项有深远意义的宏伟事业，有助于促进就业、扩大消费。中华老字号的发展与居民生活密切相关。通过振兴发展老字号，为居民提供信誉好、质量优的产品和服务，对于丰富和满足居民消费需求具有重要意义。保持就业的稳定增长，转变经济增长方式、扩大国内需求，是促进我国经济可持续发展的关键因素，是我国今后社会、经济发展的工作重点。老字号分布在日常生活中的各个行业，大多是劳动密集型的服务业，与居民的日常生活息息相关。从老字号企业的特性看，在社会主义市场经济条件下，其市场发展潜力、市场发展空间都是很大的。通过老字号企业进行产品创新连锁经营等现代市场发展方式，可以使老字号企业创造消费需求、扩大企业规模，从而促进就业、消费的增长。我国新时期经济与社会发展战略方向，是使国民经济由出口主导型向消费主导型转变，而中华老字号的产品，是国内消费的首选，是重要的消费领域。

（一）国家关心老字号

面对老字号保护和发展中的问题和困境，从中央各部门和地区不断加大中华老字号的保护力度。

商务部《关于外国投资者并购境内企业的规定》（商务部令 2009 年第 6 号）第 12 条第 1 款规定，外国投资者并购境内企业并取得实际控制权，涉及重点行业、存在影响或可能影响国家经济安全因素或者导致拥有驰名商标或中华老字号的境内企业实际控制权转移的，当事人应就此向商务部进行申报。

中共中央办公厅、国务院办公厅发布的《关于实施中华优秀传统文化传承发展工程的意见》提出，文化是民族的血脉，是人民的精神家园。文化自信是更基本、更深层、更持久的力量。中华文化独一无二的理念、智慧、气度、神韵，增添了中国人民和中华民族内心深处的自信和自豪。本意见是为建设社会主义文化强国，增强国家文化软实力，实现中华民族伟大复兴的中国梦，就实施中华优秀传统文化传承发展工程提出的重要内容。其重要意义和总体要求如下。

（1）重要意义。中华文化源远流长、灿烂辉煌。在 5000 多年文明发展中孕育的中华优秀传统文化，积淀着中华民族最深沉的精神追求，代表着中华民族独特的精神标识，是中华民族生生不息、发展壮大的丰厚滋养，是中国特色社会主义植根的文化沃土，是当代中国发展的突出优势，对延续和发展中华文明、促进人类文明进步，发挥着重要作用。中国共产党在领导人民进行革命、建设、改革伟大实践中，自觉肩负起传承发展中华优秀传统文化的历史责任，是中华优秀传统文化的忠实继承者、弘扬者和建设者。党的十八大以来，在以习近平同志为核心的党中央领导下，各级党委和政府更加自觉、更加主动推动中华优秀传统文化的传承与发展，开展了一系列富有创新、富有成效的工作，有力增强了中华优秀传统文化的凝聚力、影响力、创造力。同时要看到，随着我国经济社会深刻变革、对外开放日益扩大、互联网技术和新媒体快速发展，各种思想文化交流交融交锋更加频繁，迫切需要深化对中华优秀传统文化重要性的认识，进一步增强文化自觉和文化自信；迫切需要深入挖掘中华优秀传统文化价值内涵，进一步激发中华优秀传统文化的生机与活力；迫切需要加强政策支持，着力构建中华优秀传统文化传承发展体系。实施中华优秀传统文化传承发展工程，是建设社会主义文化强国的重大战略任务，对于传承中华文脉、全面提升人民群众文化素养、维护国家文化安全、增强国家文化软实力、推进国家治理体系和治理能力现代化，具有重要意义。

（2）总体目标。到2025年，中华优秀传统文化传承发展体系基本形成，研究阐发、教育普及、保护传承、创新发展、传播交流等方面协同推进并取得重要成果，具有中国特色、中国风格、中国气派的文化产品更加丰富，文化自觉和文化自信显著增强，国家文化软实力的根基更为坚实，中华文化的国际影响力明显提升。

保护传承文化遗产。坚持保护为主、抢救第一、合理利用、加强管理的方针，做好文物保护工作，抢救保护濒危文物，实施馆藏文物修复计划，加强新型城镇化和新农村建设中的文物保护。加强历史文化名城名镇名村、历史文化街区、名人故居保护和城市特色风貌管理，实施中国传统村落保护工程，做好传统民居、历史建筑、革命文化纪念地、农业遗产、工业遗产保护工作。规划建设一批国家文化公园，成为中华文化重要标识。推进地名文化遗产保护。实施非物质文化遗产传承发展工程，进一步完善非物质文化遗产保护制度。实施传统工艺振兴计划。大力推广和规范使用国家通用语言文字，保护传承方言文化。开展少数民族特色文化保护工作，加强少数民族语言文字和经典文献的保护和传播，做好少数民族经典文献和汉族经典文献互译出版工作。实施中华民族音乐传承出版工程、中国民间文学大系出版工程。推动民族传统体育项目的整理研究和保护传承。

实施中华老字号保护发展工程，支持一批文化特色浓、品牌信誉高、有市场竞争力的中华老字号做精做强。政策保障方面，加强中华优秀传统文化传承发展相关扶持政策的制定与实施，注重政策措施的系统性协同性操作性。加大中央和地方各级财政支持力度，同时统筹整合现有相关资金，支持中华优秀传统文化传承发展重点项目。制定和完善惠及中华优秀传统文化传承发展工程项目的金融支持政策。加大对国家重要文化和自然遗产、国家级非物质文化遗产等珍贵遗产资源保护利用设施建设的支持力度。建立中华优秀传统文化传承发展相关领域和部门合作共建机制。制定文物保护和非物质文化遗产保护专项规划。制定和完善历史文化名城名镇名村和历史文化街区保护的相关政策。完善相关奖励、补贴政策，落实税收优惠政策，引导和鼓励企业、社会组织及个人捐赠或共建相关文化项目。建立健全中华优秀传统文化传承发展重大项目首席专家制度，培养造就一批人民喜爱、有国际影响力的中华文化代表人物。完善中华优秀传统文化传承发展的激励表彰制度，对为中华优秀传统文化传承发展和传播交流作出贡献、建立功勋、享有声誉的杰出海内外人士按规定授予功勋荣誉或进行表彰奖励。

（二）地方支持老字号

北京市早从 2006 年开始设立老字号发展专项资金，用于支持北京老字号企业振兴，企业有望获得最高 300 万元的项目资金支持或贴息贷款，而对于为老字号发展作出突出贡献的单位，最高可以获得 20 万元奖金。北京的"老字号巡回公开课"，助力老字号企业数字化转型是推进老字号数字化转型的举措之一，推动百年传承的老字号品牌在数字化消费时代中，与年轻人的时髦发生碰撞，长久不衰。北京老字号中，约有 75% 已对接电商平台、流量平台，实现触网。近年来，菜百、吴裕泰、全聚德、北京稻香村等老字号在拥抱数字化方面不断发力焕新颜。同时，为大力弘扬劳模精神、劳动精神、工匠精神，扎实推进老字号守正传承，北京老字号协会组织认定北京老字号工匠。此项工作由北京市商务局、北京市人才工作局、北京市人力社保局等指导，北京老字号协会组织实施，通过制定方案并成立认定工作机构，组织专家进行评审后向社会公示的程序，产生"北京老字号工匠"。2019年，北京市认定了首批20名"北京老字号工匠"，截至2023年7月，已经认定"北京老字号工匠"80名。

在老字号传承人才队伍建设、传统技艺保护和发展方面持续发力，引导更多年轻人学习、钻研、发展各项"绝活绝技"，推动老字号守正、创新、发展。

上海为打响上海"四大品牌"，弘扬优秀传统文化，促进上海老字号传承保护与创新发展，规范上海老字号管理，颁布了《关于开展上海老字号认定的若干规定》。在申报流程、认定、材料上进一步规范了辖区老字号的管理。

厦门通过立法保护老字号品牌，鼓励和促进老字号的健康发展。鼓励老字号在历史文化上"做文章"，同时还鼓励老字号商贸建筑、产品生产技艺、独特经营方式申请物质文化和非物质文化遗产保护，设立历史展示厅（馆）等，"相关历史风貌建筑应优先用于老字号展示厅（馆）建设"。为了提升对老字号祖庭的保护，《厦门市老字号品牌保护发展促进办法（草案）建议修改稿》规定，市、区两级政府应当组织对老字号聚集区建筑、老字号特色商业街建筑、老字号企业祖庭建筑进行评定，符合条件的应当纳入历史风貌建筑、文物保护单位，拆迁时应征求市商务行政主管部门意见。在资金扶持方面，已经取得厦门老字号称号的企业进行专利、驰名商标申请时，财政按相关政策给予补贴。若老字号企业通过技术改造扩大生产规模，可申报技改项目，符合条件的给予资金支持。

杭州市制定了《杭州老字号保护规划》，在对全市老字号进行调查摸底的基础上，就加强老字号的保护和发展制定了具体的意见和办法。

南京市帮助餐饮业老字号企业贷款超过千万元，给予三产贴息超过百万元。

四川省也出台了扶持老字号发展项目的专项资金，对老字号企业恢复、改造、升级的项目予以资金支持。

北京、上海、重庆、天津、河南、山东、浙江、福建、广东等全国多地结合实际，颁布老字号认定管理办法，并多批次认定了辖区符合条件的老字号企业，对地方老字号在传承历史、创新发展中起到了至关重要的作用。同时，各地还成立了老字号协会。这些协会组织的成立，为企业间的交流与合作创造了广阔的平台，为进一步疏通政府与企业间的关系架起了新的桥梁。

创立和培育自主知名品牌，是建设创新型国家的一项重大战略任务。各地方大力发展、支持老字号对我国在全球经济一体化环境下在新的发展时期对于培育民族名牌企业、名牌产品的工作作出了重要贡献。老字号作为凝聚着上百年历史文化积淀的民族品牌，成为各地政府部门工作的重要内容。

（三）中华老字号的标识和牌匾

根据《办法》规定，中华老字号企业违反《中华老字号标识和牌匾使用规定》的，商务部和省级商务主管部门可依据本办法采取相关措施。

中华老字号企业因违反相应规定，被暂停中华老字号标识、牌匾使用权期间，应撤回其含有中华老字号标识的相关产品、服务，移除并妥善保存中华老字号牌匾，且不得以中华老字号名义开展宣传。

任何单位或个人冒用或滥用中华老字号标识或牌匾，违反商标法、反不正当竞争法、广告法等法律法规的，由市场监管部门依法依规进行查处。

《中华老字号标识和牌匾使用规定》

第一条　为维护中华老字号信誉，加强对中华老字号标识和牌匾的管理，规范中华老字号标识和牌匾的使用，依据《中华老字号示范创建管理办法》，制定本规定。

第二条　中华老字号标识和牌匾的使用应当遵循本规定。

第三条　商务部对中华老字号标识和牌匾的使用实行统一管理和监督。省级商务主管部门按照职责分工对所辖区域内中华老字号标识和牌匾的使用进行管理与监督。

第四条　中华老字号标识适用于商务部认定的中华老字号及中华老字号企业。未被认定为中华老字号的企业或个人，不得使用中华老字号标识和文字。

第五条　中华老字号标识属商务部所有，由标准图形和"中华老字号"中英文文字组成，图形可单独使用，也可与文字组合使用。标识设有标准色3色、标准组合4种供企业选用。推荐使用第一种"中华老字号"2色标识。中华老字号标识标准图形、标准字体、标准色彩、标准组合详见附。

第六条　中华老字号企业可以在相应产品或服务的包装、装潢、各类资料、广告宣传及互联网等媒介中使用统一规定的中华老字号标识。

第七条　中华老字号标识只能用于与中华老字号相一致的产品或服务上，以其老字号注册商标核定使用的商品或服务为限，并应明显标注获得认定的企业名称，不得扩大使用范围。同时，应符合《商标法》《广告法》等相关法律法规要求。

第八条　中华老字号标识在使用时，必须根据规定式样使用，可按比例放大或缩小，但不得更改标识的比例关系和色值。

第九条　中华老字号标识在印刷时，附着媒介的底色不得影响标识的标准色值，不得透叠其他色彩和图案。

第十条　商务部统一制作和颁发中华老字号牌匾，未经许可，任何组织或个人不得自行制作、伪造、变造、销售或者冒用。

第十一条　中华老字号牌匾不得复制。

第十二条　中华老字号牌匾应悬挂或放置于中华老字号企业主要办公或经营场所，牌匾需保持牢固安全、整洁、美观，任何组织或个人不得随意侵占、污损、破坏牌匾。涉及不可移动文物的，悬挂、放置牌匾不得破坏文物。

第十三条　被商务部移出中华老字号名录并收回中华老字号标识使用权及牌匾的企业，自商务部作出决定之日起，停止使用中华老字号标识，并负责清理自身使用的有关中华老字号标识；中华老字号牌匾由所在省级商务主管部门负责收回，交回商务部统一注销和销毁。

第十四条　中华老字号企业的企业名称和注册商标人名义发生变更后，中华老字号标识和牌匾的使用权随之变更，但须按照《中华老字号示范创建管理办法》规定报商务部备案。

附：中华老字号标识标准式样

附1：标准图形

中华老字号
China Time-honored Brand

China
Time-honored
Brand
中华老字号

中华老字号
China Time-honored Brand

附2：标准字体

附3：标准色彩

首选标准组合

可选标准组合一　　　　　可选标准组合二　　　　　可选标准组合三

附4：标准组合

第 二 部 分

老字号面临的法律风险及其应对措施

中央各部门及地区均在不断加大对老字号企业的保护力度，老字号企业自身亦须加强风险管控意识。法律风险是老字号企业经营中面临的风险类别之一，本章将从相关法律制度入手，结合过往案例分析、总结老字号企业可能涉及的法律风险点，促进企业基业长青。

一、老字号相关法律制度概述

老字号企业同现代法律制度的耦合，是其生产经营管理中正面临的新机遇、新挑战。一方面，通过保护作品、发明创造和商业标志等主题的无形财产权制度，老字号企业可以对其产出的智力创造性成果和识别性标记享有专属利益，进而有效规制市场上存在的不法竞争行为。另一方面，老字号企业的生产经营管理横贯"前法律时期"与"法律时期"，如何妥善应对传统与前卫之间的亲疏关系，系老字号企业需要认真思考的课题。因此，全面认识与老字号企业相关的法律制度，是老字号企业融入既存法律体系所构建出的营商环境，继而寻求品牌高水平传承和高质量发展的必要性基础。

本章主要包含两个方面的内容：其一，老字号与相关权利基础；其二，老字号企业与相关法律机制。前者旨在梳理老字号企业可以享有的主要法定权利或利益，及其对老字号企业的生产经营管理所造成的影响；后者旨在介绍可供老字号企业选择的权利或利益救济机制，以期为老字号企业的确权和维权指引方向。

（一）老字号与相关权利基础

权利基础，或称请求权基础。我国台湾地区的王泽鉴教授曾对这一概念作出释义，即"谁得向谁，依据什么，请求什么"。通俗而言，享有权利者可以要求义务主体做或不做某件事，事项的范围以权利的具体内容为限。法律制度为前述机制提供强制执行力层面的支撑。举例而言，如果老字号企业将自家品牌注册为商标，取得注册商标专用权，则其便可通过民事、行政甚至刑事等途径规制假冒、仿冒其商标的不法行为。商标保护制度仅是法律为老字号企业保驾护航的一隅，亦有诸如我国民法典、刑法、著作权法、专利法及反不正当竞争法等法律法规及其司法解释为老字号企业的维权提供着权利基础和救济机制保障。全面认识前述制度的基本情况和工作原理，才能将其同老字号企业的生产经营管理紧密结合，充分发挥出相关制度抵制不端行为的效用。综上所述，本节拟就老字号企业生产经营管理中的相关权利基础予以介绍和评述，着重于可能为老字号企业所忽视的无形财产权制度。

1. 老字号与著作权

（1）作品、著作权与老字号企业的生产经营管理

老字号企业既可能是作品的创作者，又可能是作品的使用者，而著作权就是用来保护作品的专有权利。上至老字号企业自主或委托创作的图标和画作，下至广告宣传使用的视频短片、文案文稿，公众号、百家号撰著的原创推文，甚至是服装设计上的一款刺绣图案，均可以在符合法律规定的要件时取得著作权保护（如图 2-1、2-2、2-3、2-4 所示）。老字号企业可以使用或授权他人使用自己享有著作权的作品，从而攫取商业维度的竞争利益。但是，著作权同样要求老字号企业在使用其他主体享有著作权保护的作品时给予绝对的尊重，应当积极取得授权并支付相应报酬，以消解侵权之虞。可以说，著作权对老字号企业而言是一柄双刃剑：挥舞得当可披荆斩棘，把控不善恐伤及自身。

图 2-1　中国全聚德①、内联升鞋店微信公众号② 各自推送的图片及文案

---

①《"满汉全席"中的冬日滋补佳肴》，载微信公众号"中国全聚德"，2022 年 10 月 28 日。

②《科普 | 真真假假北京老布鞋》，载微信公众号"内联升鞋店"，2022 年 10 月 14 日。

图 2-2　青岛啤酒股份有限公司官方网站的宣传视频截图①

丰年五芳礼盒　　　　　经典五芳礼盒　　　　　情系五芳礼盒

图 2-3　浙江五芳斋实业股份有限公司的粽子礼盒②

图 2-4　中国北京同仁堂（集团）有限责任公司官方网站的图片设计③

---

① 参见青岛啤酒股份有限公司官方网站，http://www.tsingtao.com.cn/index.html，2023 年 3 月 2 日访问。

② 参见浙江五芳斋实业股份有限公司官方网站，https://www.wufangzhai.com/product/dragon-boat-products/classic，2023 年 3 月 2 日访问。

③ 参见中国北京同仁堂（集团）有限责任公司官方网站，http://www.tongrentang.com/，2023 年 9 月 22 日访问。

老字号企业的生产经营管理同作品及其著作权保护关联密切。前述示例体现出一些老字号企业可能用到作品类型及其使用场景：全聚德和内联升微信公众号推文中的图片与文案可能构成美术作品或（和）文字作品；青岛啤酒股份有限公司官方网站首页的宣传视频可能构成视听作品；浙江五芳斋实业股份有限公司的粽子礼盒包装可能构成美术作品，宣传图片可能构成摄影作品；中国北京同仁堂（集团）有限责任公司官方网站的图片设计可能构成美术作品。个中情形，不一而足。老字号企业有时也许还未意识到，其对自家的某款产品、某张图片或某段视频享有权利，但是这种为法律所承认的专有权利却可能是客观存在的。

因此，对于老字号企业而言，全面、充分认识保护作品这种智力创造性成果的著作权制度是十分必要的。不论老字号企业是出于保护、利用自家作品的目的，还是希望利用他家作品的想法，厘清前述问题对于攫取竞争优势和防范法律风险而言均有现实意义。

（2）著作权的概念

著作权，从字面上讲，是对著作享有的权利。根据我国著作权法规定，著作即指代作品，是指文学、艺术和科学领域内具有独创性并能以一定形式表现的智力成果。可以说，著作权是某个特定主体对特定作品依法所享有的专有权利。同著作权最为相关的概念是版权：前者是大陆法系国家普遍采用的说法，而后者是英美法系国家采用的说法。我国著作权法将著作权与版权作相同理解，实践中不必对二者作出区分：版权即著作权，著作权即版权。

我国著作权法规定了九种作品类型：其一，文字作品；其二，口述作品；其三，音乐、戏剧、曲艺、舞蹈、杂技艺术作品；其四，美术、建筑作品；其五，摄影作品；其六，视听作品；其七，工程设计图、产品设计图、地图、示意图等图形作品和模型作品；其八，计算机软件；其九，符合作品特征的其他智力成果。前述法律规定是依据作品表现形式作出的分类，且设置有兜底条款。换句话说，即便是不在前述具体类别的智力创造性成果，若其具备作品的一般特征，且符合法律规定的构成要件时，也同样可以取得著作权保护。

（3）著作权的内容

著作权是特定主体对特定作品享有的专有权利，权利内容由法律明确规定。著作权的内容即决定了著作权主体可以利用这项权利做哪些事情，限制何种未经许可的具体行为。从权利或权能的属性上看，著作权的内容可以区分为人身性质和财产性质两类权利：前者涵盖发表权、署名权、修改权和保护作品完整权四项；后者包括复制权、发行权、出租权、展览权、表演权、放映权、广播权、信息网络传播权、摄制权、改编权、翻译权、汇编权和其他权利共十三项。前述权利内容兼具自己使用和限制他人使用两个维度：著作权主体可以自己使用或授权许可他人使用其作品，攫取商业利益，也可以通过防御手段规制未经许可利用其作品的行为。① 我国著作权法已对前述权利的范围作出相对全面的释义，具体如下：

人身性质的权利：

① 发表权，即决定作品是否公之于众的权利；

② 署名权，即表明作者身份，在作品上署名的权利；

③ 修改权，即修改或者授权他人修改作品的权利；

④ 保护作品完整权，即保护作品不受歪曲、篡改的权利。

财产性质的权利：

① 复制权，即以印刷、复印、拓印、录音、录像、翻录、翻拍、数字化等方式将作品制作一份或者多份的权利；

② 发行权，即以出售或者赠与方式向公众提供作品的原件或者复制件的权利；

③ 出租权，即有偿许可他人临时使用视听作品、计算机软件的原件或者复制件的权利，计算机软件不是出租的主要标的的除外；

---

① 也有学者认为，知识产权是"专有权利""排他权利""禁止权"，即禁止他人实施某种行为的权利，而与"自用权"无关。参见王迁：《知识产权法教程》，中国人民大学出版社 2021 年版，第 9 页。

④ 展览权，即公开陈列美术作品、摄影作品的原件或者复制件的权利；

⑤ 表演权，即公开表演作品，以及用各种手段公开播送作品的表演的权利；

⑥ 放映权，即通过放映机、幻灯机等技术设备公开再现美术、摄影、视听作品等的权利；

⑦ 广播权，即以有线或者无线方式公开传播或者转播作品，以及通过扩音器或者其他传送符号、声音、图像的类似工具向公众传播广播的作品的权利，但不包括⑧中的权利；

⑧ 信息网络传播权，即以有线或者无线方式向公众提供，使公众可以在其选定的时间和地点获得作品的权利；

⑨ 摄制权，即以摄制视听作品的方法将作品固定在载体上的权利；

⑩ 改编权，即改变作品，创作出具有独创性的新作品的权利；

⑪ 翻译权，即将作品从一种语言文字转换成另一种语言文字的权利；

⑫ 汇编权，即将作品或者作品的片段通过选择或者编排，汇集成新作品的权利；

⑬ 应当由著作权人享有的其他权利。

（4）著作权的取得方式

著作权遵循自动取得原则。作品创作完成，且符合法律规定的独创性与可复制性要件时，著作权即告取得，相关主体不必再履行任何其他手续。也就是说，著作权的取得不用向著作权行政管理部门提出申请，也不用经过其审查与授权。作品是否发表（公之于众），是否已经通过复制、发行或其他途径向公众提供，均不会影响作品取得著作权保护。举例而言，不论是职工在岗位上完成的公众号文章、宣传海报，抑或是某种绘图方案、某道精美菜品样式，只要符合法律规定的两项构成要件，即可自其创作完成时起自动取得著作权保护。

著作权自动取得原则为作品权利人带来便利的同时，也为著作权存续和归属的判定带来困难。不同于商标权、专利权取得时行政管理部门会核准出具书面的权属凭证，著作权取得不涵盖权利公示的过程，亦无书面权属凭证的授予，因此其权利主体和权利存续的确定性通常会面临质疑。一方面，著作权人在维权阶段需要首先"验明正身"，即证明自己对特定作品享有著作权，且权利有效存续；另一方面，对于互联网环境中传播的数字作品而言，其权利主体及权利存续状态不易确定，这直接导致作品使用者获取授权的磋商成本过高，且不利于事前预防侵权法律风险。

作品自愿登记制度的实施对前述问题具有一定缓解作用。国家版权局及地方版权局为作品提供著作权自愿登记渠道，但登记与否不影响著作权取得和归属。《作品自愿登记试行办法》指出，推行作品自愿登记制度的目的是维护作者或其他著作权人和作品使用者的合法权益，帮助解决因著作权归属造成的著作权纠纷，并为解决著作权纠纷提供初步证据。老字号企业可以对其享有著作权的作品进行登记，继而降低著作权争议出现时的举证负担。全国作品登记信息数据库管理平台也为相关主体提供了查询服务。[①] 不过，作品自愿登记制度虽有裨益，但也未能彻底解决网络素材权利归属判定困难的问题（"作品登记证书"样例如图 2-5 所示）。

① 参见全国作品登记信息数据库管理平台官方网站，http://qgzpdj.ccopyright.com.cn/，2023 年 3 月 2 日访问。

登记号：

作品/制品名称：   作品类别：
作　　者：   著作权人：
首次发表时间：   首次出版/制作日期：

以上事项，由　　　　　　申请，经　　　　　　　　审核，
根据《作品自愿登记试行办法》规定，予以登记。

登记日期：   登记机构签章

图 2-5　国家版权局提供的作品登记证书样例

（5）著作权存在时间限制

著作权是否有时间性质，取决于具体权项的性质：除去发表权，人身性质的著作权不会受到期限限制；发表权和财产性质的著作权则受到严格的期限限制，超出保护期限的作品即归入公有领域，不再是某人的私有财产。具体规则如下：

人身权的保护期不受限制：
　　作者的署名权、修改权、保护作品完整权的保护期不受限制。

财产权的保护期受到限制：
　　自然人的作品，其发表权及著作权法规定的财产权利的保护期为作者终生及其死亡后五十年，截止于作者死亡后第五十年的 12 月 31 日；如果是合作作品，截止于最后死亡的作者死亡后第五十年的 12 月 31 日。
　　法人或者非法人组织的作品、著作权（署名权除外）由法人或者非法人组织享有的职务作品，其发表权的保护期为五十年，截止于作品创作完成后第五十年的 12 月 31 日；著作权法规定的财产权利的保护期为五十年，截止于作品首次发表后第五十年的 12 月 31 日，但作品自创作完成后五十年内未发表的，著作权法不再保护。
　　视听作品，其发表权的保护期为五十年，截止于作品创作完成后第五十年的 12 月 31 日；著作权法规定的财产权利的保护期为五十年，截止于作品首次发表后第五十年的 12 月 31 日，但作品自创作完成后五十年内未发表的，著作权法不再保护。

（6）著作权存在例外情形

著作权有一些法定例外情形，这是基于公共利益考量对著作权作出的限制。如果利用他人作品的场景属于前述法定例外情形，则利用者不用经过著作权人的许可也能利用作品，且不会有侵权之虞。我国著作权法规定了两类典型限制情形，即著作权的法定许可与著作权的合理使用：前者不用经过著作权人许可，但需要使用者向著作权人付费；后者不用经过著作权人许可，也不用向著作权人付费。本质上，这种事项限制是将原本属于侵权的行为通过法律规定的方式剥离出侵权行为的范畴。以下是法律明确规定的例外情形，散见于我国著作权法和《信息网络传播权保护条例》，无法律规定时则无例外。

属于法定许可的情形：

① 报刊转载的法定许可；

② 制作录音制品的法定许可；

③ 播放作品法定许可和播放录音制品中作品的法定许可；

④ 编写出版教科书的法定许可；

⑤ 制作和提供课件的法定许可。

属于合理使用的情形：

在下列情况下使用作品，可以不经著作权人许可，不向其支付报酬，但应当指明作者姓名或者名称、作品名称，并且不得影响该作品的正常使用，也不得不合理地损害著作权人的合法权益：

① 为个人学习、研究或者欣赏，使用他人已经发表的作品；

② 为介绍、评论某一作品或者说明某一问题，在作品中适当引用他人已经发表的作品；

③ 为报道新闻，在报纸、期刊、广播电台、电视台等媒体中不可避免地再现或者引用已经发表的作品；

④ 报纸、期刊、广播电台、电视台等媒体刊登或者播放其他报纸、期刊、广播电台、电视台等媒体已经发表的关于政治、经济、宗教问题的时事性文章，但著作权人声明不许刊登、播放的除外；

⑤ 报纸、期刊、广播电台、电视台等媒体刊登或者播放在公众集会上发表的讲话，但作者声明不许刊登、播放的除外；

⑥ 为学校课堂教学或者科学研究，翻译、改编、汇编、播放或者少量复制已经发表的作品，供教学或科研人员使用，但不得出版发行；

⑦ 国家机关为执行公务在合理范围内使用已经发表的作品；

⑧ 图书馆、档案馆、纪念馆、博物馆、美术馆、文化馆等为陈列或者保存版本的需要，复制本馆收藏的作品；

⑨ 免费表演已经发表的作品，该表演未向公众收取费用，也未向表演者支付报酬，且不以营利为目的；

⑩ 对设置或者陈列在公共场所的艺术作品进行临摹、绘画、摄影、录像；

⑪ 将中国公民、法人或者非法人组织已经发表的以国家通用语言文字创作的作品翻译成少数民族语言文字作品在国内出版发行；

⑫ 以阅读障碍者能够感知的无障碍方式向其提供已经发表的作品；

⑬ 法律、行政法规规定的其他情形。

（7）老字号企业的著作权关切

对老字号企业而言，著作权既是商业运营的筹码，又是可能招致风险的地雷。老字号企业有时充当自家作品的著作权人，有时充当他人作品的使用者。不同的身份、角色会为老字号企业带来差异化的著作权关切。

老字号企业应妥善管理自家作品的著作权。老字号企业内部的著作权管理有两种常见的情形：其一，老字号企业是享有著作权的主体；其二，老字号企业的员工或受托为老字号创作的主体是享有著作权的主体。不论是老字号企业的品牌图样，抑或是产品的包装图样、宣传文案、宣发视频等，但凡是经营活动中可能被使用到的文学、科学和艺术领域内的智力创造性成果，都可能受到著作权保护。对于老字号企业为著作权人的作品，企业应当保留自证权属的资料，如原始底稿、著作权登记证明等，以应对可能出现的法律风险。对于老字号企业的员工或受托为老字号创作的主体为著作权人的作品，老字号企业应在双方签订的劳动合同或委托创作合同中明确彼此的权利义务关系，尤其是作品的使用权限和使用期限，以预防潜在的权属争议和利益纠纷。妥善管理好自家作品的著作权，老字号企业才能在授权许可他人使用其作品时顺畅无阻。

老字号企业应当充分尊重他人作品的著作权。限制未经许可使用作品的行为是著作权的应有之义，故老字号企业在日常经营管理中要尽力避免未经许可使用他人享有著作权的作品，否则将有被问责侵权之虞。囿于著作权的自动取得原则，老字号企业的员工在工作中经常会用到来自互联网的素材，如文章文案、图片、视频等可能享有著作权的作品。当前述内容的水印、署名以及其他权利管理信息未加注、加注不清或加注有误时，则不可避免地会给使用者招致守法层面的困境。从解决路径上而言，老字号企业应当穷尽审查素材的权利状态和权利归属情况，尽量选取可以获取完备授权的素材库，同时应注意培养企业员工的著作权意识，以竭力消解作品使用过程中的侵权风险。

2. 老字号与专利权

（1）发明创造、专利权与老字号企业的生产经营管理

发明创造为老字号企业的生产经营管理提供助力，并直接反馈至终端商品的附加值层面。商品的功能优秀、设计出众，是其为老字号企业赚取利润的基础。发明创造是确保商品可以具备前述特质的技术方案或设计方案，其背后的专利制度则是通过授予发明创造权利的方式，保障发明创造不会遭到所有者之外其他主体肆意盗用。换句话说，专利制度让可以应用于商业实践的技术、设计方案得到法律层面的认可，并限期专属于某一特定主体，成为其无形财产的组成部分（如图 2-6 所示）。

图 2-6 全聚德公司为其包装盒套装申请的外观设计专利

老字号企业通过专利权保护其发明创造的做法已经有不少实例。不同行业，老字号企业生产经营管理中产出的发明创造类型也有所不同，这导致最终申请、授权的专利类别存在差异。前述示例中，全聚德公司将陈荣设计的包装盒套装申请外观设计专利，最终获准授权，进而取得对该包装盒套装的限时专有权利。发明创造的专利权保护体现在老字号企业生产经营管理的各个阶段。不仅是包装烤鸭时使用的包装盒套装，烤鸭的制作阶段，亦能看到其他类型发明创造的身影，它们同样可以通过申请获准取得专利授权，进而为终端产品创设价值增量空间。如全聚德公司的烤鸭肉片加热器、烤鸭晾坯间、烤鸭烫坯着色机等（如图 2-7、2-8 所示）。

[19] 中华人民共和国国家知识产权局

[51] Int. Cl⁷
A23L 1/315
F26B 9/06

[12] 实用新型专利说明书

[21] ZL 专利号 03265282.8

[45] 授权公告日 2004 年 8 月 4 日

[11] 授权公告号 CN 2629445Y

[22] 申请日 2003.6.9 [21] 申请号 03265282.8

[73] 专利权人 北京全聚德烤鸭股份有限公司

地址 100051 北京市宣武区前门西河沿 217 号

[72] 设计人 严大建

权利要求书 1 页 说明书 2 页 附图 1 页

[54] 实用新型名称 烤鸭晾坯间

[57] 摘要

一种烤鸭晾坯间，用于鸭坯风干。烤鸭晾坯间包括一个密闭箱体，箱体内有冷却系统、除湿系统、气流循环系统和鸭坯吊挂架。烤鸭晾坯间的箱体是由具有保温功能的复合板块拼装而成。冷却系统可控制箱内温度在较低的状态，温度可预先设置，并自动调节。除湿系统可排除箱内的水分，保证箱内干燥，湿度可预先设置，并自动调节。气流循环系统强制箱内气体流动，通过除湿系统和冷却系统进行处理，使箱内各点的湿度、温度都一样。鸭坯在此环境下晾坯，不受外界环境变化影响，使鸭坯达到晾坯质量标准一致的要求。

ISSN 1008-4274

03265282.8　　权 利 要 求 书　　第1/1页

1、一种烤鸭晾坯间，其特征是在密闭、保温的箱体（1）内侧上部安装有冷却器（2）、下部安装有除湿器（4）、在与鸭坯平行的位置安装有强制箱体内气流循环的风扇（3）、在箱体内安装用于吊挂鸭坯的吊挂架（5）。

2、根据权利要求 1 所述的晾坯间，其特征是箱体由复合的保温板制成，可以预制，便于现场拼装。

2

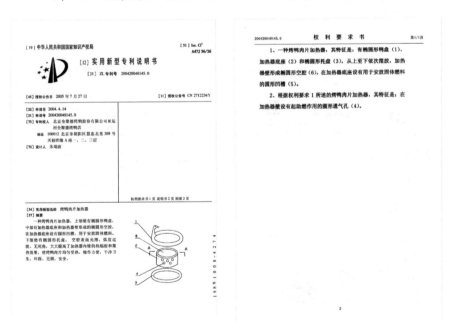

图 2-7　全聚德公司为其烤鸭晾坯间申请的实用新型专利

[19] 中华人民共和国国家知识产权局

[51] Int. Cl⁷
A47J 36/26

[12] 实用新型专利说明书

[21] ZL 专利号 200420048145.0

[45] 授权公告日 2005 年 7 月 27 日

[11] 授权公告号 CN 2712234Y

[22] 申请日 2004.4.14

[21] 申请号 200420048145.0

[73] 专利权人 北京全聚德烤鸭股份有限公司亚运村全聚德烤鸭店

地址 100012 北京市朝阳区慧忠北里 309 号天创世缘 A 座一、二、三层

[72] 设计人 朱瑞波

权利要求书 1 页 说明书 2 页 附图 2 页

[54] 实用新型名称 烤鸭肉片加热器

[57] 摘要

一种烤鸭肉片加热器，上部装有椭圆形鸭盘，中部有加热器底座和加热器壁形成的椭圆形空腔，在加热器底座设有圆形凹槽，用于安放固体燃料。下部垫有椭圆形托盘。空腔表面光滑、弧度过渡、无死角，大大提高了加热器内壁的热辐射和聚热效果，使烤鸭肉片均匀受热，操作方便，干净卫生，环保、无烟、安全。

ISSN 1008-4274

200420048145.0　　权 利 要 求 书　　第1/1页

1、一种烤鸭肉片加热器，其特征是：有椭圆形鸭盘（1）、加热器底座（2）和椭圆形托盘（3），从上至下依次摆放，加热器壁形成椭圆形空腔（6），在加热器底座设有用于安放固体燃料的圆形凹槽（5）。

2、根据权利要求 1 所述的烤鸭肉片加热器，其特征是：在加热器壁设有起助燃作用的圆形通气孔（4）。

2

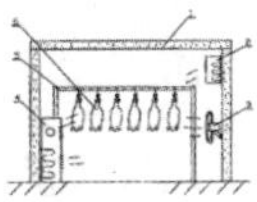

图 2-8　全聚德公司为其烤鸭肉片加热器申请的实用新型专利

　　老字号企业因其主营业务不同，用于申请专利的发明创造类型亦有所不同。如中国宣纸集团为其宣纸的捞纸工艺、干燥装置申请的发明专利（如图 2-9、2-10 所示）；又如内联升公司为其布鞋设计方案申请的外观设计专利等（如图 2-11 所示），均系老字号企业积极利用专利制度为其生产经营管理提供助力的实例。

图 2-9　中国宣纸集团为其捞纸工艺申请的发明专利

图 2-10　中国宣纸集团为其干燥装置申请的发明专利

使用状态参考图　　　　　　　　主视图

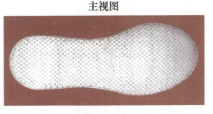

图 2-11　内联升公司为其布鞋申请的外观设计专利

综上所述，专利制度能为老字号企业生产经营管理中产出的发明创造保驾护航，也具有被充分认识和理解的必要性。

（2）专利权的概念

专利，顾名思义，其由"专"和"利"两个部分相复合构成，可直观理解为某种专属利益。法律规定层面，专利权指特定主体对其发明创造所享有的，受到法律强制力保护的专有权利。专利权同样具有积极使用和限制他人未经许可使用两方面的内涵：专利权人既可以自己实施或授权许可他人以生产经营为目的实施其专利，又可以限制未经许可以生产经营为目的实施其专利的行为。质言之，如若某个主体享有专利权，其便可以限制其他市场主体实施专利权背后的技术、设计方案，进而独占性地攫取商业利益。

发明创造是可能取得专利权保护的对象，包括发明、实用新型和外观设计，其本质是某种技术方案或设计方案。专利法就前述专利权的保护对象作出明确规定：发明，是指对产品、方法或者其改进所提出的新的技术方案；实用新型，是指对产品的形状、构造或者其结合所提出适于实用的新的技术方案；外观设计，是指对产品的整体或局部的形状、图案或者其结合以及色彩与形状、图案的结合所作出的富有美感并适于工业应用的新设计。发明可以表现为某种产品，也可以表现为某种方法。例如，中国宣纸集团就宣纸干燥装置申请的发明专利即为产品专利，就其捞纸工艺申请的发明专利即为方法专利。实用新型强调利用产品的结构解决技术问题，而外观设计依附于工业品存在，因此二者最终都表现为某种产品。

（3）专利权的内容

专利权具有禁止未经专利权人许可，以生产经营为目的实施专利的权能。同时，专利权赋予发明创造以无形财产的地位，使其可以用作授权许可或交易的标的。我国专利法对专利实施行为作出列举规定，此列举框定了专利权的范围与限度：

发明和实用新型专利的实施：

发明和实用新型专利权被授予后，除本法另有规定的以外，任何单位或者个人未经专利权人许可，都不得实施其专利，即不得为生产经营目的制造、使用、许诺销售、销售、进口其专利产品，或者使用其专利方法以及使用、许诺销售、销售、进口依照该专利方法直接获得的产品。

外观设计专利的实施：

外观设计专利权被授予后，任何单位或者个人未经专利权人许可，都不得实施其专利，即不得为生产经营目的制造、许诺销售、销售、进口其外观设计专利产品。

前文已述，发明专利可能是产品或方法专利，而实用新型和外观设计专利仅可能是产品专利。产品专利和方法专利对应的实施行为有所不同，外观设计专利同实用新型专利对应的实施行为也存在差异。实施以产品为表现形式的发明和实用新型专利时，实施行为包括制造、使用、许诺销售、销售和进口该专利产品；实施以方法为表现形式的发明专利时，实施行为包括使用该专利方法，或使用、许诺销售、销售和进口依照该专利方法直接获得的产品；实施以产品为表现形式的外观设计专利时，实施行为则包括制造、许诺销售、销售、进口专利产品。

（4）专利权的取得方式

专利权依申请取得。不同于著作权的自动保护原则，专利权的取得需要通过国家专利行政管理部门授予，也即由国家知识产权局专利局审查授权。应当注意的是，申请人提交专利申请文件不等于一定能获得专利授权，而是要面对国家专利行政管理部门对发明创造是否符合授权条件的审查。对于符合条件的发明创造将依法授予专利权，反之则不会授予。发明、实用新型和外观设计取得专利保护的流程有所不同，具体可以参考以下国家知识产权局专利局官方网站给出的流程图示（如图2-12所示）：

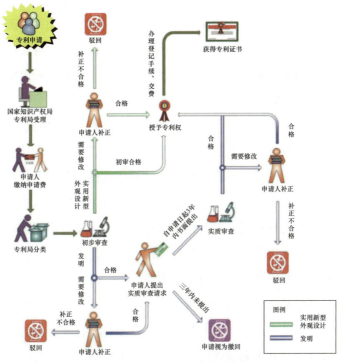

图 2-12　国家知识产权局专利局关于专利申请流程的示例①

发明专利的审查和授权条件相对严格。授予发明专利保护的技术方案，应当具备新颖性、创造性和实用性：新颖性，是指该发明或者实用新型不属于现有技术（申请日以前在国内外不为公众所知的技术），也没有任何单位或者个人就同样的发明或者实用新型在申请日以前向国务院专利

①　参见国家知识产权局专利局，https://www.cnipa.gov.cn/art/2020/6/5/art_1517_92471.html，2023 年 3 月 2 日访问。

行政部门提出过申请，并记载在申请日以后公布的专利申请文件或者公告的专利文件中；创造性，是指与现有技术相比，该发明具有突出的实质性特点和显著的进步；实用性，是指该发明能够制造或者使用，并且能够产生积极效果。

实用新型专利审查和授权的条件相对宽松。实用新型专利与发明专利相近，其授予同样须满足新颖性、创造性和实用性的要求。不过，法律对实用新型专利创造性的要求更低，不再包括"突出的"和"显著的"两项表明程度的修饰词语。同时，实用新型专利的授权不用经过实质审查的流程，而是将其效力评判的成本分摊至社会监督层面，亦可看出实用新型专利的取得标准相对较低。

同实用新型专利较为相似，外观设计专利审查和授权的条件也是相对宽松的。授予外观设计专利的设计方案，应当不属于现有设计；也没有任何单位或者个人就同样的外观设计在申请日以前向国务院专利行政部门提出过申请，并记载在申请日以后公告的专利文件中；授予专利权的外观设计与现有设计或者现有设计特征的组合相比，应当具有明显区别；授予专利权的外观设计不得与他人在申请日以前已经取得的合法权利相冲突。外观设计专利的授权同样不用经过实质审查。

应当注意的是，我国专利法规定：对违反法律、社会公德或者妨害公共利益的发明创造，不授予专利权；对违反法律、行政法规的规定获取或者利用遗传资源，并依赖该遗传资源完成的发明创造，不授予专利权。因此，并不是任何属于发明创造的主题在符合授权条件时都可以被授予专利权保护。我国专利法也通过列举方式明确排除了一些主题：科学发现；智力活动的规则和方法；疾病的诊断和治疗方法；动物和植物品种（所列产品的生产方法，可以依照专利法规定授予专利权）；原子核变换方法以及用原子核变换方法获得的物质；对平面印刷品的图案、色彩或者二者的结合作出的主要起标识作用的设计。

专利申请具有鲜明的地域性特征。不同国家的专利权相互独立，如果企业希望专利权的效力不局限于我国境内，则需要向目标国家提出另外的专利申请。我国已经是《专利合作条约》和《工业品外观设计国际注册海牙协定》的缔约国，若目标国家同样是缔约国，企业可以向我国专利局提出国际注册申请，指定目标国家，从而简化申请的流程。若目标国家不是缔约国，企业则通常只能向目标国家的专利行政管理部门直接申请。企业需要结合自身生产经营管理的实际需要，判断是否需要进行专利国际申请。

（5）专利权的限制

为了在鼓励发明创造、保护私人权利和兼顾公共利益间寻求平衡，专利制度对专利权设置有四种类型的限制，以调和制度内部复杂的利益平衡关系：其一，期限限制，即专利权不能永远存在；其二，不视为侵犯专利权的情形，即将一些法定的特殊情形剥离出侵犯专利权的范畴；其三，强制许可，即允许特定情形下无视专利权人主观意愿，由国家专利行政管理部门许可某特定主体实施该专利，但需要支付报酬；其四，无效宣告，允许社会公众监督已获授权的专利，对既存有效的专利提出无效申请。

专利权的保护期限始于申请日。不同类型发明创造的保护期限有所不同：发明专利权的保护期限为 20 年，实用新型专利权保护期限为 10 年，外观设计专利权的保护期限为 15 年。应当注意的是，尽管专利自公告授权之日起生效，但公告授权日并非专利保护期的起算日。具体至发明专利，其审查须遵循"早期申请，延迟审查"规则，即先行公开专利技术方案的内容，间隔一段周期后再行实质审查的问题。因此，发明专利申请公布后，法律允许申请人可以要求实施其发明的单位或者个人支付适当的费用。专利权人应当自被授予专利权的当年开始缴纳年费。当专利权人没有按照规定缴纳年费或以书面声明放弃其专利权的，专利权在期限届满前终止。

法律基于公共利益考量，对某些实施专利的情形予以豁免，将其剥离出侵犯专利权的范畴。这些豁免情形对专利权的范围加以限缩，故必须由法律明确规定：

有下列情形之一的，不视为侵犯专利权：

① 专利产品或者依照专利方法直接获得的产品，由专利权人或者经其许可的单位、个人售出后，使用、许诺销售、销售、进口该产品的；

② 在专利申请日前已经制造相同产品、使用相同方法或者已经作好制造、使用的必要准备，并且仅在原有范围内继续制造、使用的；

③ 临时通过中国领陆、领水、领空的外国运输工具，依照其所属国同中国签订的协议或者共同参加的国际条约，或者依照互惠原则，为运输工具自身需要而在其装置和设备中使用有关专利的；

④ 专为科学研究和实验而使用有关专利的；

⑤ 为提供行政审批所需要的信息，制造、使用、进口专利药品或者专利医疗器械的，以及专门为其制造、进口专利药品或者专利医疗器械的。

强制许可又称为非自愿许可，是国家专利行政部门在法律规定的情形下，不经专利权人的同意，通过行政程序直接授权第三人实施发明创造专利的法律制度。[①] 通常情况下，专利权人可自行决定是否授权许可他人实施其专利，这也是专利权的应有之义。然而，法律基于公共利益的考量，规定在特殊情形下由国务院专利行政管理部门作出许可使用决定，而无须再去考察专利权人的主观意愿。强制许可不是免费许可，被许可人仍然负有向专利权人给付合理使用费的义务。相关规定可参见我国专利法第53条至第58条。

专利权的取得并不意味着后续阶段即可高枕无忧。尽管发明创造在申请审查过程中已经接受过国务院专利行政管理部门的审查，但囿于审查人员的局限性，尤其是在检索部分文献资料时存在困难，不免会出现专利权授予不当的情形。因此，法律允许公众向国务院专利行政管理部门提起专利权无效宣告，从而对既存专利的有效性提出质疑和挑战。

（6）老字号企业的专利权关切

老字号企业的生产经营管理中，会不断产出许多不同类型的发明创

---

① 参见吴汉东：《知识产权法》，法律出版社2021年版，第417页。

造。根据市场竞争的实际需要，老字号企业可以选择为其中的部分发明创造申请专利权，使其成为企业无形资产的组成部分，并为市场竞争增添筹码。目前，许多老字号企业已经关注到专利权的价值，并积极利用着专利制度。例如，为产品的包装盒、包装袋申请外观设计专利，为产品制作的工艺、技术申请发明专利，为产品本身或制作产品时使用的装置申请发明或实用新型专利，等等。

老字号企业需要理解申请专利的意义。老字号企业是否要为其发明创造申请专利保护，应当取决于发明创造的性质和企业市场竞争端实际需要。专利权赋予了特定发明创造限时专有利益，但该利益的获取是以公开发明创造的技术方案或设计方案至可以实施的程度为前提的。换句话说，就是用"公开"换取"限时专有"。如果发明创造本身是某种世代传承的工艺或技艺，其不容易被其他市场主体通过反向工程的方式破解，那么不为其申请专利保护往往能够使老字号企业拥有更长久的专有利益，而非让其工艺或技艺在专利保护期届满后成为无主的公共资源。申请专利是保护发明创造的一种手段，但并非唯一手段。老字号企业须充分结合自身生产经营管理的实际需要，具体判断其发明创造是否需要寻求专利保护。

3. 老字号与商标权

（1）商标、商标权与老字号企业的生产经营管理

商标是老字号企业推行其品牌的媒介，是用于区分和识别产品来源的标记。商标向消费者传递着企业的商业信誉，其帮助消费者于琳琅满目的产品群中选取到符合意向的那一件。在很多人眼中，老字号不仅仅是一段岁月风尘的记忆，记载着一个个散发着深厚文化气息的古老故事，更是质量和信誉的保证。[①] 老字号企业使用商标或其他具备识别功能的标志、字号的历史通常远远早于我国推行商标法律制度的时间。质言之，商标法律

---

① 王正志主编：《中华老字号：认定流程、知识产权保护全程实录》，法律出版社2007 年版，第 77 页。

制度为老字号品牌延续保驾护航的同时，也为老字号企业带来一系列商标管理层面的新问题。探讨老字号企业商标及其权利保护的本质是将传统商业模式同前卫法律机制相结合，继而探索老字号企业推行品牌战略的现代化路径，反制市场竞争中出现的搭便车行为。

商标是老字号企业品牌的具象化体现。老字号企业通常将其字号单独或结合图样设计为商标，通过申请注册的途径取得注册商标专用权。因此，老字号企业的商标通常承载着历史积淀，具有较强的区分、识别商品或服务来源功能。以下是一些老字号企业通过申请取得注册商标专用权并用于实践的示例（如图 2-13、2-14、2-15、2-16 所示）：

菜百

图 2-13　北京菜市口百货股份有限公司注册的"菜百"商标

图 2-14　山西老陈醋集团有限公司注册的"东湖"商标

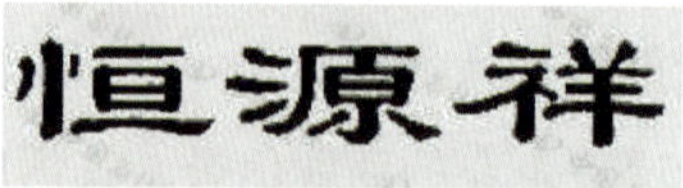

图 2-15　恒源祥（集团）有限公司注册的"恒源祥"商标

五芳斋

图 2-16　浙江五芳斋实业股份有限公司注册的"五芳斋"商标

基于商标，老字号企业可以向消费者充分传递商品或服务的首因讯息。因此，老字号企业需要对商标的运作和管理格外提起重视。我国商标法对商标授权、确权和维权均有具体的规定。掌握商标权保护的基本规则，可以帮助老字号企业妥善管理自家商标，并制定完备且充分的商标保护策略和品牌运营战略。

（2）商标权的概念

商标权是指某个主体在特定商品或服务项目及类似商品或服务项目上享有的排斥他人使用其商标的权利。狭义上讲，商标权仅指注册商标专用权；广义上讲，商标权则包括注册商标专用权和未注册商标的相关权益。举例而言，浙江五芳斋实业股份有限公司在第 30 类的粽子上注册有第 331907 号"五芳斋"文字商标，则除该公司以外的其他主体不能在粽子及其类似商品上使用第 331907 号"五芳斋"文字商标及其近似商标，否则将会面临侵权问责的风险。相较于保护作品的著作权和保护发明创造的专利权，保护商标的商标权是老字号企业生产经营管理中更常被提及的概念。究其原因，商标是市场竞争中的有力武器：它承载的识别利益可以帮助老字号企业从同业竞争中脱颖而出，展示自身兼具个性化和差异化的品格特质。可以说，商标是老字号企业提供商品或服务时向消费者递上的名片。这张名片传递着何种企业形象和企业精神，则要仰赖企业长期不间断地进行商标运营和维护，持续积累支撑商标价值的商业信誉。

我国商标法将注册商标区分为四类，即商品商标、服务商标、集体商标和证明商标。商品商标和服务商标是根据核准注册类别不同所作出的区分：注册在《类似商品和服务区分表》第 1 类至第 34 类的属于商品商标；注册在该表第 35 类至第 45 类的属于服务商标。商标注册的类别同其效力范围直接相关，下文中会再作详细阐述。集体商标和证明商标不是由企业申请注册取得：集体商标是指以团体、协会或者其他组织名义注册，供该组织成员在商事活动中使用，以表明使用者在该组织中的成员资格的标志；证明商标则是指由对某种商品或者服务具有监督能力的组织所控制，而由该组织以外的单位或者个人使用其商品或者服务，用以证明该商品或者服务的原产地、原料、制造方法、质量或者其他特定品质的标志。虽然老字号企业不能直接取得集体商标和证明商标的专用权，但是可以作为两类商标的被许可人，进而在其商品或服务上使用（如图 2-17、2-18 所示）。

图 2-17　沙县小吃同业公会的集体商标

图 2-18　中国绿色食品发展中心的绿色食品证明商标

商标权主要指注册商标专用权，但其同时涵盖部分未注册商标保护的内容。我国商标法第 3 条第 1 款规定，商标注册人享有商标专用权，受法律保护。不难看出，我国将注册商标保护置于立法层面的首要位置。同时，我国商标法和反不正当竞争法也规定了一系列有关未注册商标权益保护的内容，肯定了未注册商标也能享有一定程度的法律保护。因此，我国法律对商标权的保护不限于注册商标，但主要是注册商标。未注册商标取得保护的门槛较高，且保护力度往往要弱于正常投入使用的注册商标。虽然老字号企业的商标大多已经使用数十年甚至百年，但是企业仍需要积极取得并维护注册商标专用权，断不可坐吃山空，这样才能最大程度地适应我国目前采取的商标保护模式。

（3）商标权的内容

商标权的行使同样体现为积极使用和限制他人使用两个维度。商标权人可以自用或授权许可他人使用其商标，将商标用作商业活动中区分商品或服务来源的媒介，也可以规制未经许可使用其（相同或近似）商标的行为。应当注意的是，商标使用不需要商标注册作为前提。我国遵循商标自愿注册的原则，通常不要求注册才可使用。目前，仅有用于烟草制品的商标才需要遵循强制注册的特例规则。商标取得注册专用权后往往可以享受到更强的保护力度和更低的保护门槛，进而确保商标权人于争议出现时占据更加主动的地位。企业长期使用的商标处于未注册状态不利于保障商标的稳定性，也极易使商标遭受假冒或仿冒行为的困扰。

商标权的积极使用主要体现在将商标投入市场经营活动，用于区分识别商品或服务的来源。商标的生命在于使用。只有通过长期持续的商业使用，不断积累商业信誉，商标的价值才会不断积蓄，与之相对应的商标权的保护力度才会不断得到增强。我国商标法第48条对商标使用作出界定，其指将商标用于商品、商品包装或者容器以及商品交易文书上，或者将商标用于广告宣传、展览以及其他商业活动中，用于识别商品来源的行为。前述内容便是法律层面对商标权积极使用的概括性论述。

商标权的限制他人使用体现在对抢注、假冒、仿冒商标等不法行为的规制。我国商标法、反不正当竞争法和刑法对侵犯注册商标专用权和未注册商标权益的民事、行政和刑事救济均有规定，商标权人得依据其开展维权，规制市场中出现的乱象。应当注意的是，如果商标权人怠于维权，放任市场上假货横行，那么正品的销售份额和商标承载的商业信誉将会面临减损，这显然不利于商标权人推行其品牌战略，阻碍商标权人在市场竞争中脱颖而出。

（4）商标权的取得方式

前文已述，商标权涵盖注册商标专用权和未注册商标的相关权益两个维度：前者依申请取得权利，后者则依使用取得相关权益。商标的生命在于使用，只有在商业活动中不断使用，商标所承载的商业信誉和识别利益才得以积累和维系。商标注册制与商标使用制是取得商标权的两种立法体例，其各自于不同商品经济的发展阶段占据主流。目前，两种制度业已呈现相互交融的趋势，我国商标法正是兼顾两方面优势的典型范例。我国商标注册涉及的基本流程如图 2-19 所示。

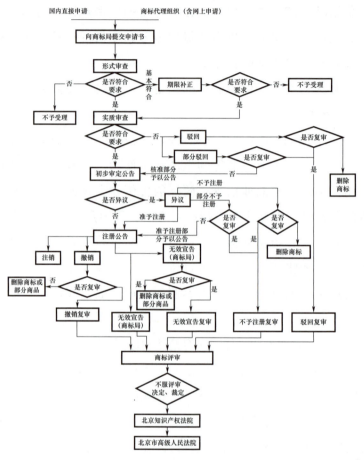

图 2-19　国家知识产权局商标局关于商标注册流程的示例①

商标注册应向国家知识产权局商标局提出申请，并提交相应的资料。商标局限期审查申请人提交的文件是否符合形式要件和实质要件：前者关注文件是否齐全，是否按照要求填写完备；后者则判断商标是否符合合法性、显著性、非功能性和在先性要件。若商标申请符合前述要求，则商标局予以初步审定公告，并向社会公开三个月时间，供社会公众提出异议。

---

① 国家知识产权局商标局（中国商标网）：商标注册流程图，https://sbj.cnipa.gov.cn/sbj/sbsq/zclct/200902/t20090205_623.html，2023 年 3 月 2 日访问。

若商标申请不存在异议情形，或异议情形最终未能阻却商标注册，则由商标局授予申请人注册商标专用权。

商标注册需要指定商品或服务的类别及具体项目。注册商标专用权不是一经取得即可延及任何商品或服务项目，其通常仅对核准注册的项目才具有积极使用和消极防御的效力，消极防御的效力还可以延伸至类似的商品或服务项目（如图2-20所示）。

下框为商标图样粘贴处。图样应当不大于10×10cm，不小于5×5cm。以颜色组合或者着色图样申请商标注册的，应当提交着色图样并提交黑白稿1份；不指定颜色的，应当提交黑白图样。以三维标志申请商标注册的，应当提交能够确定三维形状的图样，提交的商标图样应当至少包含三面视图。以声音标志申请商标注册的，应当以五线谱或者简谱对申请用作商标的声音加以描述并附加文字说明；无法以五线谱或者简谱描述的，应当使用文字进行描述；商标描述与声音样本应当一致。

商标说明：

　　　　类别：
商品/服务项目：

　　　　类别：
商品/服务项目：

图 2-20　国家知识产权局商标局提供的商标注册申请书书式（节选）

商标注册具有鲜明的地域性特征。不同国家的商标权相互独立，如果企业希望商标权的效力不局限于我国境内，则需要向目标国家提出另外的注册申请。我国是《商标国际注册马德里协定》的缔约国，若目标国家同样是缔约国，企业则可以向我国商标局提出国际注册申请，指定目标国家，进而简化申请的流程。若目标国家不是缔约国，企业则只能向目标国家的商标行政管理部门直接申请。历史上，老字号企业的商标出现过不少于海外被抢注的情形，如天津的"狗不理"在日本被抢注，"青岛啤酒"在美国被抢注，"竹叶青"在韩国被抢注等。①

因此，企业应当结合自身的业务拓展需要，判断是否进行商标国际注册。

（5）注册商标专用权的限制

注册商标专用权受到四个方面的限制：其一，核准注册的商品或服务类别；其二，意图规制的行为是否构成商标使用；其三，到期是否履行续展程序；其四，商标行政管理部门和社会公众对权利存续正当性的监督。

注册商标专用权效力所及的范围，通常以核准注册商品或服务类别及类似项目为限。具体而言，专用权所能规制的未经许可利用商标标识商品来源的行为，仅限定于该商标核准注册的商品或服务项目，以及同核准注册的商品或服务项目相类似的项目。通常来说，注册商标专用权的效力不能延及不相同也不类似的商品或服务项目。国家知识产权局商标局根据《尼斯协定》的要求制定了《类似商品和服务区分表》，供社会公众于商标注册和商标维权时予以参照，它也是判定注册商标专用权效力范围的重要依据。不过，当某件商标经过使用产生了很高的知名度和区分识别来源的能力时，商标法为其提供的权利保护程度将呈现出扩张趋势，适时超出《类似商品和服务区分表》对类似商品或服务的既有规定。

注册商标专用权效力所及的范围，限于构成商标使用的行为。商标使用不是使用商标的任何行为，前者系法律层面的界定，其仅指代使用商标区分、识别商品或服务来源的行为。立法目的上，商标法以反混淆作为制度基础，以反淡化作为补充，其着重规制假冒、仿冒等损害注册商标专用权人识别利益的行为。使用商标的行为众多，并非其中的每个行为都可以被归入前述范畴。举例而言，在某种商品上贴附商标和在某个短视频中介绍性地提及某件商标，两者便可能对应差异化的法律后果。因此，是

---

① 王正志主编：《中华老字号：认定流程、知识产权保护全程实录》，法律出版社2007年版，第78页。

否构成商标使用系判断某个行为是否可以落入注册商标专用权规制范畴的基础。

注册商标专用权效力的维系，需要妥善履行续展的流程。不同于著作权和专利权保护，注册商标专用权并未受到严格的期限限制。我国商标法允许注册商标专用权人通过续展方式延续权利的期限：若注册商标专用权人按期履行续展流程，妥善管理其商标，则其基本可以实现事实层面的权利长存。注册商标专用权保护的客体或对象，本质是商标承载的商业信誉。这种商业信誉是权利人利用其商标从事生产经营管理时积累下的。前述客体不属于人类创造性劳动的成果，没有为其设定期限的必要，放任其到期后为社会公众随意使用反而可能导致市场上假货横行。因此，商标法处理前述客体时采取了不同于著作权法和专利法差异化的态度，未设置严格的期限限制。

注册商标专用权效力的维系，要接受商标行政管理部门和社会公众对权利存续正当性的监督。前文已述，注册商标专用权的取得需要经过合法性、显著性、非功能性和在先性四项授权要件的检验。即便一件商标已经通过商标局的审查并核准注册，其仍然要受到商标行政管理部门和社会公众对其授权正当性的监督。我国商标法允许特定主体基于前述授权要件和商标使用义务（避免商标闲置），向国家知识产权局商标评审委员会对已核准注册的商标提出效力质疑。前述质疑体现为注册商标专用权的无效宣告和三年不使用撤销程序。商标行政管理部门也可以依职权监督注册商标专用权的效力，依法作出无效或撤销决定。可以看出，获准授权也不意味着权利人完全高枕无忧。

（6）地理标志

地理标志（Geographical Indications），是标示商品来源的区别标志。[①]地理标志具有标识商品产出地的功能，这点同一般商标的区分识别来源功能相近。不过，地理标志具体指向某个区域的某种商品，而非持有该标识

---

① 吴汉东：《知识产权法》，法律出版社 2021 年版，第 731 页。

的某个特定企业，这也使得两者异同兼具。目前，我国的地理标志保护主要涉及的法律规章有商标法、《地理标志产品保护规定》和《农产品地理标志管理办法》。对老字号企业而言，取得不同法律项下标志的使用权限也能够提升自身竞争力，将商品同自然因素、人文因素等地域性特征相联结。[①]其检索查询通道如图 2-21 所示：

图 2-21　国家知识产权局提供的地理标志检索查询通道[②]

（7）老字号企业的商标权关切

商标权是老字号企业品牌运营中的重要议题。纵观我国商标法律制度的发展历程，老字号企业在其商业活动中使用商标的历史普遍长于商标制度本身的存续时间。因此，商标对于老字号企业而言算不上是新颖的概念。然而，从法律层面赋予商标财产权保护的手段则恰恰相反。如何将老字号企业长期经营过程中积累的商业信誉平稳嫁接至现代商标保护体系，帮助老字号企业适应市场竞争新环境和新情势，殊值思考。

老字号企业应当积极注册并维护其商标。商标权是现代法律制度给

---

① 如我国的金华火腿，虽然与金华地区独特的自然地理条件，如火腿制作过程中恰当的温度、湿度和日照等密切相关，但金华人千百年来不断总结前人经验、精益求精逐渐摸索出的制作金华火腿的传统工艺和技术，也是形成金华火腿独特品质的决定性因素。参见王正志主编：《中华老字号：认定流程、知识产权保护全程实录》，法律出版社 2007 年版，第 282 页。

② 国家知识产权局官方网站，https://www.cnipa.gov.cn/col/col1388/index.html，2023 年 3 月 2 日访问。

予老字号企业品牌的新型财产权利。虽然未注册商标同样可以享有一定的法律保护，但是囿于其保护门槛和保护力度的局限性，故不宜将其作为常态。老字号企业要积极注册其商标：不仅要涵盖其主营业务的商品或服务项目，而且宜包括商业扩张可能延及之处。后者不仅有预占商标效力的考量，而且能够在一定程度上避免自家商标遭遇恶意攀附，让商标取得更具体系化和稳定性的权利保护。

老字号企业应当妥善使用其商标。一方面，老字号企业需要积极将其商标用于区分识别商品或服务的来源，不断提升商标的知名度和影响力，让老字号继续"老下去"。另一方面，老字号企业宜当勤修内功，不断提升自家商品或服务的硬性品质，为商标承载的识别利益提供实体层面的价值支撑。商标的使用内嵌于老字号企业的生产经营管理之中，只有通过长期持续地使用商标，老字号企业才能巩固其品牌体系在市场中的地位，适应竞争环境的沧海桑田。

4. 老字号与企业名称、商品名称、商品装潢和域名

除却商标，企业名称、商品名称、商品装潢和域名也是具有区分识别商品或服务来源功能的内容。它们各自分散在不同的法律条文中，但均可以享受到法律为其提供的保护。对老字号企业而言，企业名称、商品名称、商品装潢和域名也是生产经营管理中不可避免会涉及的内容。未经老字号企业许可，利用前述内容搭借老字号企业商誉便车的行为同样具备一定的规制可能性和必要性。

（1）老字号与企业名称

企业名称可以理解为企业的名字或称谓。企业名称是兼具法律和事实双重含义的词语，理解起来并不十分困难。自然人论及姓甚名谁，法人和非法人组织则将企业名称作为区分和识别彼此的重要符号。

我国《企业名称登记管理规定》对于企业名称的基本形式作出了具体规定。企业名称由行政区划名称、字号、行业或者经营特点、组织形式组成。跨省、自治区、直辖市经营的企业，其名称可以不含行政区划名称；跨行业综合经营的企业，其名称可以不含行业或者经营特点。企业名称中

的字号应当由两个以上汉字组成。县级以上地方行政区划名称、行业或者经营特点不得作为字号，另有含义的除外。企业名称中的行业或者经营特点应当根据企业的主营业务和国民经济行业分类标准标明。国民经济行业分类标准中没有规定的，可以参照行业习惯或者专业文献等表述。企业应当根据其组织结构或者责任形式，依法在企业名称中标明组织形式（如图2-22 所示）。

图 2-22　全聚德集团在国家企业信用信息公示系统中的企业名称示例

　　我国《企业名称登记管理规定》对于企业名称的选取还有一些限制性规定。企业名称不得有下列情形：损害国家尊严或者利益；损害社会公共利益或者妨碍社会公共秩序；使用或者变相使用政党、党政军机关、群团组织名称及其简称、特定称谓和部队番号；使用外国国家（地区）、国际组织名称及其通用简称、特定称谓；含有淫秽、色情、赌博、迷信、恐怖、暴力的内容；含有民族、种族、宗教、性别歧视的内容；违背公序良俗或者可能有其他不良影响；可能使公众受骗或者产生误解；法律、行政法规以及国家规定禁止的其他情形。企业名称冠以"中国""中华""中央""全国""国家"等字词，应当按照有关规定从严审核，并报国务院批准。国务院市场监督管理部门负责制定具体管理办法。企业名称中间含有"中国""中华""全国""国家"等字词的，该字词应当是行业限定语。使用外国投资者字号的外商独资或者控股的外商投资企业，企业名称中可以含有"（中国）"字样。企业分支机构名称应当冠以其所从属企业的名称，并缀以"分公司""分厂""分店"等字词。境外企业分支机构还应当在名称中标明该企业的国籍及责任形式。企业集团名称应当与控股企业名称的行政区划名称、字号、行业或者经营特点一致。控股企业可以在其名称的组织形式之前使用"集团"或者"（集团）"字样。有投资关系或者经过授权的企业，其名称中可以含有另一个企业的名称或者其他法人、非法人组织的名称。

目前，我国已经建立起相对完整的企业名称保护制度，并承认企业对其核准登记的名称享有一定权利。我国民法典第1013条规定，法人、非法人组织享有名称权，有权依法决定、使用、变更、转让或者许可他人使用自己的名称，是为民事基本法层面对企业名称权的规定。《企业名称登记管理条例》则对企业名称登记取得流程和利用规则作出了相对细致的规定。我国反不正当竞争法从民事和行政层面亦为搭乘企业名称便车的混淆行为提供规制途径和救济手段。可以看出，企业对其名称享有的权利是比较明确和具体的。

老字号企业将其运营多年的字号登记为企业名称，是其融入现代商业体系的必然要求。法律对企业名称采取登记管理的做法，目的在于保护企业的合法权益，维护社会经济秩序，优化营商环境。老字号企业的字号、商号可以同企业名称的字号作等同理解，直接体现为企业名称中的显著识别字段。老字号企业将其字号、商号置于现代法律体系的保护之下，不仅可以帮助老字号企业宣示其主体地位，而且可以为预防和规制市场上的混淆行为奠定权利基础。

（2）老字号与商品名称、商品装潢

产品是老字号企业生产经营管理围绕的主轴。通俗地讲，只有产品卖得好，老字号企业才可以赚得利润。如何为产品命名，如何为产品制作精美的包装装潢，事关产品的销路拓展与销量提振，是值得老字号企业予以重点看待的问题。同样，当老字号企业认真挑选的商品名称和精心制作的商品装潢被第三方盗用之时，则需要借助法律手段施以严厉打击。

商品名称、商品装潢的保护主要被置于我国反不正当竞争法第6条关于反混淆制度的规定中。商品名称通常比较简短，不易符合我国著作权法关于作品的构成要件，也因此难以取得著作权保护。但是，通过使用和宣传取得一定知名度的商品名称可能享有未注册商标的相关权益和竞争利益的保护。商品装潢既可能享有著作权保护，也可能申请取得外观设计专利权保护，相较于商品名称有着更为多元的保护路径。不能取得前述权利的商品装潢也可以主张未注册商标的相关权益和竞争利益的保护，这同样有赖于经营活动中积累知名度以充当前提（如图 2-23、2-24 所示）。

图 2-23　重庆市涪陵榨菜集团股份有限公司使用的
"乌江榨菜"商品装潢①

图 2-24　上海冠生园食品有限公司使用的"大白兔奶糖"商品装潢②

（3）老字号与域名

域名（Domain Name），又称网域，是由一串用点分隔的名字组成的 Internet 上某一台计算机或计算机组的名称，用于在数据传输时对计算机的定位标识（有时也指地理位置）。③域名可以看作通向网站的路标：当网络用户于浏览器中键入域名时，即可访问域名对应的网站。我国《互联

---

①　重庆市涪陵榨菜集团股份有限公司官方网站，https://www.flzc.com/product/28/，2023 年 3 月 3 日访问。

②　上海冠生园食品有限公司官方网站，http://www.gsygroup.com.cn/plus/list.php?tid=22，2023 年 3 月 3 日访问。

③　百度百科（域名），https://baike.baidu.com/item/%E5%9F%9F%E5%90%8D/86062，2023 年 3 月 3 日访问。

网域名管理办法》第 55 条对域名的概念作出了规定：域名指互联网上识别和定位计算机的层次结构式的字符标识，与该计算机的 IP 地址相对应。域名具备区分识别来源的功能，这集中体现于网站及其内容提供者主体身份核验的维度。

域名通过注册取得使用权限，.CN 域名由中国互联网络信息中心（CNNIC）认证的域名注册服务机构提供相应服务（如图 2-25 所示）。最为通用的域名 .com 或 .net 的管理机构是互联网名称与数字地址分配机构（The Internet Corporation for Assigned Names and Numbers，ICANN），是一个非营利性的国际组织，成立于 1998 年 10 月，是一个集合了全球网络界商业、技术及学术各领域专家的非营利性国际组织，负责互联网协议（IP）地址的空间分配、协议标识符的指派、通用顶级域名（gTLD）以及国家和地区顶级域名（ccTLD）系统的管理，以及根服务器系统的管理。但 ICANN 并不负责域名注册，ICANN 只是管理其授权的域名注册查询商，在 ICANN 和注册商之间还有一个 Verisign 公司，注册商相当于从 Verisign 公司批发域名，但管理注册商的机构是 ICANN（如图 2-26 所示）。[①]

图 2-25　中国互联网络信息中心关于 .CN 域名注册服务体系的说明

---

① 搜狗百科（域名注册），https://baike.sogou.com/v16153.htm?fromTitle=%E5%9F%9F%E5%90%8D%E6%B3%A8%E5%86%8C，2023 年 3 月 3 日访问。

图 2-26　互联网名称与数字地址分配机构 ICANN 的官方网站①

　　域名是老字号企业构筑其网站时不可或缺的资源。因为域名具有识别功能，且通常表现为汉语拼音或英文名称的结合，故其可以看作是老字号企业商业信誉和识别利益在互联网层面的延伸。如果老字号企业自身有建设官方网站的需要，则其应积极注册同商标、企业名称相同或近似的域名，以取得排他性的使用权限。如果老字号企业自身没有建设官方网站的需要，也应当积极监控其他主体抢注同自家商标、企业名称相同或近似的域名，以避免出现不易辨别的网络售假渠道。法律层面，我国已经确立域名取得和争议解决的相应机制，具体内容可以参见《互联网域名管理办法》和《最高人民法院关于审理涉及计算机网络域名民事纠纷案件适用法律若干问题的解释》。互联网名称与数字地址分配机构也设置有统一域名争议解决政策 (Uniform Domain-Name Dispute Resolution Policy，UDRP) 程序，其本质是强制性、低成本的行政程序，主要是为了解决滥用域名和恶意抢注域名的投诉。②

5. 老字号与商业秘密

（1）商业秘密的概念

　　我国反不正当竞争法第 9 条第 4 款规定，本法所称的商业秘密，是

---

① 互联网名称与数字地址分配机构官方网站，https://www.icann.org/zh，2023 年 3 月 3 日访问。

② 关于申请启动 UDRP 程序，https://www.icann.org/resources/pages/filing-udrp-2013-05-21-zh，2023 年 3 月 3 日访问。

指不为公众所知悉、具有商业价值并经权利人采取相应保密措施的技术信息、经营信息等商业信息。质言之，商业秘密的本体是信息，一种经过权利人采取保密措施、具有商业价值的、尚处于保密状态的商业信息。

商业秘密不同于著作权保护的作品、专利权保护的发明创造和商标权保护的识别利益，其保护通常不具有积极行使的内容，而是聚焦于侵害行为及损害结果出现时的应对和补救。换句话说，我国反不正当竞争法对商业秘密提供的保护以特定情形下侵害的救济为主，并未过分强调积极利用商业秘密从事生产经营管理的维度，更不强调个体对商业秘密的专有性。举例而言，如果某项秘传手工技艺被其他市场主体以反向工程的方式攻破，并应用至商业实践之中，那么这项手工技艺便不可以再作为商业秘密受到法律保护。以下是我国反不正当竞争法、刑法有关商业秘密保护的规定：

商业秘密的反不正当竞争法保护：

中华人民共和国反不正当竞争法

第九条　经营者不得实施下列侵犯商业秘密的行为：

（一）以盗窃、贿赂、欺诈、胁迫、电子侵入或者其他不正当手段获取权利人的商业秘密；

（二）披露、使用或者允许他人使用以前项手段获取的权利人的商业秘密；

（三）违反保密义务或者违反权利人有关保守商业秘密的要求，披露、使用或者允许他人使用其所掌握的商业秘密；

（四）教唆、引诱、帮助他人违反保密义务或者违反权利人有关保守商业秘密的要求，获取、披露、使用或者允许他人使用权利人的商业秘密。

经营者以外的其他自然人、法人和非法人组织实施前款所列违法行为的，视为侵犯商业秘密。

第三人明知或者应知商业秘密权利人的员工、前员工或者其他单位、个人实施本条第一款所列违法行为，仍获取、披露、使用或者允许他人使用该商业秘密的，视为侵犯商业秘密。

本法所称的商业秘密，是指不为公众所知悉、具有商业价值并经权利人采取相应保密措施的技术信息、经营信息等商业信息。

商业秘密的刑法保护：

中华人民共和国刑法

第二百一十九条 【侵犯商业秘密罪】有下列侵犯商业秘密行为之一，情节严重的，处三年以下有期徒刑，并处或者单处罚金；情节特别严重的，处三年以上十年以下有期徒刑，并处罚金：

（一）以盗窃、贿赂、欺诈、胁迫、电子侵入或者其他不正当手段获取权利人的商业秘密的；

（二）披露、使用或者允许他人使用以前项手段获取的权利人的商业秘密的；

（三）违反保密义务或者违反权利人有关保守商业秘密的要求，披露、使用或者允许他人使用其所掌握的商业秘密的。

明知前款所列行为，获取、披露、使用或者允许他人使用该商业秘密的，以侵犯商业秘密论。

本条所称权利人，是指商业秘密的所有人和经商业秘密所有人许可的商业秘密使用人。

第二百一十九条之一 【为境外窃取、刺探、收买、非法提供商业秘密罪】为境外的机构、组织、人员窃取、刺探、收买、非法提供商业秘密的，处五年以下有期徒刑，并处或者单处罚金；情节严重的，处五年以上有期徒刑，并处罚金。

（2）商业秘密与老字号企业的生产经营管理

任何企业在生产经营管理中都会形成自己的商业秘密，老字号企业自然也不例外。某种应用于生产环节的技艺、诀窍或配方，具有针对性的市场调研数据，以及企业日常的决策方案、业绩报表等，均可能归入商业秘密的范畴，进而具有取得商业秘密保护的可能。商业秘密贯穿于老字号企业生产经营管理的各环节，服务于老字号企业参与市场竞争的诸多场景，并为其产出经济利益。老字号企业应当充分理解商业秘密保护的重要性，进而有针对性地制定技术信息和经营信息的保护策略，避免商业秘密流失造成不可挽回的损失。

老字号企业需要对技术信息和经营信息积极地采取保密措施。只有权利人对技术信息和经营信息采取必要的保密措施，这些商业信息才可能构成商业秘密，继而受到法律保护。商业竞争层面，技术信息和经营信息的过分公开不仅会导致企业丧失决策主动权，而且事后救济也通常难以挽回商业秘密公开造成的影响。例如，某老字号企业赖以生存的产品配方被公之于众，即便企业通过商业秘密保护最终获得救济，其造成的直接营收损失和间接商业机会损失亦是难以估量。因此，老字号企业对技术信息和经营信息积极地采取保密措施，这不仅是法律层面取得保护的前提基础，亦是事实层面基于竞争利益考量的必然要求。

老字号企业需要权衡技术信息的保护途径。技术信息是商业秘密保护对象的一个具体方面，其同专利权保护的技术方案在范围上有所重合，两者系属同源。因此，对老字号企业来说，技术信息或技术方案可以选择专利权保护或商业秘密保护两种不同途径，需要企业权衡个中利弊后作出判断：取得专利权以公开技术信息或技术方案为前提，需要经过国家专利行政管理部门的审查授权，过程较长且门槛较高，保护期限上也受到限制。专利权保护的优势在于权利范围清晰，且保护力度较强，属于以公开为代价换取限时而强有力的专有利益。取得商业秘密保护则不用公开技术信息或技术方案，亦不需要经过行政管理部门的审查授权，原则上没有保护期限的限制。但商业秘密保护的缺陷在于其保护范围不够明确，且保护力度较弱。若其他市场主体通过法定侵犯商业秘密情形之外的途径取得技术信息或技术方案，并用之于商业实践，则商业秘密所有者无权予以规制。因此，老字号企业需结合技术信息本身的特性，有的放矢地选择法律保护的路径：针对容易遭到反向工程攻破的技术信息或技术方案而言，选择专利权保护路径通常可以争取到相对最长久的专有利益；针对不易遭到反向工程突破的技术信息或技术方案而言，选择商业秘密保护路径可以争取到近乎永久的专有利益，只要老字号企业采取得当的保密措施。

（二）老字号企业与相关法律机制

打官司不是实现法律保护的唯一途径。我国法律提供给老字号企业多种维权相关的法律机制。视具体情况不同，老字号企业可以依法自主选择民事、刑事或行政救济，结合不同法律机制的特点，高效地维护自己的合法利益。诉诸法律的本质是去寻求国家强制力提供支撑的公力救济，是实现利益保障的终极媒介。需要注意的是，诉诸公力是老字号企业解决纠纷的可选路径，但绝非唯一路径。老字号企业同样需要平衡争议解决中的预期成本和可得利益，有些情况下，诸如诉外调解、协商和解等私力救济途径会是更加便捷且恰当的选择。

1. 民事法律机制

民事争议，是自然人、法人和非法人组织这些平等主体之间因财产关系、人身关系所涉及的民事权利或利益而发生的争议。基于民事纠纷主体间的平等性，争议双方或多方当事人可以相对自由地选择争议解决的途径，只要能够实现最终的目的即可。不论是争议出现时的协商和沟通，抑或是诉诸仲裁或民事诉讼等途径，当事人均可根据争议的情形和特点有的放矢地厘定解决方案。例如，老字号企业遭遇某公司未经许可使用其商标的情形时，既可以选择通知致函提示制止侵权，也可以选择将证据收集完备后直接提起民事诉讼。本节将会着重介绍老字号企业最为常用的民事诉讼和仲裁。

（1）民事诉讼

民事诉讼，是指人民法院受理的，公民之间、法人之间、其他组织之间以及它们相互之间因财产关系和人身关系提起的诉讼。一般而言，需要解决的问题首先由原告在诉状中作为请求提出，被告再对此进行答辩，双方各自主张有利于己方的事实并提交支持自己观点的证据。[①] 具体来说，

---

① 王亚新、陈杭平、刘君博：《中国民事诉讼法重点讲义》，高等教育出版社 2017年版，第 5 页。

当老字号企业遭遇文案广告抄袭、产品技术剽窃、品牌假冒仿冒等问题时，即可依据相关法律向拥有管辖权的法院提起民事诉讼。例如，前文提及侵犯著作权、专利权、商标权、商品名称、商品装潢、域名和商业秘密权益的情形皆属于民事诉讼的管理范畴。当然，民事诉讼的管理范畴不限于前例。以下，笔者将简要介绍民事诉讼的受理范围和管辖。

民事诉讼的受理范围，即法院采用民事审判程序受理并审理民事争议。我国民事诉讼法第 3 条对这一问题作出了概括性的论述：人民法院受理公民之间、法人之间、其他组织之间以及他们相互之间因财产关系和人身关系提起的民事诉讼，适用本法的规定。对于老字号企业而言，民事诉讼的受理范围宽泛，涵盖生产经营管理中可能遇到的各种法律风险，前述表达不便就争议对号入座。为解决前述问题，老字号企业可以参考《民事案由规定》（2020 年）针对各类民事争议案由所作的梳理，进而初步判定一个具体的法律问题是否可以选取民事诉讼的途径解决争议。

民事诉讼的管辖，即探讨各级人民法院之间分工和同级人民法院之间分工的问题。我国的民事诉讼遵循"四级两审终审制"：人民法院分为最高人民法院、高级人民法院、中级人民法院和基层人民法院四级，一个案件经过两级人民法院审理即告终结。厘清不同级别、不同地域的人民法院受理何种类型、何种性质的民事案件，老字号企业才能在具体的民事争议解决中找准有权受理案件的法院，顺利启动民事诉讼程序。目前，我国民事诉讼的管辖既有应当遵循的一般规则，如级别管辖、地域管辖，也有相对特殊的裁定管辖、任意管辖（选择或协议管辖）。因此，民事诉讼案件管辖法院的确定需要结合民事争议具体的情况，如案件类型、标的大小、案件影响是否重大，当事人意定管辖的有效性等因素，综合判断后方可得出结论。

（2）仲裁

仲裁，是将争议提交给争议主体之外的中立第三方（仲裁委员会），由其对当事人的纠纷居中调解，而后作出裁断的行为。仲裁旨在解决平等主体的公民、法人和其他组织之间发生的合同纠纷和其他财产权益纠纷。从范围上看，可仲裁的争议事项小于可以采用民事诉讼途径解决的争议事项，如婚姻、收养、监护、扶养、继承纠纷，依法由行政机关处理的行政纠纷，不可仲裁。若当事人采用仲裁方式解决纠纷，则应当双方自愿，并达成仲裁协议，仲裁协议排斥人民法院的管辖。没有仲裁协议，一方申请仲裁的，仲裁委员会不予受理。不同于民事诉讼采用的"四级两审终审制"，仲裁实行一裁终局的方式。裁决作出后，当事人就同一纠纷再申请仲裁或者向人民法院起诉的，仲裁委员会或者人民法院将不予受理。总体而言，仲裁是更加强调效率优先的争议解决途径。民事诉讼与仲裁的异同见表2-1。

表2-1 民事诉讼与仲裁的异同概览

维度	诉讼	仲裁
性质	国家权力	当事人授予的处分权
解决争议范围	除规定情形外，一般纠纷均可由人民法院解决	限于公民、法人和其他组织之间发生的合同纠纷等财产权益纠纷
启动条件	属于人民法院受案范围	双方已达成仲裁协议
管辖机构	各级人民法院及专门法院	仲裁机构
约定管辖	法律允许范围内协议管辖	当事人可以自主抉择仲裁机构
庭审人员	法官及人民陪审员（当事人不能选择）	仲裁员，当事人可以选择
程序	一审、二审及再审	一裁终局，特殊情况下可以撤销仲裁
保全措施	法院能够采取保全措施	仲裁机构不能采取保全措施
审理公开	原则上公开，特殊情形不公开	原则上不公开，除涉及国家秘密外当事人可协议公开

2. 刑事法律机制

刑事法律机制主要指用于查处并打击违法犯罪行为的法律机制，即刑法、刑事诉讼法及其相关司法解释搭建的刑事诉讼程序。刑事诉讼通常针对侵害法益恶性更甚的，构成刑事犯罪的行为。相较于民事诉讼可以由当事人提起诉讼而进入审判程序，自诉案件之外的刑事案件往往要经过立案、侦查、检察机关提起公诉后才能进入审判程序，整体是愈加严格且严厉的。刑事诉讼的证明标准和强制执行机制如是，同比民事诉讼更加严格。

认定是否构成刑事犯罪应当遵循罪刑法定原则，即"法无明文规定不为罪，法无明文规定不处罚"。对于老字号企业而言，侵犯著作权、专利权、商标权及商品名称、商品装潢、域名和商业秘密的情形并非都可以寻求刑事法律机制项下提供的救济路径。只有其中为我国刑法明确规定为犯罪的情形才有适用空间。表 2-2 是前述问题实体层面的法律依据：

表 2-2　我国侵犯知识产权罪的法律渊源

刑法第 213 条	假冒注册商标罪
刑法第 214 条	销售假冒注册商标的商品罪
刑法第 215 条	非法制造、销售非法制造的注册商标标识罪
刑法第 216 条	假冒专利罪
刑法第 217 条	侵犯著作权罪
刑法第 218 条	销售侵权复制品罪
刑法第 219 条	侵犯商业秘密罪
刑法第 219 条之一	为境外窃取、刺探、收买、非法提供商业秘密罪
刑法第 220 条	单位犯侵犯知识产权罪的处罚规定

我国传统刑事诉讼的诉讼阶段理论将刑事诉讼分为立案、侦查、审查起诉、审判和执行五个独立阶段。[①] 我国刑事诉讼法对于公安机关、检察机关、法院和国家安全机关在刑事案件中的职权作出了原则性的规定：对刑事案件的侦查、拘留、执行逮捕、预审，由公安机关负责。检察、批准逮捕、检察机关直接受理的案件的侦查、提起公诉，由人民检察院负责。

---

① 陈卫东主编：《刑事诉讼法（第四版）》，中国人民大学出版社 2015 年版，第 193 页。

审判由人民法院负责。

刑事案件的侦查权在法律另有规定时存在例外：人民检察院在对诉讼活动实行法律监督中发现的司法工作人员利用职权实施的非法拘禁、刑讯逼供、非法搜查等侵犯公民权利、损害司法公正的犯罪，可以由人民检察院立案侦查。对于公安机关管辖的国家机关工作人员利用职权实施的重大犯罪案件，需要由人民检察院直接受理的时候，经省级以上人民检察院决定，可以由人民检察院立案侦查；自诉案件，由人民法院直接受理。检察、批准逮捕、检察机关直接受理的案件的侦查、提起公诉，由人民检察院负责。审判由人民法院负责。国家安全机关依照法律规定，办理危害国家安全的刑事案件，行使与公安机关相同的职权。未经人民法院依法判决，对任何人都不得确定有罪。我国刑事诉讼法就法院对刑事案件的级别管辖和地域管辖亦有明确规定：

级别管辖：

基层人民法院管辖第一审普通刑事案件，但是依照本法由上级人民法院管辖的除外。

中级人民法院管辖危害国家安全、恐怖活动案件和可能判处无期徒刑、死刑的刑事案件第一审。高级人民法院管辖全省（自治区、直辖市）性的重大刑事案件的第一审。最高人民法院管辖全国性的重大刑事案件的第一审。

上级人民法院在必要的时候，可以审判下级人民法院管辖的第一审刑事案件；下级人民法院认为案情重大、复杂需要由上级人民法院审判的第一审刑事案件，可以请求移送上一级人民法院审判。

地域管辖：

刑事案件由犯罪地的人民法院管辖。如果由被告人居住地的人民法院审判更为适宜的，可以由被告人居住地的人民法院管辖。

几个同级人民法院都有权管辖的案件，由最初受理的人民法院审判。在必要的时候，可以移送主要犯罪地的人民法院审判。

上级人民法院可以指定下级人民法院审判管辖不明的案件，也可以指定下级人民法院将案件移送其他人民法院审判。

专门人民法院案件的管辖另行规定。

3. 行政法律机制

行政纠纷，或称行政争议。指行政管理主体国家行政机关及其公务员在依法行使行政管理权的过程中，与行政管理相对方之间发生的关于行政法律关系中权利义务的争执。[1] 相较于民事纠纷，行政纠纷最鲜明的特点是发生在地位不平等的主体之间。行政机关和行政相对人间通常是管理和被管理的关系，因而不可能像平等主体一样有充分的意思自治空间。行政法律机制则是为行政纠纷提供救济的法律机制，其主要表现为行政复议、行政诉讼和国家赔偿。

行政复议，是指行政相对人认为行政主体的具体行政行为侵犯其合法权益，依法向行政复议机关提出复查该具体行政行为的申请，行政复议机关依照法定程序对被申请的具体行政行为进行合法性、适当性审查，并作出行政复议决定的一种法律制度。行政复议作为行政管理相对人行使救济权的一项重要法律制度，其目的在于纠正行政主体作出的违法或者不当的具体行政行为，以保护行政管理相对人的合法权益。[2] 行政复议案件的受案范围包括行为和规定，具体如下：

行政复议案件的受理范围（行为）：

中华人民共和国行政复议法

第十一条　有下列情形之一的，公民、法人或者其他组织可以依照本法申请行政复议：

（一）对行政机关作出的行政处罚决定不服；

（二）对行政机关作出的行政强制措施、行政强制执行决定不服；

---

[1] 《中华法学大辞典》编委会：《中华法学大辞典（简明本）》，中国检察出版社2003年版，第772页。

[2] 百度百科（行政复议——中国法学会"法治百科"项目领导小组办公室提供内容），https://baike.baidu.com/item/%E8%A1%8C%E6%94%BF%E5%A4%8D%E8%AE%AE/662432，2023年3月3日访问。

（三）申请行政许可，行政机关拒绝或者在法定期限内不予答复，或者对行政机关作出的有关行政许可的其他决定不服；

（四）对行政机关作出的确认自然资源的所有权或者使用权的决定不服；

（五）对行政机关作出的征收征用决定及其补偿决定不服；

（六）对行政机关作出的赔偿决定或者不予赔偿决定不服；

（七）对行政机关作出的不予受理工伤认定申请的决定或者工伤认定结论不服；

（八）认为行政机关侵犯其经营自主权或者农村土地承包经营权、农村土地经营权；

（九）认为行政机关滥用行政权力排除或者限制竞争；

（十）认为行政机关违法集资、摊派费用或者违法要求履行其他义务；

（十一）申请行政机关履行保护人身权利、财产权利、受教育权利等合法权益的法定职责，行政机关拒绝履行、未依法履行或者不予答复；

（十二）申请行政机关依法给付抚恤金、社会保险待遇或者最低生活保障等社会保障，行政机关没有依法给付；

（十三）认为行政机关不依法订立、不依法履行、未按照约定履行或者违法变更、解除政府特许经营协议、土地房屋征收补偿协议等行政协议；

（十四）认为行政机关在政府信息公开工作中侵犯其合法权益；

（十五）认为行政机关的其他行政行为侵犯其合法权益。

行政复议案件的受理范围（规定）：

中华人民共和国行政复议法

第十三条 公民、法人或者其他组织认为行政机关的行政行为所依据的下列规范性文件不合法，在对行政行为申请行政复议时，可以一并向行政复议机关提出对该规范性文件的附带审查申请：

（一）国务院部门的规范性文件；

（二）县级以上地方各级人民政府及其工作部门的规范性文件；

（三）乡、镇人民政府的规范性文件；

（四）法律、法规、规章授权的组织的规范性文件。

前款所列规范性文件不含规章。规章的审查依照法律、行政法规办理。

行政诉讼，是指公民、法人或者其他组织认为行政机关的行政行为侵犯其合法权益，向人民法院提起诉讼，人民法院依法予以受理、审理并作出裁判的活动。简言之，行政诉讼是人民法院适用司法程序解决行政争议的活动。① 这里的行政行为既包括行政机关和行政机关工作人员的行政行为，也包括法律、法规、规章授权的组织作出的行政行为。

行政诉讼案件的受理范围：

中华人民共和国行政诉讼法

第十二条　人民法院受理公民、法人或者其他组织提起的下列诉讼：

（一）对行政拘留、暂扣或者吊销许可证和执照、责令停产停业、没收违法所得、没收非法财物、罚款、警告等行政处罚不服的；

（二）对限制人身自由或者对财产的查封、扣押、冻结等行政强制措施和行政强制执行不服的；

（三）申请行政许可，行政机关拒绝或者在法定期限内不予答复，或者对行政机关作出的有关行政许可的其他决定不服的；

（四）对行政机关作出的关于确认土地、矿藏、水流、森林、山岭、草原、荒地、滩涂、海域等自然资源的所有权或者使用权的决定不服的；

（五）对征收、征用决定及其补偿决定不服的；

（六）申请行政机关履行保护人身权、财产权等合法权益的法定职责，行政机关拒绝履行或者不予答复的；

（七）认为行政机关侵犯其经营自主权或者农村土地承包经营权、农村土地经营权的；

（八）认为行政机关滥用行政权力排除或者限制竞争的；

（九）认为行政机关违法集资、摊派费用或者违法要求履行其他义务的；

（十）认为行政机关没有依法支付抚恤金、最低生活保障待遇或者社会保险待遇的；

（十一）认为行政机关不依法履行、未按照约定履行或者违法变更、解除政府特许经营协议、土地房屋征收补偿协议等协议的；

（十二）认为行政机关侵犯其他人身权、财产权等合法权益的。

除前款规定外，人民法院受理法律、法规规定可以提起诉讼的其他行政案件。

---

① 百度百科（行政诉讼——中国法学会"法治百科"项目领导小组办公室提供内容），https：//baike.baidu.com/item/%E8%A1%8C%E6%94%BF%E8%AF%89%E8%AE%BC/4755971，2023 年 3 月 3 日访问。

行政诉讼案件的排除范围：

中华人民共和国行政诉讼法

第十三条　人民法院不受理公民、法人或者其他组织对下列事项提起的诉讼：

（一）国防、外交等国家行为；

（二）行政法规、规章或者行政机关制定、发布的具有普遍约束力的决定、命令；

（三）行政机关对行政机关工作人员的奖惩、任免等决定；

（四）法律规定由行政机关最终裁决的行政行为。

国家赔偿，是指国家行政机关及其工作人员在行使职权的过程中侵犯公民、法人或其他组织的合法权益并造成损害，由国家承担赔偿责任的相关法律制度。合法权益包括财产权和人身权两种。侵犯财产权可以获得行政赔偿的情形：其一，违法实施罚款、吊销许可证和执照、责令停产停业、没收财物等行政处罚的；其二，违法对财产采取查封、扣押、冻结等行政强制措施的；其三，违法征收、征用财产的；其四，造成财产损害的其他违法行为。侵犯人身权可以获得行政赔偿的情形：其一，违法拘留或者违法采取限制公民人身自由的行政强制措施的；其二，非法拘禁或者以其他方法非法剥夺公民人身自由的；其三，以殴打、虐待等行为或者唆使、放纵他人以殴打、虐待等行为造成公民身体伤害或者死亡的；其四，违法使用武器、警械造成公民身体伤害或者死亡的；其五，造成公民身体伤害或者死亡的其他违法行为。需要注意的是，属于下列情形时，国家不承担赔偿责任：其一，行政机关工作人员与行使职权无关的个人行为；其二，因公民、法人和其他组织自己的行为致使损害发生的；其三，法律规定的其他情形。

老字号企业同行政机关解决争议时，行政复议和行政诉讼是最为常见的途径。不论是证照办理、企业注册登记和食品安全监管，还是专利、商标的行政程序以及不正当竞争行为的行政查处等，都会涉及行政机关作出具体行政行为的情形。老字号企业有时是处于行政相对人的地位，有时处于行政第三人的地位。例如，侵犯著作权、专利权、商标权以及商品名称、商品装潢、域名和商业秘密权益的情形不仅可以采用民事、刑事救济的路径，立法层面也多赋予被侵权人借助行政投诉手段快速查处并打击不法行为的可能。多轨并行的保护模式也是我国知识产权保护的鲜明特色，而行政救济通常可以带来更高的效率。

二、老字号潜在法律风险面面观

老字号企业在生产经营管理中可能面临不同类型的法律风险，它们不免阻碍老字号企业的正常运转，增加老字号企业的经营负担。充分了解潜在的法律风险，是为老字号企业有的放矢，高效率、高效益处置法律风险的前提。本章梳理并选取了老字号企业常见的七类典型法律风险，以案释理，剖析个中形态及其应对策略。

（一）老字号也可能被搭便车

盗用老字号企业的商誉牟取不法利益，是老字号企业最为常见的法律风险。围绕老字号企业字号产生的商业利益，如商标、名称、包装装潢等，均可能遭遇第三方的搭便车。

1. 抢注老字号的商业标识

案例 1——老凤祥案

案例背景：

"鎏金岁月，璀璨华光，跨越三个世纪的经典与时尚。"这句话是上海老凤祥公司（以下简称老凤祥公司）响亮的品牌宣传语。创始于 1848 年的老字号民族品牌老凤祥，集科工贸于一身、产供销于一体，拥有完整的产业链、多元化的产品线，旗下的研究所、博物馆、专业工厂和遍布全国的逾 3500 多家银楼专卖店以及典当行、拍卖行等，构成了老凤祥的大规模产业体系，其品牌产品达到了珠宝首饰的全品类，并向旅游纪念品、工艺品、钟表、珐琅和眼镜的相关产业和跨界产品延伸扩展。[①] 2008 年，老凤祥公司的"金银细工制作技艺"更是荣列国家非物质文化遗产名录。在国内取得高速发展的同时，本着"立足上海、覆盖全国、走向世界"的发展方向，从 2012 年开始，老凤祥已先后在海外和中国香港地区开设了19 家银楼专卖店。老凤祥品牌多次入围上海百强企业榜、《财富》、"中国500 强""全球规模最大的 100 家奢侈品公司"，并连续十多年位列"中国500 最具价值品牌"榜单，2019 年，其品牌价值达到 313.14 亿元。[②] 2019年老凤祥还荣获了"上海市知识产权创新奖"。[③]

案例介绍：

老凤祥公司的业界盛名招致第三方对其商誉的攀附。本案中，涉案当事人（以下简称李某某）便是通过注册与老凤祥公司注册商标相近似商标的手段，意在搭借老凤祥公司的商誉便车，实现其不法目的。老凤祥公司先后于无效宣告和行政诉讼程序中取胜，成功将李某某恶意注册的商标归于无效。[④]

2014 年 11 月 5 日，李某某向国家知识产权局商标局申请注册第15648160 号"老鳳皇 LAOPHOENI"商标（如图 2-27 所示），最终获准注册。"老鳳皇 LAOPHOENI"商标核定使用在第 14 类的"贵重金属合金；首饰盒；项链（首饰）；珠宝首饰；珍珠（珠宝）；银制工艺品；玉雕首饰；钟；手表；电子万年台历"商品上，专用期限自 2016 年 5 月 14 日起至 2026 年 5 月 13 日止。前述行为很快引起老凤祥公司的关注。

---

① 参见商务部中华老字号信息管理平台（上海老凤祥有限公司），https://zhlzh.mofcom.gov.cn/news/entp_view/5159，2022 年 12 月 9 日访问。

② 参见老凤祥公司官方网站（金银细工制作技艺），https://laofengxiang.com/skill.html，2022 年 12 月 16 日访问。

③ 参见商务部中华老字号信息管理平台（上海老凤祥有限公司），https://zhlzh.mofcom.gov.cn/news/entp_view/5159，2022 年 12 月 9 日访问。

④ 参见北京市高级人民法院（2018）京行终 5583 号行政判决书。

老鳳皇
LAOPHOENI

图 2-27　李某某申请注册的第 15648160 号
"老鳳皇 LAOPHOENI"商标

2016 年 7 月 15 日，老凤祥公司向商标评审委员会（已并入国家知识产权局）提出了商标无效宣告申请，矛头直指第 15648160 号"老鳳皇 LAOPHOENI"商标。老凤祥公司主要理由如下：其一，老凤祥公司历史悠久，经宣传和使用"老凤祥"及其系列商标已与其形成一一对应关系；其二，李某某核准注册的第 15648160 号"老鳳皇 LAOPHOENI"商标与老凤祥公司的第 10023562 号"老鳳祥"商标、第 11779009 号"老鳳祥"商标和第 908276 号"老鳳祥及图"商标分别构成使用在相同或类似商品上的近似商标（如图 2-28 所示），违反了我国商标法第 30 条的规定；其三，第 908276 号"老鳳祥及图"商标于 2000 年被商标局认定为珠宝、首饰商品上的驰名商标，第 15648160 号"老鳳皇 LAOPHOENI"商标的注册违反了商标法第 13 条第 3 款的规定；其四，第 15648160 号"老鳳皇 LAOPHOENI"商标的注册使用易使相关公众认为它是老凤祥公司及其关联公司的品牌从而产生误认、误购。"老鳳皇 LAOPHOENI"商标的注册具有搭名牌便车以牟取利益的主观恶意，它的注册使用会造成市场混乱，损害公众利益，违反了商标法第 7 条、第 10 条第 1 款第 8 项和第 44 条第 1 款的规定。

图 2-28　老凤祥公司的第 10023562、11779009、908276 号商标

2017 年 11 月 27 日，商标评审委员会作出商评字 [2017] 第 146456 号《关于第 15648160 号"老鳳皇 LAOPHOENI"商标无效宣告请求裁定书》，其裁定：对李某某核准注册的第 15648160 号"老鳳皇 LAOPHOENI"商标予以无效宣告。

李某某不服，就该裁定向北京知识产权法院提起诉讼。北京知识产权法院于一审驳回了李某某的诉讼请求。[①]李某某继续上诉至北京市高级人民法院。

北京市高级人民法院于二审审理后，着重探讨了如何判断商标法第 30 条对于在先商标阻却在后商标注册的问题[②]：类似商品是指在功能、用途、生产部门、销售渠道、消费群体等方面相同，或者相关公众一般认为其存在特定联系的商品。《商标注册用商品和服务国际分类表》《类似商品和服务区分表》可以作为判断类似商品或服务的参考。商标近似是指商标文字的字形、读音、含义或者图形的构图及颜色，或者其各要素组合后的整体结构相似，或者其立体形状、颜色组合近似，易使相关公众对商品来源产生误认，或者认为其与他人在先注册商标具有特定联系。判定商标是否构成近似，应当以相关公众的一般注意力为标准，既要考虑商标标志构成要素及其整体的近似程度，也要考虑相关商标的显著性和知名度、所使用商品的关联程度，以是否容易导致混淆作为判断标准。

据此，北京市高级人民法院最终认定：李某某核准注册的第 15648160 号"老鳳皇 LAOPHOENI"商标与老凤祥公司三枚商标核定使用的商品构成类似商品，也构成近似标志。商标评审委员会的裁定与北京知识产权法院一审判决观点正确，李某某的相关上诉请求没有得到支持。

案例启示：

树大招风，老字号企业在生产经营管理中难免会遭遇各种搭便车行

---

① 北京知识产权法院（2018）京 73 行初 523 号行政判决书。

② 商标法第 30 条规定："申请注册的商标，凡不符合本法有关规定或者同他人在同一种商品或者类似商品上已经注册的或者初步审定的商标相同或者近似的，由商标局驳回申请，不予公告。"

为。一些第三方可能通过在相同或类似的商品、服务类别上，恶意申请注册与老字号企业相同或近似的商标，以实现其囤积商标、混淆市场等不法目的。若老字号企业放任前述恶意注册，则可能面临商标敲诈、商誉毁损等不利后果，影响企业正常的生产经营管理。因此，老字号企业宜适当投入成本，监控并打击各类恶意注册行径。本案中，以下两点内容值得予以关注：

其一，注册商标的保护范围。企业的注册商标专用权通常以核准注册的商品或服务类别为限，维权时的保护范围则可以延及至类似的商品或服务项目。本案另有特殊之处在于，老凤祥公司的商标具有较高的知名度和市场影响力，以至于其注册商标的保护范围可以延伸至一些通常不属于类似商品或服务的项目上。[①] 当然，前述扩张是否成立，还需考察两方主体的商标所使用的商品或服务间的生产原料、生产部门、功能、用途等方面是否具有共性，在消费渠道、消费群体等方面是否具有交叉和重合。不断于生产经营管理中积蓄商誉，增强商标的显著性，也可以让老字号企业应对搭便车行为时掌握更多的主动权。

其二，维权的及时性。老凤祥公司之所以能够在恶意注册的反制中顺风顺水，很大程度上源于其敏锐的洞察力。对于李某某核准注册的商标，老凤祥公司提起无效宣告的速度十分迅捷，这为其最终成功奠定了基础。及早发现，及早处理，老凤祥公司采取的措施不仅能够避免李某某的商标投入市场使用，而且可以消除该商标因显著性积蓄而得以存续的可能。[②]

---

① 通常，判定类似商品或服务应当遵循商标局发布的最新版《类似商品与服务区分表》。

② 我国商标法对商标无效宣告的提起规定有时间限制，商标法第 45 条第 1 款规定："已经注册的商标，违反本法第十三条第二款和第三款、第十五条、第十六条第一款、第三十条、第三十一条、第三十二条规定的，自商标注册之日起五年内，在先权利人或者利害关系人可以请求商标评审委员会宣告该注册商标无效。对恶意注册的，驰名商标所有人不受五年的时间限制。"

案例 2——梅龙镇案

案例背景：

上海梅龙镇酒家股份有限公司（以下简称梅龙镇酒家）是久负盛名的餐饮企业，1993 年被国内贸易部评定为"中华老字号"企业。梅龙镇酒家以古典京剧"游龙戏凤"中正德皇帝微服私访"梅龙镇酒肆"之逸闻而得名。其创始于 1938 年，主要经营肴肉、煮干丝、汤包、煨面之类的扬帮小吃。酒家的创办人是个京剧爱好者，店名取于古典京剧《游龙戏凤》中的一个地名。酒家昔日是社会名流贤达的聚会佳地，如今已成为享誉海内外的国家特级酒家。法国总统希拉克来华国事访问期间，慕名专程品尝，对"梅家菜"倍加赞赏。梅龙镇酒家以 70 年的细心研磨和精到锤炼，形成了"香嫩滑爽、清香醇浓、一菜一格、百菜百味"的独特风格。"梅家菜"的蟹粉鱼翅、干烧明虾、水晶虾仁、富贵鱼镶面、干烧四季豆等近百款的传世经典菜肴被列入中国名菜谱。酒家装潢新颖独特，兼具古典与现代韵味。1988 年，被评为国家二级企业。1996 年，在"驻沪海外人士看上海"评选活动中，评为全市唯一一家"最喜欢的上海餐馆"。2007 年被评为"上海名牌"。2008 年荣膺"全国十佳中华老字号餐饮品牌"殊荣。①

案例介绍：

梅龙镇酒家的商标也同样遭遇了抢注。本案中，梅龙镇酒家的无效宣告申请并未于伊始就得到商标评审委员会的支持。直至诉讼阶段，北京知识产权法院与北京市高级人民法院于一审、二审才对商标评审委员会的裁决决定（维持注册）作出撤销判决。可见，老字号企业在应对恶意注册时并非每次都能顺风顺水。

本案中，无效宣告申请所指向的商标是第 1731151 号"梅陇镇"商标（如图 2-29 所示）。该商标由安徽阜阳徽煌酒业有限公司于 2000 年 12 月 19 日申请注册，2002 年 3 月 14 日核准注册，专用期限至 2022 年 3 月 13

---

① 参见梅龙镇酒家官方网站（梅龙镇酒家简介），http://www.meilongzhen.org/about.html，2022 年 12 月 13 日访问。

日。核定使用商品第 33 类：果酒（含酒精）；开胃酒；葡萄酒；酒（饮料）；米酒；酒精饮料（啤酒除外）；黄酒；食用酒精；白兰地；威士忌。安徽阜阳徽煌酒业有限公司于 2002 年 12 月 7 日将该商标转让至刘峰名下，刘峰于 2019 年 5 月 6 日将该商标转让至晟璨投资发展（上海）有限公司（以下简称晟璨公司）名下。

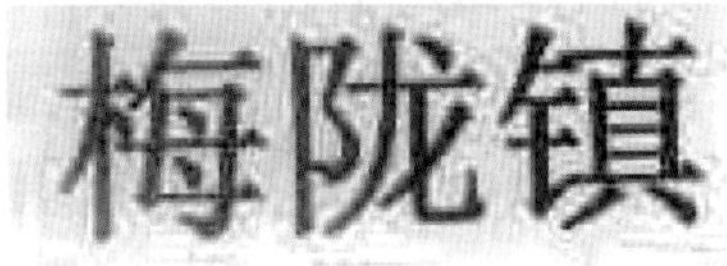

图 2-29　晟璨公司的第 1731151 号"梅陇镇"商标

2018 年 12 月 14 日，梅龙镇酒家就第 1731151 号"梅陇镇"商标向国家知识产权局提出无效宣告请求，同时提交相关证据。应当注意的是，梅龙镇酒家提起无效宣告的时间距离第 1731151 号"梅陇镇"商标获准注册已过去 16 年之久。第 1731151 号"梅陇镇"商标的权利人晟璨公司答辩称：第 1731151 号"梅陇镇"商标原被申请人刘峰并不存在囤积商标的意图和行为；第 1731151 号"梅陇镇"商标已通过授权许可给其他关联公司使用，并不属于囤积商标的情形。刘峰仅在第 32、33 类商品上申请了为数不多的商标。第 1731151 号"梅陇镇"商标原注册人的商标到期未续展而注销的情况，是商业发展的正常状态。晟璨公司同时提交了用以证明前述主张的相关证据。

2020 年 6 月 11 日，国家知识产权局作出商评字 [2020] 第 156628 号《关于第 1731151 号"梅陇镇"商标无效宣告请求裁定书》（以下简称被诉裁定），其指出：第 1731151 号"梅陇镇"商标的获准注册日为 2002 年 3 月 14 日，梅龙镇酒家提交无效宣告申请书的日期为 2018 年 12 月 14 日，距第 1731151 号"梅陇镇"商标获准注册之日已经远超五年时限，故梅龙镇酒家所称第 1731151 号"梅陇镇"商标注册违反 2001 年修正的《中华人民共和国商标法》（以下简称 2001 年商标法）第 31 条后半段规定的主张，不予支持。第 1731151 号"梅陇镇"商标的注册未违反 2001 年商标法第 10 条第 1 款第 8 项之规定。第 1731151 号"梅陇镇"商标原注册人徽煌公司名下共有 36 件注册商标,涉及的商品类别多为第 32 类啤酒类、第 33 类白酒类商品,大多因期满未续展而失效;原无效宣告被申请人刘峰名下共有 107 件注册商标,涉及的商品类别多为第 32 类啤酒类、第 33 类白酒类商品,大多因期满未续展而失效;晟璨公司名下共有包括第 1731151 号"梅陇镇"商标在内的 4 件注册商标,涉及的商品为第 33 类白酒类商品。上述商标虽具有一定数量,尚无充分证据证明第 1731151 号"梅陇镇"商标的注册采取了欺骗或其他不正当手段从而违反诚实信用原则,第 1731151 号"梅陇镇"商标的注册亦未违反 2001 年商标法第 41 条第 1 款之规定。国家知识产权局裁定:对第 1731151 号"梅陇镇"商标予以维持。梅龙镇酒家不服被诉裁定,在法定期限内向北京知识产权法院提起行政诉讼。

一审诉讼中[①],梅龙镇酒家针对其早于第 1731151 号"梅陇镇"商标申请日注册的第 773408 号和第 1005629 号"梅龍镇"商标的知名度和影响力进行举证(如图 2-30 所示)。同时梅龙镇酒家补充的证据还涉及晟璨公司持有大量知名企业相关商标的内容。

 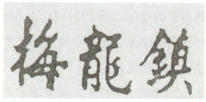

图 2-30　梅龙镇酒家的第 773408 号、第 1005629 号"梅龍镇"商标

一审另查,截至被诉裁定作出时,第 1731151 号"梅陇镇"商标的原注册人徽煌公司名下有 36 件注册商标;刘峰名下曾有 107 件注册商标;晟璨公司名下共有包括第 1731151 号"梅陇镇"商标在内的 4 件注册商标。其中,徽煌公司在第 30、32、33 类商品上申请注册有包括第

---

① 参见北京知识产权法院(2020)京 73 行初 9753 号行政判决书。

1595438 号"百度"商标、第 1703498 号"紫光阁"商标、第 3090628 号"美林阁"商标、第 1739297 号"唐人街"商标、第 1739298 号"金玉蘭"商标、第 1579764 号"夏士莲"商标、第 1579454 号"国池"商标、第 1575576 号"晋皇"商标等与他人商号、商标相同或相近的商标。徽煌公司成立时间为 1999 年 8 月 28 日，注册资本为 50 万元，经营范围为白酒制造及包装设计、食品生产销售，现已注销。在本案庭审过程中，晟璨公司认可刘峰与其股东刘曼琳、刘晟系父女、父子关系。北京市高级人民法院于 2021 年 10 月 27 日作出的（2021）京行终 5154 号行政判决（以下简称第 5154 号判决）认定，第 1731151 号"梅陇镇"商标于 2015 年 2 月 7 日至 2018 年 2 月 6 日期间（以下简称指定期间）未在核定使用商品上进行真实、合法、有效的商业使用，应予撤销注册。

一审法院依照《中华人民共和国行政诉讼法》第 70 条第 1 项之规定，判决：撤销被诉裁定；国家知识产权局重新作出裁定。晟璨公司不服一审判决，向北京市高级人民法院提起上诉，请求撤销一审判决，维持被诉裁定。北京市高级人民法院二审审理后维持原判，梅龙镇酒家最终获得胜利。

案例启示：

虽然老字号企业享有其商标的注册专用权，但是实践中的情况极其复杂，这也使得老字号企业并非每次诉诸维权时都能顺畅无阻。第三方往往会采用注册相似但不相同商标的方式，规避老字号企业注册商标专用权的保护范围，以实现其不法目的。如若放任恶意注册，老字号企业不仅会面临商誉损失和经济损失，而且采用法律途径维权的难度亦会逐步上升，这直接反馈在举证证明的难度上。本案中，以下两点内容值得予以关注：

其一，打出维权措施组合拳。本案中，梅龙镇酒家采取了无效宣告和三年不使用撤销两条路径并举的方式，这种做法取得了不错的成效。虽然晟璨公司的第 1731151 号"梅陇镇"商标已经存续许久，但其并未实际投入市场使用，这也是恶意注册囤积商标的通常情况。采用三年不使用撤销制度，可以将此类恶意注册的商标通过撤销程序归于无效，辅以无效宣告程序，能够最大程度上提高维权的成功概率，消解其中的不确定性。

其二，及时处置很重要。对于老字号企业而言，一分拖延便意味着维权难度一分增加。商标注册的全环节均有监控恶意注册的可行路径：例如，申请注册阶段的公示公告期，核准注册后国家知识产权局商标局公开的商标档案等。因此，对老字号企业的行业商标及其关联的业务领域，委托律师事务所或商标代理公司，采取事前商标监控、稽核等手段来应对恶意注册，不失为可取之法。

2. 假冒、仿冒老字号的商业标识

案例 3——五芳斋案

案例背景：

本案的主角浙江五芳斋实业股份有限公司（以下简称五芳斋公司）主要从事以糯米食品为主导的食品研发、生产和销售。公司在传承民族饮食文化的基础上不断创新，对明清两代极具盛名的"嘉湖细点"的制作工艺进行现代化改造，目前已形成以粽子为主导，集月饼、汤圆、糕点、蛋制品、其他米制品等食品为一体的产品群，拥有黑龙江优质稻米基地和江西高山箬叶基地，在嘉兴、成都建立了两大食品生产配送基地，并建立起覆盖全国的商贸、连锁门店、电商的全渠道营销网络。五芳斋致力于传统食品的科技创新，设有研发中心和浙江省博士后工作站，是粽子行业标准的制定者。[①]

谈及五芳斋公司，另一家武汉五芳斋食品贸易有限公司是不能省略的内容。武汉五芳斋公司于清咸丰八年在上海始创，1946 年倪锦才先生引入武汉，建立了商号为"上海五芳斋"的饮食店，经营江浙风味菜肴和小吃。新中国成立后，几经投资改造，扩大经营场所，花色品种不断增多，销售连年攀升，成为具有一定规模的中型餐饮和食品加工企业。多年来，由于产品质量上乘，风味独特，武汉五芳斋公司获得的荣誉不胜枚举。20 世纪 80 年代被列入市饮食业八强之一。90 年代，"汤圆大王""粽

---

① 参见浙江五芳斋实业股份有限公司官方网站：https://www.wufangzhai.com/about#profile，2022 年 12 月 15 日访问。

子大王""糕团大王"的美称享誉武汉三镇。自 2000 年至今先后荣获商务部、省、市等部门授予的"中华餐饮名店""全国最具品牌价值的中小企业"等荣誉称号，特别是 2006 年再度荣获商务部授予的"中华老字号"企业，湖北餐饮业独此一家。武汉五芳斋公司注重品牌，注册的服务商标"五芳斋"，商品商标"WFZ 及图形"荣获首届"武汉市著名商标"及连续四届"湖北省著名商标"。公司在保护、培育、发展现有品牌的基础上不断提升品牌质量，其产品汤圆、粽子、糕团、宫廷饭等相继荣膺"中国名点""中国商业名牌""湖北十佳特色产品"，2012 年"中华老字号传承创新先进单位"等殊荣。① 武汉五芳斋公司与浙江五芳斋公司本有争议②，但双方最终讲和。2014 年，浙江五芳斋通过资本运作方式与武汉五芳斋成功联姻，两家老字号合为一家。③

案例介绍：

五芳斋公司的散装粽子被放入假冒的礼盒包装中进行销售，争议由此出现。本案中，涉案两被告将五芳斋公司投放的正品散装粽子置于假冒的礼盒包装内，充当礼盒粽进行销售，引起五芳斋公司的关注。五芳斋公司行政救济与民事救济并举，最终成功制止了涉案两被告的不法行为。

五芳斋公司是第 331907 号"五芳斋"商标（如图 2-31 所示）、第 9720610 号"五芳"商标（如图 2-32 所示）、第 10379873 号"美味五芳"商标（如图 2-33 所示）的权利人，武汉五芳斋食品贸易有限公司的第 3781249 号"五芳斋"商标（如图 2-34 所示）被许可使用人。前述商标是五芳斋公司的权利基础。

---

① 参见商务部中华老字号信息管理平台（武汉五芳斋食品贸易有限公司），https://zhlzh.mofcom.gov.cn/news/searchEntps，2022 年 12 月 15 日访问。

② 参见曹新明：《"五芳斋"里的是是非非》，载《中华商标》2000 年第 10 期。

③ 浙江五芳斋实业股份有限公司官方网站（大事年表），https://www.wufangzhai.com/timelines，2022 年 12 月 15 日访问。

图 2-31　五芳斋公司的第 331907 号"五芳斋"商标

图 2-32　五芳斋公司的第 9720610 号"五芳"商标

图 2-33　五芳斋公司的第 10379873 号"美味五芳"商标

图 2-34　武汉五芳斋公司的第 3781249 号"五芳斋"商标

　　2018 年 5 月，苏蟹阁公司在静安区大宁音乐中心广场 B1 销售美味五芳粽子礼盒，礼盒包装上印有"五芳斋"等文字和图形商标。经商标权利人鉴定，其从未生产此类包装盒，也未授权其他公司生产、销售。市场监管局对此予以查处，认为苏蟹阁公司销售侵犯第 3781249 号"五芳斋"注册商标专用权商品，作出行政处罚决定书，责令其停止销售。

　　经查，五芳斋公司于 2018 年 5 月 24 日授权上海隽湖贸易有限公司（以下简称隽湖公司）在上海线下区域赢礼公司渠道，负责五芳斋粽类、非粽类系列产品的销售，该授权书用于隽湖公司五芳斋产品日常销售使用，其他使用无效，有效期自 2018 年 1 月 1 日至 2018 年 12 月 31 日。苏蟹阁公司从 2017 年开始从赢礼公司购入五芳斋粽子对外进行销售。2018 年 5 月 26 日，苏蟹阁公司以 79 元 / 份的价格向赢礼公司购买散装粽子并要求赠送礼盒包装。赢礼公司将散装粽子和礼盒包装分装送货给苏蟹阁公司，其中的散装粽子采购自隽湖公司，礼盒包装采购自他处。隽湖公司的授权书含有粽子类、非粽子类的授权，其有权销售礼盒粽子，但无权销售空的礼盒包装。涉案礼盒包装正面从左到右依次印有竖体"五芳斋"文字、竖体"美味五芳"文字、竖体"五芳"文字，其中"五芳斋"文字与第 331907 号、第 3781249 号"五芳斋"商标字音、字义相同，字体不同，"美味五芳"文字与第 10379873 号"美味五芳"商标字音、字义相同，字体略有不同，"五芳"文字与第 9720610 号"五芳"商标基本相同。

苏蟹阁公司在销售的涉案礼盒上突出标注"五芳""美味五芳""五芳斋"标识，构成商标法意义上的使用行为，其未经商标注册人许可，在同一种商品上使用与注册商标相同的商标，侵犯五芳斋公司第 3781249 号注册商标专用权。根据《商标侵权判断标准》的规定，经营者在销售商品时，附赠侵犯注册商标专用权商品的，属于销售侵犯注册商标专用权的商品的行为。赢礼公司在向苏蟹阁公司销售散装粽子时，附赠侵犯五芳斋公司注册商标专用权的美味五芳礼盒包装，属于商标法第 57 条第 3 项规定的"销售侵犯注册商标专用权的商品的行为"，构成商标侵权。上海市普陀区人民法院一审判决原告五芳斋公司胜诉，两被告于判决生效之日起十日内连带赔偿五芳斋公司经济损失及合理费用共计 30000 元。[①] 尽管五芳斋公司胜诉，但其不服一审判决，依旧上诉至上海知识产权法院。

二审法院维持原判结果，同时修正了一审判决中的法律适用错误。理由如下：第一，虽然散装粽子是来源于上诉人的正品，但上诉人的正

---

① 上海市普陀区人民法院（2019）沪 0107 民初 27712 号民事判决书。

品粽子礼盒与被控侵权的粽子礼盒在内容上并不一样，外包装和销售价格均有区别，从礼盒粽的角度看，被控侵权的粽子礼盒与正品礼盒粽系不同的礼盒商品，也即将数个正品散装粽装入礼盒，并不会形成正品的粽子礼盒。第二，从注册商标核定使用的商品类别来看，礼盒粽也属于粽子类商品，因此，两被上诉人的行为属于在同一种商品上使用与注册商标近似的商标。第三，将散装粽装入假冒礼盒中对外销售，会使相关公众对礼盒粽商品产生混淆误认，破坏礼盒上注册商标与礼盒内商品的来源指示关系，侵占正品礼盒粽的市场份额，对上诉人通过注册商标在礼盒粽商品上积累的商业声誉产生不良影响。准此，一审法院认定两被上诉人"在涉案礼盒包装上使用与第30类注册商标基本相同标识的行为既未破坏商标指示来源的功能，又未破坏商标品质保证的功能，并未侵犯第9720610号、第10379873号、第331907号注册商标的权利"，属于适用法律错误，应予纠正。关于一审判赔金额是否合理，两被上诉人应当就侵害上诉人享有的第9720610号、10379873号、331907号注册商标专用权的行为承担赔偿责任，但根据现有证据，两被上诉人的销售数量较少，获利不高，也没有证据证明苏蟹阁公司的其他门店亦实施了相同的侵权行为，上诉人的散装粽和礼盒粽之间的平均差价不大，且两被上诉人确实购买了上诉人的散装粽，未对上诉人造成较大损失，故一审法院在综合考虑涉案商标的知名度、赢礼公司与苏蟹阁公司的主观过错程度、侵权行为的影响、五芳斋公司支付的律师费等因素，酌情确定的赔偿金额（含合理费用），于法有据，并未明显偏低。准此，二审法院没有支持上诉人五芳斋公司提高判赔金额的请求。

案例启示：

商标侵权是老字号企业打假的重点类目。利用假冒礼盒包装销售正品，同样可能构成对老字号企业注册商标专用权的侵犯。老字号企业采用散装销售或礼盒销售体现着其营销策略的自由。本案中的被诉侵权人未经老字号企业许可，通过假冒的礼盒包装销售原本为散装的正品粽子，可能导致公众误认为老字号企业将某种不属于礼盒销售品质的正品粽子用作礼盒销售，进而损害到老字号企业的商誉。本案中，以下两点内容值得予以关注：

第一，损害赔偿数额。本案中，虽然被告构成侵权，但损害赔偿数额似乎并不理想，这也是五芳斋公司提起上诉的原因之一。针对商标侵权案件，损害赔偿的数额遵循以下顺位进行计算：其一，权利人因被侵权所受到的实际损失；其二，侵权人因侵权所获得的利益；其三，商标许可使用费的倍数；其四，数额五百万元以下的法定赔偿。对于恶意侵犯商标专用权，情节严重的，可以适用惩罚性赔偿。前述损害赔偿的厘定有赖于商标专用权人的充分举证。

第二，从合作中寻求共赢。本案中，纵观五芳斋公司主张专用权的四枚商标：三枚由五芳斋公司持有，另有一枚来自武汉五芳斋公司的授权许可。两家公司原本不存在隶属关系，甚至一度因商标侵权而争议频出。老字号企业通常历史悠久，两家字号相同或近似的企业可能分别坐落于不同地区，而在互联互通的今日出现争议。两家五芳斋公司通过股权运作方式归为一家，这种做法可以为相同处境的老字号企业提供示例：即如何竭力消弭不必要的竞争损耗，让企业得以可持续地发展下去的一条进路。

（二）老字号也存在保护范围

老字号企业在积极维护自身权益，阻止他人采取直接侵权、搭便车等不当行为时，也需要意识到权益保护的边界。

1. 老字号的商标保护也存在类别限制

案例 1——茵陈酒案

案例背景：

清末民初，我国曾经涌现出一批勇立潮头，意图以实业救国、工业救国、民生救国的实业家。其中，张謇（1853—1926）非常具有传奇色彩。张謇是江苏海门人，尽管考取状元，但在其目睹清末政府的昏庸无能后，毅然决定以经商方式实业救国。张謇创办的企业中，最为人熟知的是大生纱厂。为了给大生纱厂扩大产业链，降低原材料棉花的成本，张謇创办了通海垦牧公司。①

　　根据南通史志网的记载，张謇创办通海垦牧公司的吕四场所处土地为盐碱地，因此除了适合种植棉花外，也适合种植高粱、小麦之类的酿酒原料，于是张謇决定在公司驻地建立酒厂。后因1902年遭特大海潮侵袭，酒厂厂房原料损失殆尽，当年张謇在其家乡海门常乐镇状元府西重建酒厂，并亲自题写厂牌"颐生酿造厂"。1906年，颐生酿造厂出品的颐生酒在意大利万国博览会上获得金奖，颐生酿造厂遂以奖章制成颐生酒的标贴，增加"船牌"商标为副牌。1938年日军侵占海门后，颐生酿造厂被日寇占领并遭到洗劫。1949年2月，颐生酿造厂由海门酒类专卖店经营。1950年1月，颐生酿造厂恢复生产……1956年1月颐生酿造厂与长兴酒坊、常乐酒坊、同太酒坊合并成立南通颐生酿酒总厂（以下简称颐生酿酒厂）。② 2003年11月，颐生酿酒厂顺应时代发展而彻底改制并引进民资，成立南通颐生酒业有限公司（以下简称颐生公司），由南通市交通钢绳有限公司董事长高利生负责经营。③ 颐生公司经营范围包括，生产、销售白酒、米白酒、黄酒、果酒、露酒、碳酸饮料；预包装食品批发、零售（限其分公司经营）；道路货运经营；食用农产品批发；食用农产品零售；食用农产品初加工；初级农产品收购；非食用农产品初加工。

　　颐生公司的代表性产品之一就是茵陈酒（如图2-35所示）。而茵陈酒的生产伴随了"颐生"字号发展的全过程。

---

① 参见刘焕性：《清末状元的商道——民族实业家张謇创办近代企业记》，载《宏观经济管理》2011年第6期。

② 《世博金奖第一酒——颐生酒》，载南通志史网2022年12月24日，https://www.ntszw.gov.cn/?c=index&a=show&id=2556。

③ 参见《传统技艺——海门颐生酒酿造技艺》，载南通非物质文化遗产网2014年12月31日，http://whg.nantong.gov.cn/ntswhg/sjmlxm/content/d38e762e-0b0a-47c8-9d76-6e83f7849859.html。

图 2-35　颐生公司生产的茵陈酒产品

　　清末民初时的颐生酿造厂出品的产品中，即包括茵陈酒。据一些资料记载，颐生酿造厂的茵陈酒是以粘籽红高粱为原料，配以颐生特制的大曲，加入四川的茵陈草、西藏的藏红花、广东的佛手、薄荷等多种药草精心勾兑而成。颐生茵陈酒色泽杏黄，外表醇厚朴实，内在清澈甘洌，酒体既有甜、绵、软、净、香的口感，又具护肝、健胃等功效。[①]

　　茵陈是菊科多年生草本植物茵陈蒿，或滨蒿（又名北茵陈）的地上部分。春季采收的称为"绵茵陈"，秋季采割的称为"茵陈蒿"。茵陈作为药材最早记载于《神农本草经》，其主要功效为：清热利湿，退黄，解毒疗疮。[②] 关于茵陈入酒的初始时间笔者未找到史料依据，但在老舍 20 世纪40 年代创作的《四世同堂》中即提及茵陈酒，更早的如北宋末期酿酒专著《北山酒经》中也有关于茵陈酒的记载，"治疾风，筋骨挛急。用茵陈蒿炙黄一斤，秫米一石，曲三斤，如常酿酒饮"。因此基本可以推断茵陈酒作为一种具有药用功效的白酒，在我国具有一定的酿造历史。

　　1979 年 2 月 26 日，颐生酿酒厂申请注册第 122396 号"颐生茵蔯及图"商标（如图 2-36 所示），核定商品类别为第 33 类"茵蔯酒"。2011年，颐生公司的"颐生"被商务部认定为"中华老字号"。

---

① 参见郁新琪、陆游：《百年颐生酒世博第一金》，载《档案与建设》2010 年第 6期；黄建栋：《我家百年"颐生"情》，载《江苏地方志》2014 年第 2 期。

② 参见雷载权、张廷模主编：《中华临床中药学》，人民卫生出版社 1998 年版，第885 页。

图 2-36　颐生公司的第 122396 号"颐生茵蔯及图"商标

案例介绍：

浙江红石梁集团天台山乌药有限公司（以下简称红石梁公司）成立于 2004 年 4 月 22 日，经营范围包括：食品生产；食品经营（销售散装食品）；食品互联网销售（销售预包装食品）；保健食品生产；食品经营（销售预包装食品）；保健食品销售；中草药种植；日用品销售。

2015 年 6 月 8 日，红石梁公司申请注册第 17141203 号"真元颐生"商标并被核准注册，核定使用商品类别为第 5 类：药物饮料；药茶；药用草药茶；人和动物用微量元素制剂；片剂；胶丸；药酒；减肥茶；医用营养食物；营养补充剂。

颐生公司在发现红石梁公司的前述注册申请行为后，于 2017 年向原国家工商行政管理总局商标评审委员会（以下简称商评委）提起商标无效宣告请求，主张第 17141203 号"真元颐生"商标（如图 2-37 所示）与颐生公司在先注册的第 122396 号"颐生及图"商标（以下简称引证商标一）、第 5738852 号"颐生 YISHENG 及图"商标（以下简称引证商标二）、第 7081607 号"金奖颐生及图"商标（以下简称引证商标三）构成了商标法第 30 条规定的在同一种或类似商品上的近似商标（如图 2-38 所示）。

真元颐生

图 2-37　第 17141203 号"真元颐生"商标

引证商标一
第 122396 号
核定使用商品（第 33
类）：茵蔯酒

引证商标二
第 5738852 号
核定使用商品（第
33 类）：果酒；烧酒
酒（饮料）；葡萄酒；
含酒精饮料；米酒；
清酒；汽酒；黄酒；
料酒

引证商标三
第 7081607 号
核定使用商品（第 33
类）：酒（饮料）；果
酒（含酒精）；烧酒；
葡萄酒；蒸馏酒精饮
料；含酒精液体；酒
精饮料（啤酒除外）；
米酒；汽酒；黄酒

图 2-38　第 122396 号、第 5738852 号、第 7081607 号商标

商评委审理后认为"真元颐生"商标与颐生公司的三枚引证商标对比，在呼叫、文字构成、整体外观、视觉效果等方面存在一定差异，消费者施以一般注意力即可区分。而"真元颐生"商标核定使用的"药物饮料；药茶"等商品与三枚引证商标核定使用的"茵蔯酒；果酒"等商品在功能用途、销售场所、消费对象等方面差异明显，不属于类似商品，因此不构成商标法第 30 条所指在同一种或类似商品上的近似商标，裁定维持"真元颐生"商标的注册。

颐生公司不服商评委的裁定，于 2017 年向北京知识产权法院（以下简称一审法院）提起行政诉讼。颐生公司在一审中提交了如下证据：①颐生公司品牌历史发展资料；②颐生公司所获荣誉；③红石梁公司名下商标列表等。

一审法院经审理认为，关于商标近似方面：引证商标一及引证商标二文字"颐生"在商标整体构成中占比较大且突出表示，分别构成引证商标一、二的显著识别部分。引证商标三的文字"金奖颐生"为其显著识别部分。由于"真元颐生"商标完整包含引证商标一、二的显著识别部分且未形成明显区别于引证商标一、二的新含义，同时与引证商标三均含有"颐生"，在文字构成、呼叫方面相似，因此"真元颐生"商标与引证商标一、二、三构成近似商标。关于商品类似方面："真元颐生"商标核定使用的"药物饮料；药茶；药酒"等商品与引证商标一、二、三核定使用的"茵蔯酒；果酒；烧酒"等商品在功能、用途、消费对象等方面差异较大，未构成类似商品。

尽管颐生公司提出"茵蔯酒"中的"茵蔯"是一味中药，因此"真元颐生"商标核定使用的"药物饮料；药酒"与"茵蔯酒"构成类似商品。但是一审法院依据《类似商品和服务区分表》进行了如下分析："真元颐生"商标核定使用的"药物饮料；药酒"商品属于 0501 群组的商品，0501 群组为药品、消毒机、中药药材、药酒，而引证商标一核定使用的"茵蔯酒"商品则属于 3301 群组的商品，该群组为含酒精的饮料（啤酒除外），因此虽然"茵蔯酒"商品中含有中药成分，但其仍属于含酒精的饮料，"药物饮料；药酒"商品与其功能用途不同。相应地，"药物饮料；药酒"商品的消费对象应为具有保健、治疗目的的消费者，而"茵蔯酒"商品的消费对象应为一般消费者，二者消费对象亦有所不同。此外，颐生公司自称"茵蔯酒"通常在一般超市出售，而"药物饮料；药酒"商品通常不会在一般超市内出售，二者销售渠道不同。因此，"真元颐生"商标核定使用的"药物饮料；药酒"与引证商标一核定使用的"茵蔯酒"商品在功能用途、消费对象、销售渠道等方面均差异较大，未构成类似商品。一审法院未支持颐生公司的主张，驳回了其请求。①

颐生公司不服一审法院的判决，于 2019 年向北京市高级人民法院（以下简称二审法院）提起上诉。颐生公司认为，《类似商品和服务区分表》不能作为判断类似商品或服务的当然依据。

由于颐生公司、国家知识产权局（因中央机构改革部署，商评委职

① 参见北京知识产权法院（2017）京 73 行初 9288 号行政判决书。

责由国家知识产权局统一行使）及红石梁公司对"真元颐生"商标与三枚引证商标构成近似商标没有异议，因此二审法院主要围绕类似商品进行了审理。二审法院经审理认为，判断商品是否类似，应当考虑商品的功能、用途、生产部门、销售渠道、消费群体等是否相同或者具有较大关联性，是否容易使相关公众认为商品是同一主体提供的，或者其提供者之间存在特定联系，区分表可以作为判断类似商品的参考。而本案中，"真元颐生"商标核定使用后商品与三枚引证商标核定使用商品在功能、用途、生产部门、销售渠道、消费群体等方面差异较大，且区分表中分别属于不同群组，因此共同使用在上述商品上，不会导致相关公众对商品来源产生混淆、误认，因此认定"真元颐生"商标的注册未违反商标法第 30 条的规定，驳回了颐生公司上诉。①

颐生公司不服二审法院的判决，于 2020 年向最高人民法院（以下简称再审法院）申请再审。颐生公司再审申请的理由包括：第一，"颐生茵陈酒"具有百年历史，有特殊的药用功能，是中华老字号，极具显著性和知名度。第二，"真元颐生"核定使用的"药酒；药物饮料"等商品与引证商标一、二、三核定使用的"茵蔯酒；黄酒；含酒精饮料"等商品在功能用途、消费群体、销售渠道等方面存在较强的关联性，构成类似商品。第三，结合三枚引证商标的较强显著性和较高知名度、红石梁公司一贯囤积商标及复制、模仿的恶意，"真元颐生"商标与三枚引证商标共存极易导致相关公众混淆误认，因此构成了对商标法第 30 条规定的违反。

国家知识产权局答辩观点为："真元颐生"商标核定使用的"药酒"商品与三枚引证商标核定使用的"茵蔯酒；酒（饮料）"等商品在功能、用途、销售场所、消费对象等方面差异明显，不属于同一种或类似商品。红石梁公司主要答辩观点与国家知识产权局相近，强调了按照《类似商品和服务区分表》，前述商品分属于不同群组，不构成类似商品。

颐生公司在再审审查期间还补充提交了如下证据：① 2009 年至 2011

---

① 参见北京市高级人民法院（2019）京行终 3691 号行政判决书。

年签订的广告投放合同、发票及监测报告，证明"颐生"系列商标的知名度。②相关部门对颐生酒中药成分添加的批复及颐生企业生产标准、知名媒体对颐生酒的报道、医药学术刊物对茵陈功效的阐述。③颐生公司部分包装材料采购合同、颐生公司与部分经销商销售合同、颐生公司和销售公司买卖合同与发票等证据材料。

再审法院补充查明了如下事实，原卫生部办公厅于 2011 年给江苏省食品安全委员会办公室函复（卫办监督函〔2011〕123 号）如下："你办来函提出南通颐生酒业有限公司生产经营的'船牌颐生'茵陈大曲酒属于已有连续多年生产历史的传统食品，距今已有 100 多年的历史。根据《食品安全法》和我部发布的《禁止食品加药卫生管理办法》的有关规定，应当允许其继续生产经营"。

关于本案的核心问题，即"药酒；药物饮料"与"茵蔯酒"是否属于类似商品。再审法院经审理认为，在《类似商品和服务区分表》中，"药酒；药物饮料"与"茵蔯酒"分别在第 5 类和第 33 类群组，属于不同群组。考虑到市场实际，颐生公司生产的茵陈酒距今已有 100 多年的历史，经过长期宣传和使用，具有一定的知名度。相关公众一般认为该酒是一种添加茵陈等中药药物的酒精饮料，与"药酒；药物饮料"的相同之处在于均含有药物成分，有一定的养生、保健功效。"药酒；药物饮料"与"茵蔯酒"在功能、用途、原材料、销售渠道等方面存在紧密关联，"真元颐生"商标核定使用在"药酒；药物饮料"上与引证商标一共存容易使相关公众误认为二者在来源上具有特定联系，容易造成相关公众混淆误认。最终，再审法院突破《类似商品和服务区分表》的商品分类，支持了颐生公司的主张。①

关于"药酒"和"茵蔯酒"是否构成类似商品，笔者在收集研究本案例资料的过程中有了自己的体会，在此简要陈述。参考中华中医药学会发布的《中医治未病技术操作规范药酒》团体标准 T/CACM1106-2018 的定

---

① 参见最高人民法院（2020）最高法行再 259 号行政判决书。

义，药酒是指"在中医药理论指导下，结合中药的现代药理学知识，把中药和酒按一定比例融合而制成，通过饮服或外用以达到调理亚健康、预防疾病、补血养颜、强身健体的一种养生方法"。药酒在中国具有非常悠久的传统，其原理主要在于酒（即乙醇溶液）是一种良好的有机溶媒，相较于水煎，酒可将药材中脂溶性物质溶解于其中，很大程度提高药效，同时由于酒良好的通透性，能够较容易进入药材组织的细胞中，促进置换与扩散，从而提高药物有效成分的浸出。[①] 尽管从医学治疗视角下的药酒需要遵从严格的炮制规程并在医嘱下服用，但我国长久以来社会实际消费视角下的药酒消费并未严格区分治疗和保健场景，两者存在诸多重叠的情形。因此，作为用茵陈入酒的"茵蔯酒"与"药酒"存在较为紧密的关联性，笔者认同再审法院从实际出发突破《类似商品和服务区分表》而作出的结论。

案例启示：

本案历经商标无效宣告行政程序，再到一审、二审、再审，分别经过一级行政机关的裁决、三级法院的审理。可以看到，《类似商品和服务区分表》在商标行政及司法程序中，对于认定商品或服务类似的影响非常大。在商标法律实践中，遵守区分表关于商标或服务类似与否的判断是原则，突破区分表则是例外。

尽管本案存在着一定特殊性，也即引证商标申请注册的时间为 1979 年 2 月，此时我国尚未施行商标法，因特定历史原因，商标统一注册制度都还尚未恢复，因此笔者妄自猜测颐生公司在选择商品类别时，可能未充分考虑第 5 类"药酒"商品与第 33 类"酒"之间的差异，因此未作商标布局。但对于其他老字号企业依然具有启示意义，那就是在商标注册之

[①] 参见陈德兴：《漫谈药酒与养生（二）》，载《食品与生活》2012 年第 7 期；僧海霞：《唐宋时期敦煌药酒文化透视——基于药用酒状况的敦煌文书考察》，载《甘肃社会科学》2009 年第 4 期；赵健昆：《药酒考》，载《商业研究》1979 年第 1 期。

初，企业应当在选定商品或服务核定使用类别时，既要尽可能精准对应自身产品或服务，又要考虑企业未来业务发展的方向，提前覆盖相应商品或服务类别，为企业品牌的生长预留发展空间。

案例 2——山东景芝白酒案

案例背景：

山东省潍坊市景芝镇，被称为"齐鲁三大古镇"之一。[①] 因其处于诸城、安丘、高密三县的交界之处，成为中国古代"商贾辐辏云集之地"。伴随着商业的繁荣，景芝的酿酒历史也源远流长。

《安丘志》记载，"明清年间，景芝商业繁荣，产白酒颇著。年缴纳酒课税一百锭四贯"。《山东通志》记载，"民国四年，酒，各地皆有，烧酒尤以安丘景芝为最盛，醇香如醴，名驰远近。已发展到 72 家烧锅，张家口外的酒商贩络绎于途"。

根据山东景芝酒业股份有限公司（以下简称景芝公司）的自述，1948 年景芝镇 72 家酿酒作坊于一体、创立了中国最早的国营白酒企业之一"山东景芝酒厂"。1993 年，经山东省体改委批准改为股份制企业，住所地为山东省潍坊市安丘市景芝镇景阳街。景芝公司拥有以一品景芝为代表的芝麻香型系列，以景阳春为代表的浓香型系列，以景芝白乾为代表的传统酒系列，以阳春滋补酒为代表的营养保健型系列等四大系列品牌。

其中一品景芝，中国芝麻香型白酒代表。2007 年，由景芝公司为主起草的芝麻香型国家标准，经原国家质检总局和国家标准化管理委员会颁布实施；"芝麻香型白酒的研制"荣获中国轻工业科技进步一等奖；"芝麻香型白酒生产工艺"荣获第十届山东省十大发明专利一等奖和第十二届中国专利奖。被商务部和中国酿酒协会确定为中国白酒芝麻香型代表，改写了鲁酒无香型代表之历史。景阳春酒，山东第一个浓香型粮食白酒，系第

---

① 明代顾炎武所著的《天下郡国利病书》将景芝称作"齐鲁三大古镇之一"。王倩倩：《清光绪十二年〈景芝镇置署碑记〉碑探析》，载《文物鉴定与鉴赏》2017 年第 5 期。

一个出口创汇产品，蝉联历届山东名牌；荣登全国白酒市场质量抽检"红榜"五连冠；为全国浓香型白酒质量优质产品；中国历史文化名酒。景芝白乾，中华白酒史上最早的高粱大曲酒。早在1915年作为山东白酒代表产品参展巴拿马万国博览会；1959年入展印度国际博览会。荣获山东名酒、中国八大大众名白酒、首批"中华老字号"称号。

1994年1月21日，山东景芝酒厂向原国家工商行政管理局商标局申请第761143号"景芝及图"（指定颜色）商标（如图2-39所示），1995年8月14日被核准注册。2000年10月28日，景芝公司经原国家工商行政管理局商标局核准，依法受让取得了第761143号"景芝及图"（指定颜色）商标专用权，核定使用商品为第33类，包括：白酒、含酒精饮料（啤酒除外），后经续展注册有效期至2025年8月13日。

指定颜色

图2-39 景芝公司的第761143号
"景芝及图"（指定颜色）商标

2009年5月14日，景芝公司经原国家工商行政管理局商标局核准，取得第5412769号"景芝"注册商标（如图2-40所示），核定使用商品为第33类：酒（利口酒）、米酒、含酒精液体、酒精饮料（啤酒除外）、苦味酒、黄酒、食用酒精、白兰地（截止）等，注册有效期限经续展至2029年5月13日。

图2-40 景芝公司的第5412769号"景芝"商标

案例介绍：

由于景芝公司打造的核心品牌"景芝"同时也是镇一级行政区划的名称，同时还是自古以来的地理名称，这使得"景芝"一词在汉语中不仅仅包含景芝公司的私人利益，还兼具着指代地理位置的公共属性。因此，景芝公司因其历史背景而能够将"景芝"作为其注册商标，在其有权依照商标法主张商标专用权时，也需要受到公共利益平衡的检视。

由于以地理名称作为自身品牌名称的特殊性，处于相同地理范围的企业通过在产品包装上标注突出使用地理名称来搭便车的情况极易产生法律争议。

位于景芝镇的安丘市金景酒业有限公司（以下简称金景公司），注册成立于 2016 年 5 月 9 日，其经营范围中包括生产、销售配制酒、果酒等，销售白酒、葡萄酒、啤酒。金景公司在其生产的 5 款"老白乾"白酒包装上，使用了"山东""景芝"、中间部分突出标有"老白乾"字样，下方标有产品的生产厂家、地址等信息，最下方标有"产地：山东·潍坊·景芝"字样。

景芝公司认为，被告金景公司生产、销售的多款"老白干"酒上突出使用与原告享有的第 5412769 号"景芝"商标相同或近似的标识，侵害了景芝公司的商标权，因此于 2020 年 3 月向山东省济南市中级人民法院（以下简称一审法院）提起诉讼。①

而金景公司抗辩的主要观点为：①金景公司使用"山东景芝"仅为陈述性使用，用来标明产品原产地，且在包装上显著位置表明自己的注册商标"景翼"，故金景公司主观上不存在侵权故意，客观上没有侵犯景芝公司注册商标专用权。②山东景芝为地域名称，与原告注册的图形文字组合商标不相同。③被告使用"山东景芝"属于合理使用。④被告涉案产品在山东省范围内也享有较高的知名度，与原告的产品不相似，不会造成混淆。

为了证明"景芝"商标的知名度，景芝公司提交了相关证据证明如下事实：1990 年 12 月，景芝牌特级景芝白干在首届全国轻工业博览会荣获银奖。1991 年 11 月，景芝牌景芝特酿（39°、44°、54°）产品被评为山东

---

① 参见山东省济南市中级人民法院（2020）鲁 01 民初 876 号民事判决书。

省优质产品。1997年12月31日、2007年8月16日，景芝牌商标为山东省著名商标。2011年，景芝及图被评为驰名商标。景芝品牌被商务部评为中华老字号。

一审法院审理后认为，根据《中华人民共和国商标法》第48条的规定，将商标用于商品包装上，用于识别商品来源的行为属于商标的使用。本案中，被诉侵权产品的外包装标签顶部右侧标有"景芝"字样，该字样的使用是单独的、突出的，且字体较大，足以引起相关公众的注意从而起到识别商品来源的作用，属于商标性使用。根据《中华人民共和国商标法》第57条第1项规定，未经商标注册人许可，在同一种商品上使用与其注册商标相同的商标的，属于侵犯注册商标专用权的行为。被控侵权产品上标注的"景芝"字样与原告的第5412769号"景芝"商标在视觉上没有差异，属于相同商标。被控侵权产品为白酒，与原告商标的核准使用商品为同一种商品。因此，一审法院认为，被告金景公司同一种商品上使用与原告注册商标相同的商标，构成商标侵权行为，应当承担停止侵权、赔偿损失的民事责任。

金景公司不服判决，于2020年向山东省高级人民法院（以下简称二审法院）提起上诉。① 金景公司主要的上诉理由包括：第一，一审法院认定事实不清、适用法律错误。①景芝公司未提交证据证明涉案商标前三年内实际使用，金景公司在景芝公司官网及百度搜索中并未查询到景芝公司实际使用涉案商标的产品及宣传，一审法院仅以涉案商标有商标权即认定金景公司构成商标侵权系认定事实不清。②涉案产品包装标签上使用的"景芝"字体与涉案商标图样中的"景芝"字体不同，一审法院认为两者在视觉上无差异，属于事实认定错误。③金景公司的驻地为山东省潍坊市景芝镇，"山东景芝"系标明产品来源，并非商标意义的使用，景芝公司无权禁止金景公司正当使用。且金景公司亦在被诉产品上标注"景翼"商标，不会造成消费者混淆。第二，景芝公司未举证证明涉案商标的知名度，其

① 参见山东省高级人民法院（2020）鲁民终2410号民事判决书。

提交的关于品牌知名度的证据材料与涉案商标不能形成对应关系，不能认定涉案商标具有知名度。

二审期间，景芝公司补充提交了景芝官网及官网链接（即京东商城）一组，拟证明景芝公司对涉案商标一直存在商标性使用。

二审法院经审理认为，本案中，被诉侵权商品的外包装标签上部以较大字体标注"景芝"文字的行为，客观上起到识别商品来源的作用，构成商标性使用。被诉侵权商品系白酒，与涉案商标核定使用商品类别相同，且被诉侵权商品上使用的"景芝"文字与景芝公司涉案"景芝"注册商标在视觉效果上基本无差别，构成相同商标。《中华人民共和国商标法》第57条第1项规定，未经商标注册人的许可，在同一种商品上使用与其注册商标相同的商标的行为属于侵犯注册商标专用权的行为。据此，金景公司的被诉侵权行为侵犯了景芝公司涉案注册商标专用权。对于金景公司关于其在外包装上标注了自己的"景翼"注册商标，标注"景芝"仅系标明产品产地，属于正当使用的主张。二审法院认为，景芝公司的"景芝及图"及涉案"景芝"商标均已实际使用多年，两商标的呼叫均为"景芝"，所以两商标的知名度可以相互辐射。根据景芝公司一审提交的证据，"景芝及图"商标被评为驰名商标，景芝牌商标被评为山东省著名商标，可以证明涉案"景芝"商标具有较高的知名度。金景公司与景芝公司虽均位于安丘市，但在景芝公司涉案"景芝"商标已具有较高知名度的情形下，金景公司作为同行业经营者理应合理避让，其在被诉侵权产品外包装标签上以较大字体突出标注"景芝"字样的行为系商标性使用，并非正当使用地名的标注方式，且金景公司的"景翼"注册商标在被诉侵权产品外包装上系以较小字体标注，其攀附景芝公司涉案"景芝"注册商标知名度的恶意明显，故本院对其该主张不予支持。

案例启示：

很多老字号企业的竞争优势在于其创立的地理位置，因此普遍选择将地理名称作为其核心商标。而由于地名在话语体系中具有公共属性，含有地名的商标对应的专用权相较于其他商标应当受到更多的限制，以避免构成对公共表达的不当限制。商标法第 59 条第 1 款规定："注册商标中含有的本商品的通用名称、图形、型号，或者直接表示商品的质量、主要原料、功能、用途、重量、数量及其他特点，或者含有的地名，注册商标专用权人无权禁止他人正当使用。"

因此包含地名的商标在寻求保护的时候，需要检视涉嫌侵权人使用该地名是作为商品或服务来源的商业标志进行使用（即商标性使用），还是作为客观陈述地理位置进行使用（即指示性使用）。双方的法律争议也往往围绕对使用性质的判断。对于老字号企业而言，第一，从最大化商标权保护范围的角度来说，应尽可能选择显著性更高的臆造标志作为其商标标志；第二，保持商标充分使用并固定关于商标投入、知名度等方面的证据；第三，在拟针对地名使用进行维权时，对对方具体使用行为进行更加审慎地分析判断，特别是需要加强对对方行为存在恶意的证据收集。

2. 寻求商标的保护需要考察商标标志相同或者近似

案例——津酒案

案例背景：

酿酒在我国有着悠久历史，现今中国名酒产地除贵州、四川、江苏、山西之外，全国其他地区实际上也拥有各自值得书写的酿酒历史。

由于中国白酒究其根本是微生物参与发酵的"副产品"，本地的微生物种类和特点与本地的水土、气候等地理条件紧密相关，因此即便使用相同的原料和工艺，在各地酿造的白酒都可能呈现不同的风格特点。因此酿酒业具有较强的本地化特征，结合白酒在中国文化中不可或缺的地位，本土白酒往往深深植入本地人的生活之中，成为其文化记忆的一部分。

同时，酿酒业的发展还有赖于当地商业活动的繁荣。天津作为中国较早开埠的城市，商业活动愈加频繁的同时，也带动了酿酒业的快速发展。19 世纪 20 年代，天津酿酒业达到全盛，制酒厂高达七八十家。[①] 但因战乱等影响，天津酿酒业历经磨难。

---

① 李志英：《近代中国传统酿酒业的发展》，载《近代史研究》1991 年第 6 期。

根据天津津酒集团有限公司官网的信息，天津解放前夕，天津酿酒业几乎奄奄一息。据"天津酒业公会"资料记载，新中国成立后开业的会员仅有义聚永等10户。曾经辉煌的天津酿酒行业已经支离破碎，远远不能适应经济发展的需要。国家为了推进民族工业发展，为此决定在天津投资兴建新型的一级酿酒厂——天津酿酒厂。1951年，在经过周密勘查、测试、调研的基础上，最后选择了风景秀丽、水资源俱佳的西沽与丁字沽交界处。1952年，天津酿酒厂建厂，成为华北地区列入国家重点项目的酿酒企业，是一个设备完善，酿酒、灌装、仓储、经营、管理能力综合平衡的规范型酿酒企业。由于经营规模不断扩大，于1999年建立集团，从此天津酿酒厂更名为天津津酒集团有限公司（以下简称津酒公司）。

津酒公司名下的浓香型白酒品牌"津酒"于1979年创立，为天津本地市场知名品牌。经过数十年的发展，2011年"津酒"荣获"中华老字号"称号。

根据前天津酿酒厂技术科研方面员工钟国辉的回忆，"津酒"创立的背景是在前美国总统访华后，为适应国门开放、外交礼仪的需要而研制的高档白酒。从1974年立项到1979年产品上市，历经6年。"津酒"的名字来自当年天津酿酒厂厂长刘品的拍板确定。①

1981年12月16日，津酒公司申请注册了"津酒JINJIU及图"商标，核定商品类别为第33类"酒"。2012年，"津酒JINJIU及图"商标被原国家工商行政管理总局商标局认定为驰名商标。

我国实行的是商标注册制为原则的获权确权方式，换言之，商标权人申请商标被获准注册后即享有对注册商标的专用权。在先的注册商标能够依据商标法第30条阻止他人在相同或类似商品上申请与在先注册商标近似商标的注册。

2013年商标法第30条规定："申请注册的商标，凡不符合本法有关规定或者同他人在同一种商品或者类似商品上已经注册的或者初步审定的商

---

① 钟国辉:《我的津酒往事》，载《酿酒》2012年第4期。

标相同或者近似的，由商标局驳回申请，不予公告。"①

某种意义上而言，近似商标的判定就是为注册商标保护范围划定的那道栅栏。因此也是商标纠纷中，各方普遍争议的焦点。

对于近似商标的判定尽管存在各种规则、法律规定，诸如商标行政管理机关使用的《商标审查与审理标准》、北京市高级人民法院制定的《北京市高级人民法院商标授权确权行政案件审理指南》等，但近似商标的判断过程并非如数学公式的演算般客观直接，而是充满对不同要素的权衡，无法避免裁判者的主观因素。对于商标权人而言，需要证明：①在后商标与在先商标具有相同的相关公众，包括商标所标识的某类商品／服务相关的消费者，或与前述商品／服务的营销有密切联系的其他经营者。②在后商标标志与在先商标标志的近似。③从在先商标显著性与知名度方面能够划定的保护范围。

"津酒"的案例便涉及津酒公司注册的"津酒 JINJIU 及图"商标（如图 2-41 所示）与他人在后注册的"大津"商标是否构成近似商标判定问题。

图 2-41　津酒公司的第 160989 号"津酒 JINJIU 及图"商标

案例介绍：

天津市真地商贸有限公司金街酒销售分公司（以下简称真地分公司）于 2011 年 4 月 2 日向原国家工商行政管理总局商标局（以下简称商标局）申请注册第 9297178 号"大津"商标（如图 2-42 所示），指定使用商品类

①　当前施行的 2019 年修正商标法第 30 条亦延续这一规定。

别为第 33 类"果酒（含酒精）、烧酒、葡萄酒、酒（饮料）、白兰地、米酒、伏特加酒、黄酒、料酒、食用酒精"等商品上。"大津"商标经初步审定并公告。

图 2-42　真地分公司的第 9297178 号"大津"商标

针对真地分公司提交注册"大津"商标，津酒公司在敏锐察觉到后针对"大津"商标的注册发起了异议程序。商标局认为津酒公司的异议理由不成立，于是裁定"大津"商标核准注册。

津酒公司不服商标局的异议裁定，向商标评审委员会提出异议复审申请，其主要的理由包括：①"大津"商标与津酒公司在先注册的引证商标构成相同或类似商品上的近似商标。②津酒公司的"津酒 JINJIU"商标经长期使用和大量宣传已为相关公众熟知，具有极高知名度。该商标曾被认定为"中国驰名商标"，被异议商标"大津"的注册损害了津酒公司的合法权益。③真地分公司注册"大津"商标的行为恶意明显，违反了诚实信用原则，扰乱市场秩序，易造成不良社会影响。

面对津酒公司的异议复审理由，真地分公司也提交了其在先注册的第 1458477 号"大津及图"商标（如图 2-43 所示）注册信息（于 1999 年 5 月 11 日申请注册，核定使用商品为第 33 类）、被异议商标"大津"的宣传使用证据等证据。

图 2-43　真地分公司的第 1458477 号"大津及图"商标

2014 年 10 月 31 日，商标评审委员会复审后认为，被异议商标"大津"中的"大"字起修饰作用，显著性较弱，故被异议商标的显著部分为"津"字，与引证商标的显著识读部分"津"相同，两商标构成近似商标……因此构成 2013 年商标法第 30 条所指的使用在同一种或类似商品上的近似商标。

真地分公司因不服商标评审委员会的裁定而向北京知识产权法院（以下简称一审法院）起诉。一审法院经审理后认为，"大津"与"津酒"虽然文字呼叫不同，但是"大津"中的"大"字与"津酒"中的"酒"字均缺乏显著性，故二者的显著识别部分均为"津"字，构成近似商标。另外，一审法院通过审查天津真地分公司在商标评审委员会评审阶段提交的"大津"商标使用证据，认为"大津"二字多与"酒"连用成为"大津酒"，与津酒公司的引证商标"津酒"更为近似。一审法院认为，在相关消费者隔离观察的状态下，施以一般的注意力容易将"大津"商标与"津酒"商标误认，造成混淆，因此认为两者构成近似商标。

真地分公司针对一审法院的认定不服而向北京市高级人民法院（以下简称二审法院）提起上诉。真地分公司的主要理由为：一审法院没有考虑"大津"产品在天津市场销售多年的事实，对"大津"商标与"津酒"商标构成近似商标存在认定错误。

二审阶段，真地分公司重点围绕"大津"商标的使用情况补充提交了如下证据：2009 年至 2015 年"大津"商标在指定使用商品上的经销合同、销售发票（其中显示"大津"品牌产品的销售数据：2009 年为 43.1 万元、2010 年为 238.68 万元、2011 年为 507.18 万元、2012 年为 543.7 万元、2013 年为 473.81 万元、2014 年为 388.13 万元）、"大津"产品的广告宣传合同及发票、照片、图片、2011 年至 2013 年天津真地商贸有限公司的审计报告、所获荣誉、2012 年冠名赞助天津市乒乓球队荣誉证书等。

二审法院经审理认为，根据本案适用的 2013 年商标法第 30 条的规定，关于商标近似性判断，应当以相关公众判断为主体、综合相关商品与标志的情况，以商品之间的关联程度、标志整体的近似程度、当事人的主观意图、市场上实际的使用情况等因素进行综合认定，前述因素是整体发挥功效的，某一特定因素的相近情况并不必然导致近似结果的认定，最终应以相关公众是否会对商品来源产生混淆、误认为依据。被异议商标由汉字"大津"构成，引证商标由汉字"津酒"、字母"JINJIU"及图构成，根据相关公众的一般认知，"津"为我国直辖市"天津"的简称，故其作为商标标志使用自身显著性并不突出；同时，"津酒 JINJIU"整体上还有字母及图形构成，相关公众对商标的认知既应考虑显著部分、亦不能忽视整体视觉效果的感知；另外，在案证据并不能充分说明"大津"词汇的组合中，相关公众一般会认知"大"字缺乏显著性。因此，"大津"商标与"津酒 JINJIU"在构成、呼叫、整体视觉效果等方面存在一定差异，相关公众施以一般注意力能够对二者进行区分。结合真地分公司和津酒公司在案所提交的证据，二者所提供的产品在市场上并存多年，且并无消费者实际发生混淆的情形。而且，真地分公司在先已经注册了第 1458477 号"大津及图"商标，其申请注册涉案被异议商标具有合理性，并不存在主观恶意。在商标授权确权审查过程中，关于当事人是否在实际市场经营过程中规范使用商标并不是人民法院作出近似性判断的依据，故一审法院及商标评审委员会据此进行认定缺乏依据。因此二审法院认定"大津"商标与"津酒 JINJIU"不构成近似商标。

2015 年，津酒公司因不服二审法院的认定，向最高人民法院（以下简称再审法院）申请再审。

在再审阶段，津酒公司提交了关于两方商标导致混淆的证据以及真地分公司恶意注册"大津"商标的证据。同时，津酒公司提起了针对真地分公司关联主体天津大津酿酒有限公司的商标侵权诉讼。真地分公司则主要针对性提交了其三个经销商的证言，用以证明两方商标不会引发相关公众的混淆。

再审法院经审理认为，"大津"商标与"津酒 JINJIU"商标虽然文字呼叫不同，但被异议商标"大津"中的"大"字与引证商标中的"酒"字均缺乏显著性，"津"虽为天津的简称，但津酒公司通过长期的市场使用，使得"津"与其产生了较强的对应关系，"津"字构成了商标的显著识别部分。津酒公司的"津酒 JINJIU"及关联商业标识被人民法院的裁判、行政机关的认定予以保护的记录可以证明，其在天津市场及相关公众中具有很高的知名度。真地分公司在二审中提交的有关被异议商标产品销售额、宣传、所获荣誉等证据并不足以证明被异议商标亦具有很高的市场知名度。真地分公司虽然从案外人受让了第 1458477 号"大津及图"商标，但该商标与被异议商标存在较大区别，因此该受让商标与引证商标的共存，并不当然意味着被异议商标与引证商标也可以共存。比较两商标的知名度以及本案的举证情况，尚不能得出两商标的并存不会导致混淆的结论。

再审法院认定，综合考虑涉案商标标志本身、商标显著性和知名度以及所使用产品均为白酒类等因素，被异议商标与引证商标若共同使用于市场，易使相关公众对商品来源产生混淆或误认。因此，被异议商标与引证商标构成近似商标。再审法院同时提及，真地分公司的负责人改名、实际销售的产品包装与津酒公司的产品包装近似等亦可表明，真地分公司注册被异议商标存在模仿津酒商标的故意。依法不核准本案被异议商标的注册，亦符合商标法关于申请商标应当遵循诚实信用的基本原则，有利于规范商标注册秩序。

最终，再审法院推翻了二审法院的认定，支持了一审法院的观点，判定在后注册的"大津"商标与"津酒 JINJIU"商标构成近似商标。[①]

在津酒公司针对真地分公司关联主体天津大津酿酒有限公司（以下简称大津酿酒）提起的商标侵权案件中，津酒公司主张大津酿酒在白酒产品上使用"大津酒"字样构成对其"津酒 JINJIU"商标的侵犯。该案经天津市和平区人民法院和天津市第一中级人民法院的审理，认定构成近似商标，因而构成 2013 年商标法第 57 条规定的侵犯注册商标专用权的情形。[②]

---

① 参见最高人民法院（2016）最高法行再 37 号行政判决书。
② 参见天津市和平区人民法院（2016）津 0101 民初 1540 号民事判决书、天津市第一中级人民法院（2016）津 01 民终 5792 号民事判决书。

案例启示:

"大津"与"津酒 JINJIU"之间的商标行政案件,历经三级法院的审理,对于"大津"商标是否构成了"津酒 JINJIU 及图"商标的近似商标,不同法院存在着不同的认识。这反映出来一个问题就是,近似商标的判断尽管不乏相关的规定和判定规则,但影响法院对权利人保护边界的划定充满对具体案件中各方当事人的使用情况、主观意图、市场实际等因素的综合权衡。作为老字号企业而言,对注册商标长期、大量、持续使用固然能够有效提升发起诉讼成功的概率,但也需要同时意识到注册商标的权利不应也无法无限扩张,禁止其他市场主体的正当使用。本案中,"大津"商标的申请人真地分公司以及其关联公司大津酿酒的相关商标使用行为被认定为具有恶意,恐怕对再审法院权衡后的改判起到了一定作用。

有意思的是,两个互相关联的案件,津酒公司先发起的是针对"大津"商标的行政诉讼,由于二审法院的判决并未支持津酒公司关于近似商标的主张,因此直到津酒公司的再审申请被最高人民法院受理并裁定提审才发起针对真地分公司关联公司的商标侵权诉讼。先让对方的注册商标被宣告无效,后针对对方的商标使用行为发起侵权诉讼,是法律实践中非常常见的一种策略,老字号企业在选择具体法律行动策略时可在专业人士的评估下进行选择。

3. 主张权利应当具有明确约定或法律依据,否则应当受到商业习惯的约束

案例——江小白案

案例背景:

提及"江小白",这曾经是一个火遍大江南北的中国白酒品牌。不论是在各种餐馆、酒店,还是在路边大排档,都能够见到其标志性的蓝底白字"江小白"商标、100ml 表达瓶,特别是颇具有传播性的俏皮文案(如图 2-44 所示)。

图 2-44　江小白公司的产品（图片来源：官网）

　　尽管 2020 年以来，"江小白"逐步淡出了街头巷尾的酒桌，但是"江小白"依然对中国固有白酒市场形成了一次有力的冲击，它给传统白酒企业带来的影响和反思，在近几年传统白酒企业对产品的调整中都能够看到一些影子。

　　尽管"江小白"看起来与传统白酒企业如此不同，但在"江小白"的最初发展阶段，却与重庆一家老字号企业有着紧密的联系，双方因包括"江小白"商标的纠纷进行过多次诉讼。

　　这家重庆老字号企业就是重庆市江津酒厂（集团）有限公司（以下简称江津酒厂）。

　　根据江津酒厂的官网介绍，江津酒厂的前身是 1908 年创立的"宏美糟坊"，由樊志洪家族创立并成为重庆白沙镇最大的酒坊。由于樊氏家族卓越的酿造技艺，"宏美糟坊"的白酒被当地爱酒人士称为"宏美酒香传千里，更胜三碗不过岗"。樊志洪以当时宏美糟坊摸索出的酿酒技艺，融汇自身酿酒经验和感悟，总结编写了记载酿酒技艺的手书——《樊氏酒酝法》。而江津酒厂始建于 1951 年，其采用《樊氏酒酝法》记载的酿酒工艺继续小曲清香型白酒的酿造，并创立了"几江牌"金江津酒。由于"几江牌"金江津酒的良好品质，2010 年入选商务部第二批保护与促进的"中华老字号"名录（零售、食品类）。

在本案例发生之前，白酒行业中定制产品已经开始流行。所谓定制产品主要区别于白酒企业批量生产的产品（一般也被称为"嫡系产品"），是白酒企业根据需求方的个性化需要，进行定制化生产。定制的范围包括原料、工艺、储存、调制、包装各个环节。中国白酒企业中，开创定制先河的是茅台公司，1997年茅台酒厂限量发行了1997瓶纪念版茅台酒庆祝香港回归祖国。此后茅台公司陆续为红塔集团、中国移动、民生银行、中石化的易捷便利店等企业提供定制服务。①

向全国知名的白酒企业进行定制的产品，需求方一般都会在定制产品中沿用白酒企业核心品牌作为定制产品的产品名称，如"贵州茅台酒""泸州老窖""五粮液"等，而非由需求方独创全新品牌，因为前述需求方定制产品的目的就包括分享白酒企业已有的品牌价值。

案例介绍：

在白酒行业普遍采取定制产品的大背景下，也许正是看中江津酒厂的生产能力及其他优势，"江小白"的创始人陶石泉于2011年与江津酒厂达成合作意向，陶石泉当时担任法定代表人的四川新蓝图商贸有限公司（以下简称新蓝图公司）于2012年2月20日正式与江津酒厂的子公司重庆市江津区糖酒有限责任公司（以下简称江津糖酒公司）签订产品定制销售合同，新蓝图公司委托江津酒厂生产其核心品牌"几江"牌系列酒定制产品，并由江津酒厂委托新蓝图公司销售，新蓝图公司向江津酒厂提供前述定制产品的创意方案。

"江小白"案例就跟这份产品定制销售合同以及与"江小白"有关的策划创意有关。

2011年12月19日，案外人成都格尚广告有限责任公司（以下简称格尚广告公司）注册了第10325554号"江小白"商标（以下简称"江小白"商标），"江小白"商标于2013年2月21日被核准，核定使用在第33类"果酒（含酒精）、茴香酒（茴芹）、开胃酒、烧酒、蒸馏酒精饮料、

---

① 参见王光阵、王蔚:《白酒定制化营销策略探析》，载《酿酒科技》2019年第8期。

苹果酒、酒（利口酒）、酒（饮料）、酒精饮料（啤酒除外）、含水果的酒精饮料"商品上。2012年12月6日，"江小白"商标被核准转让给新蓝图公司。2016年6月6日，"江小白"商标被核准转让给重庆江小白酒业有限公司（以下简称江小白公司）。

江津酒厂认为，"江小白"商标的申请注册违反了2001年施行的商标法第15条的规定，也即"未经授权，代理人或者代表人以自己名义将被代理人或者被代表人的商标进行注册，被代理人或者被代表人提出异议的，不予注册并禁止使用"。于是，江津酒厂于2016年向原国家工商行政管理总局商标评审委员会（以下简称商标评审委员会）提出无效宣告请求。江津公司主张，新蓝图公司是其经销商，新蓝图公司是为其设计"江小白"商标，其在先使用"江小白"商标，因此新蓝图公司的申请注册违反了2001年商标法第15条的规定。

商标评审委员会裁定认为，在"江小白"商标申请日之前，江小白公司是江津酒厂的经销商，二者存在一定的合作关系。而江小白公司的法定代表人陶石泉曾与江津酒厂公司有关于设计稿的邮件往来，其对江津酒厂的"江小白"商标理应知晓。虽"江小白"商标非以江小白公司名义申请注册，但未经江津酒厂公司授权，新蓝图公司申请注册与江津酒厂的商标高度相近的"江小白"商标具有明显恶意，故"江小白"商标的注册已构成2001年商标法第15条所指的不予注册并禁止使用的情形。①

江小白公司不服商标评审委员会的裁定，于2017年2月向北京知识产权法院（以下简称一审法院）提起诉讼，主要观点包括：第一，江津酒厂无任何有效证据证明在"江小白"商标申请日之前使用过"江小白"商标，所有证据均在"江小白"商标申请日之后，且证据不具有真实性、合法性和关联性。第二，新蓝图公司与江津酒厂并非经销关系，而是贴牌加工关系。根据双方签订的协议，新蓝图公司的产品概念、包装设计、广告

---

① 参见商评字 [2016] 第117088号关于第10325554号"江小白"商标无效宣告请求裁定。

图案、广告用语等，未经新蓝图公司的授权，不得用于江津酒厂公司直接销售或江津酒厂公司其他客户销售的产品上使用。

江津酒厂答辩的主要观点包括：江小白公司与江津酒厂存在经销关系，诉争商标系江小白公司的法定代表人征询江津酒厂法定代表人的意见后，由江津酒厂的法定代表人最终确定。设计创意归江小白公司所有并不意味着"江小白"商标归其所有。在案证据可证明江津酒厂对"江小白"商标进行了在先使用，江小白公司对诉争商标的注册存在恶意。

江津酒厂为了证明其在"江小白"商标申请日之前先使用"江小白"商标的证据，包括：江津酒厂与重庆森欧酒类销售有限公司（以下简称森欧公司）的销售合同、产品送货单、审计报告。但是由于该系列证据存在无法排除的瑕疵，因此未被法院采信。

江津酒厂还认为，定制产品销售合同是证明江津酒厂与新蓝图公司存在经销关系，因此"江小白"商标的注册违反法律规定。

根据双方 2012 年 2 月 20 日签订的产品定制销售合同条款："一、甲方（江津糖酒公司）授权乙方（新蓝图公司）为'几江'牌江津老白干、'清香一、二、三号'系列、超清纯系列、年份陈酿系列酒定制产品经销商……六、甲、乙双方的权利和义务：1. 甲方对于乙方定制产品采取独家专销，不得对乙方之外的第三方客户销售，以保护乙方的市场开发成果。2. 乙方负责产品概念的创意、产品的包装设计、广告宣传的策划和实施、产品的二级经销渠道招商和维护，甲方给予全力配合。乙方的产品概念、包装设计、广告图案、广告用语、市场推广策划方案，甲方应予以尊重，未经乙方授权，不得用于甲方直接销售或者甲方其他客户销售的产品上使用……七、奖励政策：合同到期后，乙方未违反本合同约定条款并完成合同标的销售额，享受甲方一级客户奖励待遇……"

一审法院经审理作出如下认定：

首先，第三人江津酒厂提交的证据大多为诉争商标申请日之后形成的证据，第三人江津酒厂提交的证据不能真实、有效地证明其在"江小白"商标申请日前对"江小白"商标享有在先权利。其次，本案并无直接证据证明江津酒厂、新蓝图公司于诉争商标申请日前已经建立了代理经销、业务往来等关系。在案证据所体现的双方就"江小白"进行沟通及建立正式合同关系的时间均晚于诉争商标申请日，不能说明诉争商标申请日前新蓝图公司系从江津酒厂处获知"江小白"商标。最后，即使参照"江小白"商标申请日之后的证据，在首次体现双方就"江小白"进行沟通的邮件中，系由时任新蓝图公司的法定代表人的陶石泉提出"江小白"的设计文稿；而在江津糖酒公司与新蓝图公司签订的《定制产品销售合同》中，明确约定江津酒厂授权新蓝图公司销售的产品为"几江"牌系列酒定制产品，其中并未涉及"江小白"商标，而合同约定产品概念、包装设计、广告图案、广告用语、市场推广策划方案用于江津酒厂或其他客户销售的产品须经新蓝图公司授权，说明江津酒厂对除"几江"外的上述内容不享有知识产权，亦说明新蓝图公司申请注册"江小白"商标未损害江津酒厂公司的权利。因此，在"江小白"商标申请日前，"江小白"商标并非第三人江津酒厂公司的商标，新蓝图公司对"江小白"商标的申请注册并未侵害第三人江津酒厂的合法权益，未构成 2001 年商标法第 15 条之情形。

一审法院判决撤销了商标评审委员会作出的商评字 [2016] 第 117088 号关于第 10325554 号"江小白"商标无效宣告请求裁定。①

商标评审委员会及江津酒厂不服一审判决，于 2018 年 4 月向北京市高级人民法院（以下简称二审法院）提起上诉。

二审法院经审理认为，从现有证据来看，"江小白"商标虽由格尚公司申请注册，但"江小白"商标在申请注册过程中就由格尚公司转让至新蓝图公司，而新蓝图公司又系江津酒厂的经销商，新蓝图公司的法定代表人陶石泉曾与江津酒厂存在关于"江小白"品牌设计稿的邮件往来，其对江津酒厂"江小白"商标理应知晓。江津糖酒公司与新蓝图公司 2012 年 2 月 20 日签订的《定制产品销售合同》并未约定商标等知识产权的归属。江津酒厂提交的销售合同以及产品出货单、货物运输协议等证据表明，在诉争

---

① 参见北京知识产权法院（2017）京 73 行初 1213 号行政判决书。

商标申请日前，江津酒厂已经为实际使用"江小白"做准备，并已经实际在先使用"江小白"品牌。因此，商标评审委员会认定"江小白"商标的注册已构成 2001 年修正的《中华人民共和国商标法》第 15 条所指不予注册并禁止使用之情形并无不当，一审法院认定诉争商标的注册不属于 2001 年修正的《中华人民共和国商标法》第 15 条规定的情形依据不足，商标评审委员会与江津酒厂有关"江小白"商标应当依据 2001 年修正的《中华人民共和国商标法》第 15 条规定宣告无效的上诉理由成立。[①]

江小白公司不服二审法院的判决，又于 2019 年 8 月向最高人民法院（以下简称再审法院）申请再审。

再审法院受理再审申请并裁定提审本案。

再审法院审理后认为：定制产品销售合同明确约定授权新蓝图公司销售的产品为"几江"牌系列定制产品，并没有涉及"江小白"商标，并且该合同明确约定新蓝图公司的产品概念、包装设计、广告图案、广告用语等，江津酒厂应予以尊重，未经新蓝图公司授权，不得用于江津酒厂直接销售或其他客户销售的产品上使用。因此江津酒厂对新蓝图公司定制产品上除"几江"外的产品概念、广告用语等内容不享有知识产权，亦说明新蓝图公司申请注册"江小白"商标未损害江津酒厂的权利。再审法院认为定制产品销售合同不足以证明"江小白"商标的申请注册违反了 2001 年商标法第 15 条的规定。

最终，再审法院认定，根据江津酒厂与新蓝图公司合作期间的往来邮件等证据证明，"江小白"的名称及相关产品设计系由时任新蓝图公司的法定代表人陶石泉在先提出。根据江小白公司向法院提交的相关证据能够证明"江小白"及其相关产品设计是由乙方陶石泉在先提出并提供给江津酒厂，根据双方定制产品销售合同，产品概念及设计等权利属于新蓝图公司所有。现有证据不足以证明新蓝图公司是为江津酒厂设计商标。新蓝图公司对"江小白"商标的申请注册并未侵害江津酒厂的合法权益，未违反

[①]　参见北京市高级人民法院（2018）京行终 2122 号行政判决书。

2001 年商标法第 15 条的规定。[①]

案例启示：

知识产权归属条款是企业在对外开展合作时应当重点关注的内容。特别是以无形资产为其核心竞争力的老字号企业。

知识产权归属条款一般首先需要厘清双方在开展合作前各自已有的知识产权及其他权益，并对这些权益的归属进行明确，其次是根据合作的类型对可能产生的新的知识产权及其他权益的归属进行约定，最后是约定后续合作另一方使用新产生的知识产权及其他权益的范围、期限以及方式等内容。对于无法在签订协议时确定的事项，亦应当订立原则性条款以便于双方控制合作的预期。

本案例中，双方对于"江小白"创意以及围绕该创意产生的一系列人物形象、广告语、包装装潢等成果尽管有一些约定，但相关约定条款并不足够明确，双方在履行过程中也未对规则进行重申和澄清，因此导致本案三级法院难以得出清晰一致的结论并作出相反的判断。这不仅造成司法资源因双方矛盾的尖锐性而持续被占用和消耗，而且企业自身也承受了较大法律风险，给自身商业经营造成重大不利影响。

总而言之，在开展商业合作时，尽可能深入分析方方面面因素并达成相关共识，据此制定尽可能完善、周全的合同条款，能够很大程度降低纠纷的发生，避免企业承受无端法律风险。

4. 权益保护的力度与其影响力和知名度正相关

案例 1——东阿阿胶案

案例背景：

阿胶是由马科动物驴（Equus asinus L.）的干燥皮或鲜皮经煎煮、浓缩制成的固体胶[②]，属于我国传统中药。

---

① 参见最高人民法院（2019）最高法行再 224 号行政判决书。

② 参见国家药典委员会:《中华人民共和国药典》，中国医药科技出版社 2010 年版，第 175 页。

阿胶作为药用目前发现的最早记载是 1973 年从湖南长沙市郊的马王堆三号汉墓发掘的《五十二病方》，至今已有 2500 余年的历史。① 阿胶被认为是具有滋阴补血、延年益寿的作用。在李时珍的《本草纲目》中总结了阿胶的效能，为"疗吐血衄血，血淋尿血，肠风下痢。女人血痛血枯，经水不调，无子，崩中带下，胎产前后诸疾。男女一切风病，骨节疼痛，水色浮肿，虚劳咳嗽喘急，肺痿唾脓血，及痈疽肿毒。和血滋阴，除风润燥，化痰清肺，利小便，调大肠，圣药也"。②

据前人的考证和研究，关于阿胶原产地就是古齐国之阿地（也即当时的东阿县，如今的阳谷县），又以阿井水煮之最佳。阿胶之所以得名为"阿胶"，是因为"出东阿，故曰阿胶也"。③

明清时期，东阿胶业者历经世代相传，据传此时几达"妇幼皆通煎胶"，使这里逐渐成为闻名遐迩的"阿胶之乡"。④ 在清道光年间，河南禹州、周口及山东济南等地也有阿胶生产。清末民初，江苏无锡朋寿堂、北京同仁堂、敬修堂、永盛合、天津同仁堂阿胶庄及上海等地亦有阿胶生产。但后起各地所产阿胶，产量较少，质量亦差，甚至系伪品。其时发展较快且质量亦优者，唯济南东流水的阿胶业。在济南，阿胶业的兴起和发展还有两个有利条件，其一是水源丰富、水质良好，用以煮胶符合传统，其二是资金丰厚，便于经销。⑤ 清末民初阿胶业随着交通日益便利，阿胶产量增多，阿胶业者更加注重字号的打造和制作工艺的改进，其中宏济堂阿胶厂生产的福字等牌阿胶，1914 年获山东物产展览会最优等褒奖金牌；

---

① 参见张喆、胡晶红、李佳等:《阿胶基本属性管见》，载《中成药》2014 年第 9 期。

② 参见张振平、周广森、张剑峰:《明清阿胶主产地——东阿城（镇）及其生产工艺》，载《山东中医学院学报》1993 年第 4 期。

③ 参见李强:《阿胶源产地考》，载《中成药》1994 年第 7 期。

④ 参见张振平、周广森、张剑峰:《明清阿胶主产地——东阿城（镇）及其生产工艺》，载《山东中医学院学报》1993 年第 4 期。

⑤ 参见张振平、周广森、张剑峰:《清末民国间的济南东流水阿胶业》，载《山东中医学院学报》1993 年第 5 期。

1915 年获巴拿马太平洋万国博览会金牌奖和一等银牌奖。

1949 年新中国成立后，医药卫生事业被国家重视，人民政府扶持民族工商业的发展，使不少阿胶厂店得以恢复并扩大生产。新中国成立以来，发展较快、规模较大的阿胶厂有山东济南阿胶厂、山东平阴阿胶厂、山东东阿阿胶厂、北京中药厂、天津中药六厂、上海中药制药一厂、无锡中药厂、安徽芜湖张恒春制药厂、杭州中药二厂、河南周口药胶厂等。[①]其中山东东阿阿胶厂是如今山东东阿阿胶股份有限公司的前身。

山东东阿阿胶厂是 1953 年在东阿县铜城镇由国家投资并组织老胶工成立。[②] 1993 年由国有企业改制为股份制企业，1996 年 7 月 29 日山东东阿阿胶股份有限公司在深交所上市，是目前国内最大的阿胶及系列产品生产企业。

山东东阿阿胶股份有限公司（以下简称东阿阿胶公司）的核心产品是东阿阿胶及复方阿胶浆（如图 2-45 所示）。

图 2-45 东阿阿胶及复方阿胶浆产品（图片来源：官网）

由于东阿阿胶产品有较高的市场知名度，也引来其他经营者的模仿。

---

① 参见张振平、周广森、张剑峰：《建国以来阿胶业的迅猛发展及有关阿胶的研究》，载《山东中医学院学报》1993 年第 6 期。

② 参见张振平、周广森、张剑峰：《建国以来阿胶业的迅猛发展及有关阿胶的研究》，载《山东中医学院学报》1993 年第 6 期。

在对知名产品的模仿中，除了使用与他人注册商标相同或近似的标志外，对包装装潢设计特征的模仿也是常见的情况。

而我国对于具有一定影响的商品的名称、包装装潢从反不正当竞争法的角度提供了保护。具体规定为《中华人民共和国反不正当竞争法》第6条第1款第1项，"经营者不得实施下列混淆行为，引人误认为是他人商品或者与他人存在特定联系：（一）擅自使用与他人有一定影响的商品名称、包装、装潢等相同或者近似的标识"。

案例介绍：

东阿阿胶公司自2010年开始在东阿阿胶产品上使用黑色铁盒包装，并且于2010年7月22日向国家知识产权局提出外观设计专利的申请，申请号为CN201030254183（如图2-46所示）。

图2-46 东阿阿胶公司的CN201030254183号外观设计专利

该设计为形状和图案相结合，设计要点在于主视图上的图案。其主视图显示的为长方体扁平铁盒，长方体各角均采用圆角设计。包装盒整体以黑色为底色，盒盖右侧有一红色竖向装饰条，装饰条中的文字均为黑色字体，自上而下排列，以较大字体突出显示了"阿胶"二字。盒盖左半部左上方印有一红色正方形印章式图案，正方形图案中均匀印有红底黑字的"东阿阿胶"篆体文字，图案下方有"DEEJ"四个红色字母。铁盒底部印有白色字体的产品说明书及食用方法，并标明批准文号及企业信息等。

山东东阿三草堂阿胶制品有限公司（以下简称三草堂公司）成立于

2015 年 7 月 27 日，注册地址为山东省聊城市东阿县，经营范围为许可项目：食品生产；食品销售；保健食品生产。一般项目：初级农产品收购；农副产品销售；保健食品（预包装）销售。

三草堂公司生产的"怡合颜"牌阿胶片产品也采用了长方体扁平铁盒进行包装，长方体各角均采用圆角设计。根据山东省济南市中级人民法院的查验，该包装盒整体以黑色为底色，盒盖右侧有一红色竖向装饰条，装饰条中的文字均为黑色字体，自上而下排列，以较大字体突出显示了"阿胶片"三字。盒盖左半部左下方印有一红色正方形印章式图案，正方形图案中均匀印有红底黑字的"东阿特产"文字，图案下方有"DETC"四个红色字母，左上方有"怡合颜"字样。铁盒底部印有黄色字体的产品说明书及食用方法，并标明产品批号及企业信息等。

东阿阿胶公司认为三草堂公司的行为侵害了其在具有一定影响的商品包装、装潢上享有的民事权益，构成不正当竞争行为，因此于 2020 年向济南市中级人民法院（以下简称一审法院）提起诉讼。

一审法院在对比东阿阿胶公司生产的东阿阿胶产品包装盒和三草堂公司生产的"怡合颜"牌阿胶片包装盒后认为，"经比对，被诉侵权产品使用的铁盒包装与东阿阿胶公司生产的东阿阿胶产品的铁盒包装在装饰图案、产品名称等细节有所差别，除此之外，二者盒体整体色调大面积为黑红相间，且形状、样式、整体布局、底纹图案基本相同，二者的主要部分以及整体印象相近，构成近似。二者的细小差别，对整个包装装潢的主要部分和整体视觉效果无实质性影响，不影响对近似的认定"。

围绕着东阿阿胶公司据以主张权利的包装、装潢是否构成反不正当竞争法第 6 条规定的"有一定影响的商品名称、包装、装潢"，一审法院作出如下分析：东阿阿胶公司自 2010 年起，多次通过影视作品广告植入、飞机机体冠名、户外广告、央视广告等方式，投入大量资金对其产品及品牌进行广告宣传。自 2008 年至 2017 年，东阿阿胶公司企业销售收入、利税、利润和纳税额排名均居全省同行业第一位。阿胶产品的销售收入、总资产贡献率、国内市场占有率，均位列全省阿胶行业首位。东阿阿胶公司的铁盒装东阿阿胶产品销售范围涉及江苏、广东、浙江、北京、广西、上海、安徽等多个省、市。东阿阿胶公司获得的多项荣誉包括但不限于：2011年10月，在第九届山东省旅游商品创新设计大赛中，东阿阿胶公司的《东阿阿胶包装》荣获银奖；2015年，荣获中国质量协会颁发的"第十五届全国质量奖"；2003年、2006年、2013年、2015年东阿阿胶公司生产的东阿牌阿胶、"吉祥云"牌阿胶产品均被相关单位认定为"山东名牌"产品称号；"东阿"牌注册商标被认定为"中华老字号"；东阿阿胶公司多次被世界品牌实验室及其独立的评测委员会评测为"中国500最具价值品牌"。

由于东阿阿胶公司自2010年至今持续使用涉案铁盒作为其生产、销售的东阿阿胶产品的包装装潢，并获得该铁盒包装的外观设计专利权，该铁盒包装的设计样式作为其特有的商业标识，经过东阿阿胶公司的广泛使用及宣传，已成为该领域内相关公众辨识东阿阿胶产品的依据，明显具有区别商品来源的作用，属于东阿阿胶公司生产的东阿阿胶产品特有的包装装潢。综合以上因素，东阿阿胶公司的铁盒包装装潢系有一定影响的商品包装装潢。

一审法院最终认定，"三草堂公司擅自使用与涉案产品近似的包装装潢，具有模仿东阿阿胶公司包装装潢、借用东阿阿胶公司商誉牟取不正当利益的主观故意，容易导致相关公众产生混淆，引人误认为是东阿阿胶公司商品或者与东阿阿胶公司存在特定联系，构成不正当竞争"。[1]

三草堂公司因不服一审判决，于2020年11月向山东省高级人民法院（以下简称二审法院）提起上诉。二审法院经审理支持了一审法院的判决。[2]

案例启示：

反不正当竞争法第6条第1款第1项规定的有一定影响的商品包装、装潢，本质上是为了保护经过长期大量使用，而在消费者心智中将

---

[1] 山东省济南市中级人民法院（2020）鲁01民初1292号民事判决书。

[2] 山东省高级人民法院（2020）鲁民终2895号民事判决书。

特定包装、装潢与某一特定商品或服务的提供者之间已经形成的对应关系，避免这种对应关系的连接被不正当切断。进一步而言，寻求保护的包装、装潢应当具有一定的知名度以及显著性，从而能够起到商业标识的作用。

对于知名度的要求，应当指向的是具体寻求保护的包装、装潢，而不是企业自身、注册商标或某一商品。一般而言，司法实践考量特定包装、装潢是否"具有一定影响"，是从销售持续时间、地域、规模、数量和对象，以及宣传时间和影响力等方面进行综合判断。对于显著性的要求，主要是需排除因商品或服务特性具有功能性的包装、装潢设计元素，或者已成为行业惯常设计的元素。唯有如此，包装、装潢才能够起到区分商品或服务来源的作用。

因此，对于老字号企业来说，对其权益的保护不仅包括注册商标、企业名称，也可以延及商品或服务的包装、装潢。

除了商品的包装、装潢外，实际上店铺的装潢一样可以寻求这一条款的保护，特别是当店铺的装潢设计具有较强风格，能够体现店铺经营者的品牌形象，从而使得消费者能够通过店铺的装潢设计将其从众多经营同类业务的店铺中识别出来，此时店铺的装潢设计就起到了为经营者带来竞争优势的作用。如果其他经营者使用相同或者近似的装潢，可能使消费者产生误解或是他人产生混淆的，属于不正当竞争行为。

笔者建议老字号企业在其研发、提供商品或服务前，应当注意对包装、装潢的设计工作。除了满足同类商品或服务的通用功能性需求之外，包装、装潢还应当具有一定的独特性，使得包装、装潢能够在众多竞争对手中脱颖而出，被消费者识别。

在一旦确定具体的包装、装潢后，老字号企业要长期持续、大量使用该包装、装潢并留存相应的客观证据。在面对竞争者擅自使用相同或近似包装、装潢的时候，应当积极进行维权，避免随着时间的推移，自身包装、装潢退化为行业通用的包装、装潢，导致丧失其在包装、装潢上取得的竞争性权益。

案例 2——亨得利案

案例背景：

"亨得利"是我国钟表、眼镜行业具有悠久历史的老字号，在中华人民共和国成立前即在全国各地诸多城市开有分店，这些分店就是现在全国各地"亨得利"公司的前身。全国各地的"亨得利"公司在共同为"亨得利"这个老字号积累成绩和荣誉的同时，也为"亨得利"字号的保护带来了特别的挑战。

亨得利的创始人王光祖原本以裁缝为业，后因生意不佳从家乡定海到了上海继续从事裁缝工作。在上海因给一家洋行里的人做西服的机会，被经理看重其人品，让王光祖为洋行代做广告，而这个洋行专卖的产品是"大罗马"瑞士表。王光祖缘此机会发现手表买卖比做裁缝赚钱，于是开始替洋行代卖瑞士表并很快积累了一笔财富。1915 年，王光祖与两个乡亲三人合资在江苏镇江开办了亨得利钟表商店，王光祖作为经理。借助镇江大运河中枢连接的地位，加上王光祖的亨得利钟表款式新潮和价格合理，生意红火。1919 年，王光祖在上海广东路开办了上海亨得利。此时王光祖做的一件事奠定了当今亨得利全国布局的基础，他吸取外国洋行的做法，吸收商人官僚作为股东，开办以上海亨得利为总店的亨得利钟表眼镜股份有限公司，并向全国扩张。1923 年至 1948 年间，其先后在北京、天津、重庆、南京、广州、杭州等几十个城市开设了 60 多个亨得利分公司，分公司的货物由上海总公司统一进货。①

中华人民共和国成立后，在历史大背景下，全国各地的亨得利分公司申请公私合营成为全国各地独立经营的企业，今天案例的主角天津亨得利便是其中之一。

1921 年 1 月，天津亨得利钟表眼镜分行成立，企业登记所属行业为"钟表眼镜业"，经营范围为"钟表眼镜附属品（表带镜盒）钟表修理零

---

① 参见苏小小：《亨得利：百年老店历久弥坚》，载《风流一代》2020 年第 9 期；谢存礼：《京津两地亨得利》，载《天津档案》2005 年第 3 期。

售"，负责人"蒋永贵"。1932年6月，亨得利钟表眼镜行经核准成立，所属行业"钟表眼镜修理表带零售"，负责人"王行龙"。在1956年亨得利钟表眼镜行的公私合营申请书中记载，"具申请人蒋永贵等原出资开设亨得利分行经营钟表眼镜业务兹为接受社会主义改造，申请与中国百货公司公私合营……"。当前的主体天津市亨得利钟表眼镜有限公司（以下简称天津亨得利公司）成立于1980年1月1日，经营范围为钟表、眼镜及配件的批发兼零售、修理等，经营地点为天津市和平区滨江道145号。1993年，天津亨得利钟表眼镜商店被认定为"中华老字号"。2009年6月16日，天津市商务委员会、天津市商业联合会又将天津亨得利公司的"亨得利"字号纳入"第一批津门老字号名单"。①

截至2023年，全国各地依然有数十家原亨得利分公司延续下来使用"亨得利"字号经营钟表眼镜的公司，但全国各地亨得利公司在钟表、眼镜相关商品或服务类别上没有"亨得利"注册商标。商标注册登记行政机关认定"亨得利"作为一个具有百余年历史的商号，其商誉和商业价值由全国众多亨得利企业逐步创立，应为全国众多亨得利企业共有，而不应由其中一家独占，因此各地亨得利公司申请注册的尝试都失败了。

案例介绍：

成都华瑞亨得利钟表有限公司第一分公司（以下简称华瑞亨得利第一分公司）成立于2020年9月25日，经营范围为钟表销售，营业地址为天津市和平区劝业场街道滨江道193号-8。

华瑞亨得利第一分公司在其商铺标牌上使用"香港HONGKONG亨得利""腕表维修养护中心"字样，而其票据、产品包装上则标有"香港亨得利（天津）名表维修中心"字样。

天津亨得利公司认为华瑞亨得利第一分公司使用"亨得利"的行为侵害了其对"亨得利"未注册驰名商标享有的权利，而其在企业字号中使用"亨得利"构成不正当竞争行为，据此于2021年向天津市第三中级人民法

① 参见天津市高级人民法院（2021）津民终941号民事判决书。

院（以下简称一审法院）提起诉讼。

本案例的争议焦点主要包括两个方面：一是"亨得利"是否构成天津亨得利公司能够主张权利的未注册驰名商标；二是华瑞亨得利第一分公司在其企业名称中使用"亨得利"字号并在天津经营钟表眼镜业务是否构成不正当竞争行为。

关于第一个问题，也即天津亨得利公司是否有权主张"亨得利"构成未注册驰名商标进而禁止华瑞亨得利第一分公司的商标性使用。

天津亨得利公司认为：第一，商标专用权并非仅为独占性权利，亦可由多个主体共同享有，未注册商标权亦应如此。在案证据表明天津亨得利公司自始享有"亨得利"未注册商标权，原国家工商总局商标评审委员会早在 1999 年就已作出裁定，明确"亨得利"品牌是由全国众多"亨得利"企业共同创造的，应由"亨得利"企业共同注册、共同使用。截至目前，全国具有历史传承且仍在持续经营的"亨得利"企业现有十数家。上述企业在长达百年的商业运营和宣传中，对"亨得利"三字作为招牌的使用，不仅是企业字号的使用，同时也已实质构成服务标识的使用，二者是交叉重合的关系。"亨得利"早已作为未注册商标为多个权利主体长期使用。天津亨得利公司作为具有历史传承的"亨得利"企业，自始即取得作为"亨得利"商标的权利主体资格，只不过该权利主体资格并非为天津亨得利公司一家独享，而是应与所有"亨得利"历史传承企业或这些企业所能接受的新设立的企业共同享有。第二，商标权既包括注册商标专用权，也应包括未注册商标权，"在先使用并有一定影响力的未注册商标"亦应受到商标法的合理保护，华瑞亨得利第一分公司存在事实上的商标侵权行为，明显属于以复制的方式使用未注册驰名商标，符合《最高人民法院关于审理商标民事纠纷案件适用法律若干问题的解释》第 2 条的规定，一审法院应对此予以审查。即便最终法院对"亨得利"为驰名商标不予认定，但天津亨得利公司作为"未注册商标权利人"也是客观存在的事实，"亨得利"商标起码也是包括天津亨得利公司在内的权利人共同"在先使用的、具有一定影响的"商标。

华瑞亨得利第一分公司则认为：第一，商标专用权系基于注册商标产生的权利，未经注册商标不享有商标专用权。天津亨得利公司并未成为亨得利商标的注册人，不享有商标专用权。第二，商标专用权应为独占性权利。商标权人有权在其核定的商品和服务项目上使用其核准的注册商标。未经商标权人许可，任何人不得在同一种或类似的商品与服务上使用与其注册商标相同或相近的商标，商标权即作为知识产权的一种具有独占排他使用的权利。第三，基于商标法注册保护的原则，天津亨得利公司并未持有在有效期内的注册商标，其不享有未注册商标的商标权。第四，未注册商标不受商标法保护。天津亨得利公司曲解商标法第 32 条。①商标法的原则在于注册保护，该条的核心是保护在先利益和禁止恶意抢注，规范的是商标申请的行为，而非对于注册商标的保护。天津亨得利公司不享有有效的商标权，无权提出其对于商标权的保护，华瑞亨得利公司第一分公司不构成对其商标权的侵犯。

一审法院经审理后认为，天津亨得利公司主张权利所依据的是商标法第 13 条第 1 款，该条规定"为相关公众所熟知的商标，持有人认为其权利受到侵害时，可以依照本法规定请求驰名商标保护"。根据前述法律确立的规则，请求驰名商标保护的主体应当合法享有主张的商标权利，且商标权利的确立必然有相应的权利主体。但从本案查明事实来看，天津亨得利公司并未提交证据证明其有权申请认定"亨得利"标识为驰名商标，即天津亨得利公司尚未取得作为"亨得利"商标权权利主体的资格，故其关于认定"亨得利"标识为未注册驰名商标的主张缺乏权利基础，一审法院不予支持。

关于第二个问题，华瑞亨得利第一分公司在其企业名称中使用"亨得利"字号并在天津经营钟表眼镜业务是否构成不正当竞争行为。

天津亨得利公司认为：根据反不正当竞争法第 6 条第 2 项的规定，

---

① 2019 年修正后的商标法第 32 条规定，申请商标注册不得损害他人现有的在先权利，也不得以不正当手段抢先注册他人已经使用并有一定影响的商标。

"经营者不得实施下列混淆行为，引人误认为是他人商品或者与他人存在特定联系：（二）擅自使用他人有一定影响的企业名称（包括简称、字号等）、社会组织名称（包括简称等）、姓名（包括笔名、艺名、译名等）"。天津亨得利公司在天津市区域内具有较高知名度，"亨得利"构成有一定影响的字号。华瑞亨得利第一分公司擅自在其企业名称中使用"亨得利"字号会导致消费者的混淆误认，因此构成不正当竞争行为。

华瑞亨得利第一分公司则认为："亨得利"属于中华老字号，属于有一定限定范围的公共领域，全国范围内存在众多合法的"亨得利"企业，使用"亨得利"企业字号，与天津亨得利公司之授权并无必然关系。天津亨得利公司并非全国第一家使用"亨得利"字号的企业，其未详细举证企业改制过程中的企业名称关系，其不享有"亨得利"企业字号的独占权，无权禁止他人使用"亨得利"企业字号，亦无权以此索要经济损失及赔偿。华瑞亨得利第一分公司使用"亨得利"属于从公共领域中使用"亨得利"老字号，并非"擅自使用企业字号"。华瑞亨得利第一分公司使用"亨得利"作为企业字号，将其用作商业标识和对外展示且明确区别于天津亨得利公司使用的标识，华瑞亨得利第一分公司亦未单独使用"华瑞亨得利"的简称进行对外宣传，能够显著地和天津亨得利公司进行区分，不存在混淆的可能。华瑞亨得利第一分公司经过香港亨得利钟表有限公司、成都华瑞亨得利钟表有限公司授权，具有合法权利。

一审法院经审理后认为：第一，"亨得利"是天津亨得利公司的字号，鉴于"亨得利"字号在天津市知名度和影响力，相关公众已将其作为识别钟表维修、销售等服务的提供者，因此"亨得利"属于反不正当竞争法第6条第2项规定的企业名称（字号）。第二，从天津亨得利公司历史沿革来看，其自1980年至今使用"亨得利"字号，经过长期使用、经营，"亨得利"字号在天津市知名度和影响力，已经与天津亨得利公司的经营活动建立了稳定的联系，其他同业经营者应当予以合理避让，既不应在企业名称中使用"亨得利"字号，也不应在经营活动中使用含"亨得利"字样的标识，以免引起相关公众的混淆。第三，"亨得利"作为企业字号或商号，在天津市范围内已有近百年的历史，虽因历史原因出现过变更，但其经营范围始终与钟表修理、零售有关，且天津亨得利公司自 1980 年 1 月 1 日成立至今，一直将"亨得利"作为字号或商号使用，华瑞亨得利第一分公司对此理应知晓，且授权其使用的香港亨得利钟表有限公司、成都华瑞亨得利钟表有限公司登记企业名称在后，用以对抗他人在先取得的合法权利缺乏法律依据，因此华瑞亨得利第一分公司抗辩理由不成立，构成不正当竞争行为。①

天津亨得利公司及华瑞亨得利第一分公司对一审判决的部分内容不满，均向天津市高级人民法院（以下简称二审法院）于 2021 年 9 月提起上诉。

二审法院审理过程中另查明如下事实：第一，双方当事人提交的相关商标裁定书和不予注册的决定中，均认定"'亨得利'作为我国钟表行业中一个具有百年历史的老字号，其市场信誉与商业价值是全国众多亨得利企业共同创立的，不宜由某一企业或组织所独占"。第二，天津亨得利公司提交的公证书所附照片显示，华瑞亨得利第一分公司店铺挂有"香港HONGKONG 亨得利""腕表维修养护中心"字样标牌，其中，"亨得利"字样明显较大，店铺橱窗内背景墙上载有"1916"图形、"香港亨得利名表服务中心百年品牌·值得信赖"字样。第三，成都华瑞亨得利钟表有限公司于 2018 年 1 月 8 日成立，系由自然人独资。

二审法院经审理认为（部分观点节略）：

关于不正当竞争部分。作为一种商业标志，企业名称特别是企业名称简称、字号等具有识别市场主体的功能，本质上属于一种财产权益。经营者通过企业名称、字号将其自身与其他企业区别开来，消费者通过不同的企业名称、字号来识别不同的市场主体，进而用来识别商品或服务的来源。本案的特殊性在于，涉案"亨得利"标识是我国钟表眼镜行业中一个具有百年历史的老字号，其标识功能的发挥，亦是以使用为基础，其品牌价值也是通过持续、现实的使用来体现的。同时，老字号的形成、发展往

---

① 参见天津市高级人民法院（2021）津民终 941 号民事判决书。

往存在复杂的历史背景，判断其是否构成反不正当竞争法保护的有一定影响的企业名称简称、字号，不仅要从历史因素去考量，也要考虑老字号的实际使用情况、影响力及企业名称的地域性等因素。第一，从"亨得利"品牌发展和天津亨得利公司历史沿革来看，作为早期成立的亨得利企业之一，天津亨得利公司对"亨得利"标识有明确的传承关系，该字号的登记和使用具有清晰明确的历史证据。天津亨得利公司及其前身多年的经营与维护，"亨得利"这一老字号迄今依然具有一定的影响力和较高的知名度，在天津市地域范围内相关公众的认知中，仍会将老字号所承载的商誉、美誉度与其早年经营者及该老字号的承继者天津亨得利公司相联系。"亨得利"字号构成一定影响的字号，并无不当。第二，企业名称本身即具有一定的地域性，对于"亨得利"等具有特殊历史渊源的老字号，在相关企业依据反不正当竞争法所规定的企业名称权，主张禁止同业竞争者使用其企业名称时，还应特别关注和考量该老字号形成、发展的历史沿革及现有社会影响力的范围，合理界定其权利范围。天津亨得利对于天津市范围内足以影响相关公众识别服务来源的不当使用行为，有权予以阻止。

关于商标侵权问题。[①] 1993 年以前我国商标法未对服务项目进行保护，商标法修改后，有关亨得利企业、组织等曾在钟表及钟表修理商申请注册亨得利及相关商标，但目前国内相关服务领域尚不存在对"亨得利"标识享有注册商标的市场主体。原国家工商行政管理总局商标局曾于 2008 年作出的第 1331 号"亨得利"商标异议裁定书认为，亨得利作为我国钟表眼镜行业中一个具有百年历史的老字号，其市场信誉商业价值是全国众多亨得利企业共同创立的，应为全国众多亨得利企业共同享有，而不宜为其中任何一家所独占。因此无论天津亨得利公司是否有权主张认定"亨得利"标识为未注册驰名商标，该标识如作为商标为某一市场主体加以独占，可能破坏原亨得利字号的公平使用秩序和利益关系，以致产生不良的社会影响，且天津亨得利公司并未提交证据证明其具有相应主体资

---

① 　参见天津市高级人民法院（2021）津民终 941 号民事判决书。

格，进而无须对华瑞亨得利第一分公司是否构成商标侵权进行评判。

最终二审法院驳回了双方的上诉，维持原判。①

案例启示：

企业名称权与商标权都是老字号企业寻求对自身商誉保护非常重要的路径。但是两者之间存在着巨大差别，当两者分属不同企业时，权利冲突的处理规则可以参见本章德仁堂案例。当两者归于同一企业时，能够寻求保护的路径是不一样的。

具体而言，企业名称权寻求保护的法律基础如反不正当竞争法第6条第2项，"经营者不得实施下列混淆行为，引人误认为是他人商品或者与他人存在特定联系：（二）擅自使用他人有一定影响的企业名称（包括简称、字号等）……"。首先，老字号企业要证明该字号具有一定的影响；其次，该影响需要涵盖寻求保护的所在地域范围；再次，被诉的企业相关行为是否可能造成相关公众的混淆误认结果；最后，被诉主体的相关行为具有明知或应知老字号企业在先权利的恶意。

而注册商标专用权寻求保护的法律基础一般是商标法第57条。在使用标识相同或近似的情况下，首先，老字号企业需要举证证明被诉主体对老字号企业权利商标进行了突出使用，也即起到指示商品或服务来源的作用；其次，被诉主体是在权利商标核定类别相同或类似的商品或服务上使用了被诉标识；最后，被诉主体的使用行为容易导致相关公众的混淆误认。

本案例有一个特殊的地方在于，"亨得利"并不是天津亨得利公司长期独占的字号，而全国各地的亨得利公司均有正当的使用源头和历史过程，因此天津亨得利公司无法证明"亨得利"与天津亨得利公司之间在超出天津市辖区范围建立了稳定对应关系，这导致其主张企业名称权的保护范围受到较为明显的地域限制，也同时难以举证证明天津亨利公司与"亨得利"在全国范围建立了稳定对应关系进而对"亨得利"享有商标性权

---

① 参见天津市高级人民法院（2021）津民终941号民事判决书。

益。由于全国各地亨得利的公司的使用亦具有合理性，因此授予天津亨得利公司独占性的商标性权益将导致明显不公平的结果。

对于大部分老字号企业来说，企业名称权也好，注册商标权也罢，守正创新发展是其可持续发展的根本，也是寻求不同路径法律保护制度的根本宗旨。

案例3——德仁堂案

案例背景：

在我国，中医药有着上千年的历史，而作为承载中医药发展的重要载体就是中药铺。在被评为"中华老字号"企业中，就有不少是由老字号中药铺而发展延续并以经营中药材及其制品为主业的企业，"德仁堂"便是其中之一。

根据四川德仁堂药业连锁有限公司的自述，1927年，德仁堂的前身"达仁堂"由北京同仁堂的后代乐达仁先生在成都春熙路南段择址开店，取名"达仁堂"。1948年，"达仁堂"更名为"德仁堂"。1956年，国家实行公私合营，德仁堂归成都市中药材公司管理。1996年，德仁堂被原国内贸易部认证为"中华老字号"。2000年，成都市中药材公司改制。2006年，德仁堂被商务部认定为"中华老字号"。2009年，"德仁堂中医中药文化"被列入四川省及成都市"非物质文化遗产"名录。①

目前，"德仁堂"字号承载的主体是四川德仁堂药业连锁有限公司（以下简称德仁堂公司），成立于2001年3月1日，经营范围包括：药品零售；食品销售；第三类医疗器械经营；医疗器械互联网信息服务；食品互联网销售；餐饮服务；道路货物运输（不含危险货物）；道路货物运输（网络货运）；中药饮片代煎服务等。

德仁堂公司名下三枚"德仁堂"相关注册商标，分别如图2-47所示。

---

① 参见陕西省宝鸡市中级人民法院（2020）鄂03民初170号民事判决书；成都市非物质文化遗产艺术研究院官方网站：http://www.cdich.cn/Item/1443.aspx，2023年3月22日访问。

第 1400627 号 13　　第 6021266 号 14　第 11988072 号 15

图 2-47　第 1400627 号 13、第 6021266 号 14 和
11988072 号 15"德仁堂"商标

案例介绍：

宝鸡宏圣康健医药有限责任公司（原宝鸡市德仁堂药品零售有限责任公司，以下简称宝鸡宏圣康健公司）成立于 2004 年 3 月 26 日，经营地址为陕西省宝鸡市，经营范围为一般项目：第二类医疗器械销售；第一类医疗器械销售；消毒剂销售（不含危险化学品）；化妆品零售；日用口罩（非医用）销售（除依法须经批准的项目外，凭营业执照依法自主开展经营活动）。许可项目：药品零售；保健食品销售；第三类医疗器械经营；食品互联网销售；药品互联网信息服务等。

德仁堂公司认为，宝鸡宏圣康健公司在其经营的店铺内、外门头等处使用"德仁堂"文字，以及在企业名称中使用"德仁堂"作为字号构成侵害商标权及不正当竞争行为，因此德仁堂公司于 2020 年 9 月向陕西省宝鸡市中级人民法院（以下简称一审法院）提起诉讼。

对于德仁堂公司的指控，宝鸡宏圣康健公司主要的答辩观点为：第一，宝鸡宏圣康健公司在门头使用"德仁堂"文字的行为是对其企业字号的合规使用，不是对德仁堂公司在后注册的第 11988072 号"德仁堂"商标核心部分"德仁堂"标识的突出使用，且宝鸡宏圣康健公司不存在主观恶意。至于原告在第 35 类服务上注册的第 1400627 号"德仁堂"商标、第 6021266 号"德仁堂"商标因与指控服务不属于类似服务，因此无关。宝鸡宏圣康健公司在门头明确标明了企业全称并根据经营范围＋字号的行业管理进行标注，属于正常性使用，并非对第 11988072 号"德仁堂"商标核心识别部分的商标性突出使用。第二，即便认定宝鸡宏圣康健公司突出使用，其也享有在先使用抗辩权，不构成商标侵权。宝鸡宏圣康健公司不存在主观恶意，且使用在先，经过 16 年的发展沉淀，已设立 6 家门店，"德仁堂"在宝鸡市辖区范围内有一定影响力，且原告无证据证明其使用在先，因此其享有在先使用的抗辩权。第三，被告将"德仁堂"注册为企业字号不构成不正当竞争，因宝鸡宏圣康健公司成立在先而第 11988072 号"德仁堂"商标注册在后，宝鸡宏圣康健公司没有将德仁堂公司注册商标恶意注册为企业字号，故意导致混淆的客观行为的可能性及损害德仁堂公司合法权益的现实可能性。同时，由于医药服务的地域局限性及双方的经营现状，市场不存在交叉或重叠，不会导致混淆误认的必然结果。

案例主要涉及两个方面的问题：一是德仁堂公司在先注册商标的第 1400627 号"德仁堂"商标核定使用的第 35 类"推销（替他人）"服务与宝鸡宏圣康健公司经营的药品销售服务是否构成类似服务；二是宝鸡宏圣康健公司在 2004 年公司成立时将"德仁堂"作为自身字号并在诸多分店店铺门头上使用"德仁堂"是否构成不正当竞争行为。

关于第一个问题。一审法院经审理后认为，尽管根据原国家工商总局于 2004 年 8 月 13 日作出的《关于国际分类第 35 类是否包括商场、超市服务问题的批复》（商标申字 [2004] 第 171 号）文件中明确解释了第 8 版《商品注册用商品和服务国际分类》中的第 35 类"推销（替他人）"服务的内容是：为他人销售商品（服务）提供建议、策划、宣传、咨询等服务，而非自己提供销售商品的服务。换言之，按照第 8 版《商品注册用商品和服务国际分类》，第 1400627 号"德仁堂"商标核定的服务与宝鸡宏圣康健公司被指控行为所涉服务不是类似服务，按照商标法的规定不构成商标侵权行为。但在 2007 年 1 月 1 日开始适用的第 9 版《商品注册用商品和服务国际分类》中作出的修改使得"推销（替他人）"包括了商品的批发和零售服务，也即按照新的服务分类规则，双方服务又构成了类似服务。因此德仁堂公司先后注册三枚权利商标可以视为一个整体，不应割裂，是德仁堂公司为因应商标法规则的变化而在第 35 类服务上进行的补充注册。因此一审法院认为德仁堂公司在第 35 类的推销（替他人）服务上注册第 1400627 号"德仁堂"商标，其目的应当是在提供的药品销售服务中使用，宝鸡宏圣康健公司的答辩理由不予采纳。对于宝鸡宏圣康健公司提出的在先使用抗辩权，一审法院认为鉴于宝鸡宏圣康健公司成立时间是 2004 年，但"德仁堂"商标最早使用时间为 1948 年，而第 1400627 号"德仁堂"商标注册时间为 2000 年，2006 年"德仁堂"被商务部认定为"中华老字号"等荣誉，因此宝鸡宏圣康健公司在成立时，德仁堂公司第 1400627 号"德仁堂"商标在中国已有一定的知名度，其答辩理由不予采纳。

关于第二个问题。一审法院认为，当企业的名称权与他人的商标权发生冲突时，应当维护公平竞争和保护在先合法权利人利益的原则予以解决。本案例中，德仁堂公司第 1400627 号"德仁堂"商标注册时间是 2000 年，而宝鸡宏圣康健公司在 2004 年才成立，宝鸡宏圣康健公司在其店铺内、外门头等处使用"德仁堂"字样，与德仁堂公司注册商标相同，容易导致消费者混淆误认，违反了诚实信用原则，构成了对德仁堂公司的不正当竞争。[①]

宝鸡宏圣康健公司不服一审法院的判决，于 2021 年 1 月向陕西省高级人民法院（以下简称二审法院）提起上诉。

二审法院经审理认为，德仁堂公司主张权利的第 6021266 号"德仁堂"商标、第 11988072 号"德仁堂"商标因注册时间晚于宝鸡宏圣康健公司成立时间，且该两枚商标与最早注册的商标外形不同，商品注册类别不完全一致，因此不能证明商标之间的承继关系，因此二审法院认定宝鸡宏圣康健公司并未侵犯德仁堂公司前述两枚商标的注册商标专用权。至于第 1400627 号"德仁堂"商标，鉴于 2004 年《国家工商管理总局商标局关于国际分类第 35 类是否包括商场、超市服务问题的批复》及 2012 年

---

① 参见陕西省宝鸡市中级人民法院（2020）陕 03 民初 170 号民事判决书。

《国家工商行政管理总局商标局关于申请注册新增零售或批发服务商标有关事项的通知》均明确表示"医疗用品的零售或批发"与"替他人推销"原则上不类似，二审法院认定宝鸡宏圣康健公司被控行为所涉服务与第1400627号"德仁堂"商标核定使用的"推销（替他人）"服务不构成类似服务，因此不构成商标侵权行为。

对于宝鸡宏圣康健公司将"德仁堂"作为其企业字号是否构成不正当竞争的问题，二审法院认为："德仁堂"作为企业字号具有久远的历史传承，早在1948年作为四川成都药店的名称使用，其间两次被相关行政部门认定为"中华老字号"，而"德仁堂中医中药文化"被列入四川省及成都市"非物质文化遗产"名录。历经多年的经济变革及公司形态的变化，"德仁堂"一直作为企业字号使用，具有较高影响力，与四川德仁堂公司产生了特定的对应关系。宝鸡宏圣康健公司成立于2004年，原企业名称中含有"德仁堂"标识，并将该标识作为企业字号使用在诸多分店的店铺门头上，使公众误认为该企业与德仁堂公司存在特定联系，因此支持了一审法院的认定。①

案例启示：

本案例是老字号企业面临纠纷中非常典型的商标权与企业名称权权利冲突问题。在此需要明确，此处企业名称权中所涉的字号是指与他人注册商标相同或近似的文字。

商标权与企业名称权冲突分为两类：第一类是在先商标权与在后企业名称权冲突；第二类是在先企业名称权与在后商标权冲突。

对于第一类在先商标权与在后企业名称权冲突类型。原则上而言，企业名称尽管被核准在后，但是如果企业完整使用全称如"宝鸡市德仁堂药品零售有限责任公司"，则一般被认为不构成对字号"德仁堂"的突出使用，因而不构成侵害商标权的行为。原因在于，一般这种对企业名称的完整使用，起到识别商品或服务来源作用的是完整的企业名称，而非字号

① 参见陕西省高级人民法院（2021）陕民终74号民事判决书。

"德仁堂"，所以未破坏在先商标"德仁堂"的识别功能。但是需要注意的是，如果在后企业名称权的取得违反了诚实信用原则，则将在先商标作为自身企业字号进行注册的行为可能被视为违反反不正当竞争法的行为。典型的例子包括作为同行业者，在先商标已具有一定知名度的情况下，在后企业名称权人依然将他人在先商标作为自身企业字号申请公司注册。

对于第二类在先企业名称权与在后商标权冲突类型。原则上而言，在后商标权人应当尊重在先企业名称权权利人已形成的市场现状。如果在先企业名称的使用是出于正常经营需要而合法善意使用，未攀附在后注册商标的商誉，则一般不被认为是侵害在后注册商标的行为。

参考《江苏省高级人民法院侵害商标权民事纠纷案件审理指南（修订版）》的观点，即便企业名称注册在先，其是否能够构成相对于注册商标专用权的在先权利，也得综合考虑各方面的因素，包括使用企业名称等商业标志的完整历史渊源、企业名称的知名度等因素。因为企业名称在工商登记角度的排他效力主要受到该企业登记辖区范围的限制，无法延展到企业登记辖区范围之外，例如，陕西省宝鸡市市场监督部门登记的企业，阻止其他注册相同或近似名称的权利局限于宝鸡市辖区范围内。但如果在先企业名称权的权利人能够证明其长期使用过程中，其在更大范围内享有较高知名度和应受保护的利益，则有可能超出登记辖区的范围而获得保护。

总结一下，老字号企业在寻求对自身法律权益的保护时，不论是基于在注册商标还是企业名称，实际上所能主张的保护范围都与自身已取得的知名度以及知名度背后的所应保护的商誉紧密相关。持续提升老字号的知名度和商誉，是老字号企业行稳致远的重要基础。

（三）老字号也不能躺在权利上睡觉

老字号企业相比普通企业而言大都拥有着百年的历史积淀、商誉积累，但在此之上，仍需要积极地行使权利、积极采取措施保护老字号，否则极有可能因懈怠而失去良好的权利基础，失去救济途径。

案例 1——信远斋案

案例背景：

酸梅汤是中国传统的夏令饮料和解渴妙品。它的历史可以追溯到很早以前，古籍中所载土贡梅煎，就是一种最古老的酸梅汤。据说商周时期，我们的祖先就已经知道用梅子提取酸味作为饮料。《礼记·内则》有关于以梅作饮料的最早记载。同时，以窖藏方式储存冰块，也是那时发明的。《礼记·月令》记载："季冬之月，冰方盛，水泽腹坚，命取冰。"到了夏天，开窖取冰，就可作为冷饮。宋代以后梅汁饮料出现在市场上，《武林旧事》述及南宋时期杭州的"诸市"中有卖"卤梅水"者，是一种"凉水"，就比较接近于酸梅汤。到了元代，"梅汤"的名称终于出现了。明代高濂的《遵生八笺》中收集的"汤品"数量更加繁多，其中有"青脆梅汤""黄梅汤""醍醐汤""梅苏汤"等。"梅苏汤"也是用乌梅做的，看来乌梅做汤饮越来越普遍了。在《水浒传》《红楼梦》等名著中也屡见芳踪。[①]

现在我们喝到的酸梅汤是清宫御膳房为皇帝制作的消暑解渴饮料，后来流传到民间。它比西欧传入我国的汽水要早 150 年。酸梅汤的原料是乌梅、桂花、冰糖、蜜四种。《本草纲目》记载："梅实采半黄者，以烟熏之为乌梅。"其味酸、性温，有敛肺、开胃、生津、清热解毒等功能，甚至可以治咳嗽、霍乱、痢疾。酸梅汤在清代定型定名，而且在北京搞出经营特色，成为著名的老少咸宜的大众饮料。到了清朝，皇宫御膳房已备有专门制作酸梅汤的原料了，一入伏便开始制作。被称之为清宫异宝的御制桂花酸梅汤选料考究，制作精细，为其特色：乌梅选自云南、广西、四川上品；冰糖是专供御膳用的；桂花是杭州张长丰、张丰裕种植出来的香味纯正的桂花酱；严格依据宫廷秘方调制而成。喝时甘酸清凉，可解暑消食。[②]

[①] 参见北京信远斋饮料有限公司官方网站，http://www.xinyuanzhai.cn/，2023 年 3 月 1 日访问。

[②] 参见北京信远斋饮料有限公司官方网站，http://www.xinyuanzhai.cn/，2023 年 3 月 1 日访问。

到了现代，说起酸梅汤大家一定会想起"信远斋"，"信远斋"酸梅汤（如图 2-48 所示）是北京信远斋饮料有限公司（以下简称信远斋饮料公司）的产品。信远斋饮料公司成立于 1986 年，主营业务即为生产酸梅汤、秋梨膏等产品，2005 年 6 月，经中国商业联合会中华老字号工作委员会审核，信远斋饮料公司被批准为"中华老字号"会员单位；2014 年 4 月 4 日，被北京老字号协议认定为北京老字号单位。[①]

图 2-48　信远斋公司的产品（图片来源：官方淘宝店铺）

提及"信远斋"，除了信远斋饮料公司之外，与之密切相关的还有"信远斋蜜果店萧记"。实际上，"信远斋"创建于清朝乾隆年间，创始人的后代萧恺于 1983 年 6 月 22 日经西城区工商局核准成立了"信远斋蜜果店萧记"，经济性质是个体工商户，主营干鲜果制品。因萧恺病故，该个体工商户于 1988 年 3 月 9 日经西城区工商局核准将负责人变更为萧恺之子萧宏苋。1988 年 6 月 2 日，经西城区工商局核准又将该个体工商户名称变更为"北京市西城区福绥境信远斋蜜果店"。其经营范围为：制造干鲜果制品、果脯。而信远斋饮料公司之所以使用"信远斋"为其企业字号，是因其聘请了原"信远斋蜜果店"的老经理张韶武、老技师肖永海等人，将"信远斋"传统秘方与现代科技相结合才制作出了现在的系列产品。本案例即为北京信远斋饮料有限公司与信远斋蜜果店后人萧宏苋之间

---

① 参见老字号数字博物馆官方网站，https://lzhbwg.mofcom.gov.cn/，2023 年 3 月 1 日访问。

的纠纷。

案例介绍：

在 2000 年，萧宏苋以其注册的商标注册证号为第 220863 号、第 220864 号、第 220865 号"信远斋"文字商标（如图 2-49 所示）为权利依据，起诉信远斋饮料公司在其生产、销售的酸梅汤、秋梨膏、乌梅汁、鲜橘汁、杨梅露等产品的瓶贴、瓶盖及包装袋上，使用"信远斋"文字，侵犯了其所享有的商标权。后经法院审理作出（2000）二中知初字第 68 号民事判决（以下简称 68 号判决），该判决认定：信远斋饮料公司将"信远斋"文字作为商标使用在其生产、销售的商品的包装上，并突出使用其企业名称中的字号部分（即"信远斋"文字）的行为，构成侵犯萧宏苋商标权。（2001）高知终字第 52 号判决（以下简称 52 号判决）亦维持了上述判决。

图 2-49　萧宏苋注册的第 220863、220864、220865 号"信远斋"商标

在 52 号判决作出后，信远斋饮料公司于 2001 年 5 月 10 日向国家商标局申请撤销萧宏苋注册的"信远斋"商标（商标注册证号为第 220863 号、第 220864 号、第 220865 号）。2002 年 5 月 24 日，国家商标局以萧宏苋注册的三个商标连续三年停止使用为由，作出了撤销萧宏苋注册的三个商标的决定。

2006 年 6 月 22 日，萧宏苋以信远斋饮料公司在 68 号判决生效后，一直未停止使用"信远斋"商标、"信远斋"企业字号等行为为由，又将信远斋饮料公司诉至法院，指控信远斋饮料公司仍在实施侵犯商标权及不正当竞争行为，也就是本案。① 在本案审理期间，商评委于 2006 年 10 月

---

① 　参见北京市第二中级人民法院（2006）二中民初字第 10414 号民事判决书。

16 日作出了维持国家商标局关于撤销萧宏苋注册的三个商标的复审决定。萧宏苋向北京市第一中级人民法院提起行政诉讼。在此情况下，本案法院只处理萧宏苋诉信远斋饮料公司构成不正当竞争的纠纷。

影响本案的核心事实为在庭审过程中，萧宏苋承认自 2000 年起因信远斋饮料公司的大肆侵权活动，其登记注册的北京市西城区福绥境信远斋蜜果店未从事经营活动。经法院审查，北京市西城区福绥境信远斋蜜果店一直未办理从事制作干鲜果品、果脯等生产的生产许可证及卫生许可证。

法院认为：我国反不正当竞争法的立法目的是规范经营者的经营行为，鼓励和保护公平竞争，制止不正当竞争行为，从而保护经营者和消费者的合法权益。而该法所调整的竞争关系的主体应当限于市场经营者之间，非市场经营者之间不存在竞争关系。这种经营者指的是在竞争市场上从事商品经营或者营利性服务的法人、其他经济组织和个人。萧宏苋虽指控信远斋饮料公司实施的将"信远斋"文字作为企业字号使用或突出使用，以"中华老字号"的名义进行宣传，将"信远斋"的汉语拼音作为域名使用等行为，与之构成了不正当竞争。但萧宏苋虽然登记注册了北京市西城区福绥境信远斋蜜果店，从 2000 年至今该店一直未从事经营活动，没有生产、销售过任何产品（或从事过营利性服务），不存在现实的市场利益及交易对象，故萧宏苋并非实际的经营者。萧宏苋与信远斋饮料公司既不存在直接的竞争关系，也不存在间接的竞争关系。既然与信远斋饮料公司之间根本不存在竞争关系，也就不能认定信远斋饮料公司对萧宏苋实施了不正当竞争行为。

企业名称、字号是法人或其他经济组织的标识。只有在该企业或经济组织从事经营活动时，才具有识别作用。虽然萧宏苋登记注册了北京市西城区福绥境信远斋蜜果店，但鉴于该店已多年未从事经营活动，与信远斋饮料公司之间不存在竞争关系，萧宏苋以该店的名称为权利依据，起诉信远斋饮料公司实施了不正当竞争行为，并请求判令信远斋饮料公司停止使用带有"信远斋"文字的企业名称、停止使用以"信远斋"汉语拼音注册域名，事实依据及法律依据均不足。

法院认为，"中华老字号"是一种荣誉称号，应由何机构审评、依何种程序、何种标准审评，我国目前尚无法律、法规明文规定。信远斋饮料公司经由中国商业联合会中华老字号工作委员会审评并颁发证书后，在其企业宣传材料中使用"中华老字号"并非毫无依据。在无法律、法规明确予以禁止的情况下，对信远斋饮料公司的使用不持异议。

案例启示：

商业标记性权利核心价值在于市场使用，老字号传人若对其字号不予经营，并不当然享有在先权利。在商标法框架下，不能将在先文化传承与在先字号权益等同起来，否则将违背权利法定原则。老字号作为一种商业标记、文化符号，其基本功能意在消费者将该字号与其背后的经营者建立起对应关系，并对其提供的商品或服务给予高度认可。若后人对老字号长期未进行使用和宣传，导致消费者无法将该字号与经营者建立起对应联系，老字号则丧失了基本功能，已形成的商誉和知名度无法继续延续。

但受反不正当竞争法保护的企业名称，特别是字号，不同于一般意义上的人身权，是区别不同市场主体的商业标识，本质上属于一种财产权益。即便后人未继续实体经营字号，但老字号所享有的相关权益并不因此而当然不受反不正当竞争法的保护。若老字号仍具有一定影响力和较高的知名度，相关公众的认知中仍将老字号积蓄的美誉度与其早年经营者相联系，该字号仍具有识别商品来源的作用，其所享有的历史商誉、知名度以及潜在的商业价值仍持续存在，应当得到肯定并获得保护。

案例 2——兰陵案

案例背景：

兰陵美酒始于殷商，成于两汉，盛于唐宋，著于中华民国，历史源远流长，文化底蕴深厚。兰陵酒业自 1948 年建厂至今的七十余年里，走过了恢复、发展、扩张衰退、再创辉煌的历程。

商代，甲骨文古卜辞中有"鬯其酒"之句，"鬯"（音 chàng）乃商时用黑黍米酿酒的工艺。现兰陵美酒的酿造，一直沿用古法之黍米为主要原料，与商时酿造同出一宗。新中国成立之初，兰陵镇修公路时曾挖出商代酒器，证明兰陵美酒的酿造历史可以追溯到商代。

汉代，兰陵美酒酿造技艺相当成熟，并成为贡品。1995年秋，考古专家发掘江苏省徐州市狮子山西汉楚王陵，在墓室庖厨间出土多个酒坛，打开陶坛封泥之后，仍有液体流动并溢出酒香，陶坛泥封上有"兰陵丞印"戳记，现场还发现"兰陵之印"章，专家认定其为兰陵美酒。经考古专家考证，该墓主人为汉代分封的楚王刘戊，成墓时间距发掘时间已有2148年。由此可见，兰陵美酒至少在近2200年前的汉代已成为贡酒。北魏，著名农艺学家贾思勰著《齐民要术》，对黍米酿酒工艺予以升华、提炼，载于文中，这是我国最早的酿酒工艺文献资料。书称酿酒多用粟米，因"黍米贵而难得故也"，可见黍米酿酒当时就是高贵的象征。

唐代，唐开元二十八年，即公元740年，诗仙李白经下邳过兰陵游历山东，著有《客中行》诗曰："兰陵美酒郁金香，玉碗盛来琥珀光。但使主人能醉客，不知何处是他乡。"这是最早歌颂兰陵酒的诗作。

北宋，书法家米芾情有所至，挥毫写下"阳羡春茶瑶草碧，兰陵美酒郁金香"的楹联，足见阳羡春茶和兰陵美酒在北宋已成驰名大江南北的名品。

明代，李时珍著《本草纲目》，称兰陵美酒"清香远达，色复金黄，饮之至醉，不头痛，不口干，不作泻，其水称之重于他水，邻邑所造俱然，皆水土之美也"，"常饮入药俱良"，对兰陵美酒的独特性和药用价值给予了充分肯定。明代诗人对兰陵美酒也多有记述，如胡应麟有"兰陵美酒三万斛，百斛一饮眠糟丘"的诗句，李攀龙在《赠左使》诗中则写道，"兰陵美酒日长携，赵女秦筝玉柱低。为问游梁河所作，平台左使醉如泥。"散曲家陈铎在其散曲中有"开筵空吃烧刀子，难当，哪里有兰陵美酒郁金香"的词句。

清代，清初诗坛盟主王渔阳在《寄任同年》一诗中写道，"阳羡六斑茶，兰陵十千酒。古来佳丽区，遥当五湖口"，把兰陵美酒与名茶、各地三美共提。清代诗人孙星衍在《别长安诗》中道："醉罢长安又万年，兰陵美酒人春筵。风流两令同乡县，不放青莲市上眠。"

1914年，兰陵美酒在山东省全省物品展览会上获一等奖。《山东物品展览会报告书》载，"兰陵美酒自前五代时已著名，父老相传为萧氏佳酿，故又名萧王美酒""至唐经太白咏尝，而名益著，后历经进步，造法益精……"。萧王即西汉丞相萧何第六世孙萧望之。

1915 年，兰陵美酒入选参加在巴拿马举办的太平洋万国博览会，荣获金质奖章，从此兰陵美酒走出国门，当时有四十余家民间私业酒店堂号在兰陵古镇竞争而立。

兰陵美酒（如图 2-50 所示）是中国北方黄酒的典型代表，传统酿造技艺传承单位山东兰陵美酒股份有限公司（以下简称兰陵公司）的前身是 1948 年 11 月成立的山东省工商行政管理局鲁南八分局鲁中南沂河总厂兰陵分酒厂，1964 年定名山东兰陵美酒厂，1994 年 6 月经原国家外经贸部、山东省体改委等部门批准实施股份制改造，改为山东兰陵美酒股份有限公司。兰陵酿酒史源远流长，1914 年首届中华国货展览会上，兰陵美酒获一等奖，1915 年获得巴拿马太平洋博览会金质奖章。主导品牌"兰陵"商标于 1960 年核准注册，2006 年被国家工商行政管理总局商标局认定为"中国驰名商标"，2011 年被原国家商务部认定为"中华老字号"。兰陵美酒传统酿造技艺现为山东省省级非物质文化遗产名录代表性项目。①

图 2-50　兰陵公司生产的产品（图片来源：官方淘宝店铺）

案件②涉及的另一主体为同样在酒业占有一席之地的酒鬼酒股份有限公司（以下简称酒鬼酒公司），酒鬼酒公司生产的"52° 内参酒"2004 年、2010 年被湖南省酒业协会评为行业优质产品，2010 年被中国质量检

---

① 参见老字号数字博物馆官方网站，https：//lzhbwg.mofcom.gov.cn/，2023 年 3 月 1 日访问。

② 参见山东省高级人民法院（2022）鲁民终 134 号民事判决书。

验协会评为全国质量检验稳定合格产品，2013年6月荣获中国商务接待用酒十强品牌，2013年"内参"商标荣获湖南省著名商标，2014年"内参"牌白酒被湖南省质量技术监督局授予湖南名牌产品称号。[①]

案例介绍：

酒鬼酒公司系第3981390号"内参"（如图2-51所示）注册商标权人，核定使用商品为：第33类酒精饮料（啤酒除外）；含酒精液体等，注册日期为2008年6月21日，注册有效期续展至2028年6月20日。

图2-51　酒鬼酒公司的第3981390号商标"内参"

酒鬼酒公司提起本案称其前身为始建于1956年的吉首酒厂，依托湘西独特的自然地理环境和地域文化资源，独创中国白酒"馥郁香型"。酒鬼酒公司于1997年7月在深圳证券交易所上市，先后荣获"全国酒文化优秀企业""全国质量效益企业""全国酿酒行业优秀企业"等多项荣誉。目前酒鬼酒公司主营业务为生产、销售及运营酒鬼酒、湘泉酒、内参酒等系列白酒产品，产品畅销全国30多个省、市、自治区，远销美国、日本、俄罗斯、韩国、东南亚及港澳台等20多个国家和地区。2000年"酒鬼"品牌被认定为中国驰名商标，2011年"湘泉"商标被认定为中国驰名商标。"内参"品牌系酒鬼酒公司独创，是酒鬼酒公司的超高端产品，2010年"内参"被认定为"湖南省著名商标"，2016年内参酒成为G20峰会（二十国集团杭州峰会）晚宴用酒，国际国内媒体对内参酒进行了广泛的报道，进一步巩固了"内参"作为超高端白酒品牌的市场地位。经酒鬼酒公司调查发现，兰陵公司大量生产、销售的白酒，突出使用了"内参"标

---

① 参见山东省高级人民法院（2022）鲁民终134号民事判决书。

识，该事实系在相同商品上使用相同或近似商标的行为，构成商标侵权。

经一审法院审理认为：本案中，被诉侵权商品的酒瓶以蓝色为主色调，正面中间显著位置使用了红底黑字竖向排列的"内参"标识；被诉侵权商品的外包装盒整体为长方体，正面为原木色，印有与上述酒瓶形状相同的蓝色图形，中间显著位置使用了红底黑字竖向排列的"内参"标识，被诉侵权商品外包装盒的背面及侧面均为灰蓝色，中间显著位置均使用了金底蓝字竖向排列的"内参"标识。上述"内参"标识均位于商品包装的显著位置，且通过颜色差异使其中的"内参"文字标识十分突出醒目，实际起到了识别商品来源的作用，属于商标性使用。本案中，被诉侵权商品为白酒，与涉案商标核定使用商品类别相同。被诉侵权商品在酒瓶及包装盒上使用的"内参"标识与涉案"内参"商标的文字、排列方式、读音、含义均相同，字体近似，构成近似商标，而根据查明事实，酒鬼酒公司的涉案"内参"商标 2008 年 6 月即核准注册，经过酒鬼酒公司的长期宣传及使用，在白酒行业已经具有较高的知名度。兰陵公司在被诉侵权白酒商品上使用与酒鬼酒公司涉案商标近似的"内参"标识，容易导致相关公众产生被诉侵权商品与酒鬼酒公司之间存在特定联系的误认，故认定兰陵公司侵害了酒鬼酒公司的商标权。

一审判决作出后，兰陵公司上诉至山东省高级人民法院，提出酒鬼酒公司于 2018 年 1 月 8 日申请公证保全被诉侵权商品，于 2021 年 4 月 27 日向济南市中级人民法院提起诉讼，已经超过诉讼时效。但二审法院经审理认为，兰陵公司生产的被诉侵权商品上标注的生产日期虽为 2016 年 4 月，但根据查明事实，酒鬼酒公司于 2018 年 1 月 12 日至 2021 年 1 月 19 日期间，多次公证购买了被诉侵权商品，酒鬼酒公司于 2021 年 4 月 27 日向一审法院提起本案诉讼并未超过诉讼时效，兰陵公司主张本案超过诉讼时效依据不足。

案例启示：

老字号企业在维护自身商标权益不被侵犯的同时亦应当防止侵犯他人的合法权益，本案历经一审兰陵美酒败诉后，在二审提出诉讼时效这一抗辩理由证据不足，酒鬼酒公司多次公证购买的行为产生诉讼时效更新的效果，对于诉讼时效的把控不应简单地以被诉侵权商品的生产日期或某一次购买日期为起算点。

案例 3——泸州老窖案

案例背景：

泸州老窖是浓香技艺的开创者、浓香标准的制定者和浓香品牌的塑造者，被誉为"浓香鼻祖"。中华人民共和国成立以后，在明清 36 家酿酒作坊基础上，成立了"四川省泸州市曲酒厂"；1994 年"四川省泸州市曲酒厂"改制上市，正式更名为"泸州老窖股份有限公司"（以下简称泸州老窖公司），成为全国酿酒行业中率先实行股份制的企业，也是深交所第一家白酒上市企业。[①]

泸州老窖源远流长，是中国浓香型白酒的发源地，以众多独特优势在中国酒业独树一帜：拥有始建于 1573 年的明代古窖池群，早在 1996 年 12 月就被国务院颁布批准为全国重点文物保护单位。随后又在 2006 年和 2012 年，连续两度入围"中国世界文化遗产预备名单"；2013 年 3 月，国务院印发了《关于核定并公布第七批全国重点文物保护单位的通知》，核定公布了第七批全国重点文物保护单位名单，"泸州老窖窖池群及酿酒作坊"入选第七批全国重点文物保护单位。[②]

泸州老窖酒传统酿制技艺经元、明、清三代创制、定型及成熟，师徒相承、口传心授，流传至今已 690 余年，并传承至 24 代，其泥窖发酵、固态蒸馏、回马上甑、看花摘酒、洞藏陈酿等传统技艺依然是泸州老窖酒酿造的核心技艺。以该传统技艺酿造的泸州老窖酒，被确定为浓香型白酒的国家实物标准，其他浓香型白酒的酿造工艺大都以泸州老窖酒的酿造工艺为操作蓝本。该技艺因其跨越时空的长期性及独特的文化地理性，决定了这一民间传统技艺具有珍贵的历史价值、科学价值、人文价值、经济价值及社会价值，并呈现出统领性、唯一性、地域性、一脉相承性、传奇

---

① 参见泸州老窖官方网站：https：//www.lzlj.com/，2023 年 3 月 1 日访问。

② 参见泸州老窖官方网站：https：//www.lzlj.com/，2023 年 3 月 1 日访问。

性、科学性、神秘性的主要特征。①

2006年5月20日，经国务院批准，泸州老窖酒传统酿制技艺入选首批"国家级非物质文化遗产名录"，唤醒了白酒行业和部分传统民族工业保护和传承历史文化遗产的意识，促使它们转变观念、提高认识，纷纷加入"申遗"的浪潮中，进而带动了整个行业文化遗产保护的兴起。泸州老窖也成为当年我国浓香型白酒中唯一入选企业，也是四川省唯一入选的酒类企业。2008年、2009年，以泸州老窖、茅台、汾酒为主体的"中国蒸馏酒传统酿制技艺"项目，由国家向联合国教科文组织推荐申报"人类非物质文化遗产代表作"。2021年8月5日，泸州老窖股份有限公司作为传统技艺类代表（其产品如图2-52所示），入选"首批四川省非物质文化遗产保护传承基地"，并成为川酒企业中唯一入选单位。2021年8月18日，以泸州老窖酒传统酿制技艺为依托的泸州老窖封藏大典作为民俗类代表项目，入选"泸州市第七批非物质文化遗产项目名录"。②

图2-52　泸州老窖生产的系列商品（来源：泸州老窖官方网站）

---

① 参见老字号数字博物馆官方网站：https：//lzhbwg.mofcom.gov.cn/，2023年3月1日访问。

② 参见老字号数字博物馆官方网站：https：//lzhbwg.mofcom.gov.cn/，2023年3月1日访问。

案例介绍：

泸州老窖公司系第 10655444 号"尊王"文字商标（如图 2-53 所示）注册人，该商标核定使用于第 33 类商品，包括果酒（含酒业）、烧酒等，有效期自 2013 年 7 月 7 日至 2023 年 7 月 6 日。四川省泸州皇太子酒厂系第 383448 号"尊王"商标注册人，该商标核定使用于第 33 类商品，包括酒，于 1994 年 4 月 21 日核准注册，2012 年 10 月转让给泸州老窖公司，经续展，有效期至 2024 年 4 月 20 日。

图 2-53　泸州老窖公司的第 10655444 号"尊王"商标

山东扳倒井股份有限公司（以下简称扳倒井公司）成立于 1998 年 9 月，注册资本 3584 万元，法定代表人赵纪文，经营范围：白酒、其他酒的生产、销售等。国井公司成立于 2013 年 1 月，注册资本 2000 万元，法定代表人王佳佳，董事长赵纪文。网站的主办单位为扳倒井公司。进入该网站主页，显示的内容基本为国井公司的信息。

在本案①，泸州老窖公司发现市场上有一酒水产品涉及侵犯其商标权，泸州老窖公司为维权，进行保全证据公证，山东省莱芜市公证处出具（2018）莱钢都证民字第 220 号公证书。该公证书证明如下事实：2018 年 2 月 8 日，公证人员杨某、杨进民及申请人的代理人杨旭东来到位于山东省青岛市即墨区 ×× 街道 ×× 路的一家经营场所，所展示的营业执照信息：名称为即墨市客来隆百货商店。杨旭东在该处购买了六种商品，共支付 138.9 元，其中包括酒水一盒，展示有"扳倒井""聚尊王"等信息。购物行为结束后，公证人员对所购的物品进行了拍照，并对涉案酒水进行了封存处理，将封存后的物品交由杨旭东保管。上述封存酒水，经当事人

---

① 参见山东省高级人民法院（2022）鲁民终 472 号案件。

确认封存完好。一审法院当庭予以启封，内有酒水一盒。包装盒正面上部印有"扳倒井"图文组合商标，该商标下方印有中国驰名商标字样；中间以较大字体竖向印有"扳倒井"文字；在该文字下部横向印有"聚尊王"字样，并以红色为背景，以六边形金黄色图案作为装饰；最下边一行标注有扳倒井公司字样。包装盒一侧面印有食品生产许可证号××，生产者扳倒井公司，地址为淄博市高青县××路××号及电话；底部印有条形码及相应编码6924188275507。

经查询，上述 QS 编码及条形码均指向扳倒井公司且第308396号"扳倒井"图文组合商标（如图2-54所示）的申请人为国井公司，核定使用于第33类商品，包括酒。该商标申请日期为1987年5月28日，专用权期限至2028年2月9日。第1205117号"扳倒井"文字注册商标（如图2-55所示）申请人为国井公司，核定使用于第33类商品，包括含酒精饮料（不包括啤酒）、酒精饮料等。该商标申请日为1997年4月10日，专用权期限至2028年9月6日。

图 2-54　国井公司的第308396号"扳倒井"商标

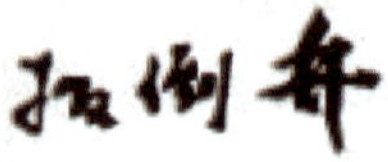

图 2-55　国井公司的第1205117号商标"扳倒井"

一审法院经审理认为，被控侵权产品中所使用被控侵权"聚尊王"标识印于包装盒显著位置，起到了识别商品来源的作用，系商标性使用。在被控侵权标识中，"尊王"二字与泸州老窖公司两商标的读音、文字相同，且被控侵权商品与涉案商标核定使用的商品种类相同，容易使相关公众对被控侵权产品的来源产生混淆误认，被控侵权产品所用"聚尊王"标识侵害了泸州老窖公司涉案两注册商标专利权，为侵权产品。侵权产品中所标示的 QS 编码及条形码均指向扳倒井公司，且标明扳倒井公司系该产品的生产者，应认定扳倒井公司系侵权产品的生产者之一。以下事实足以认定国井公司与扳倒井公司共同生产了侵权产品：一是该侵权产品包装上印有国井公司的注册商标；二是在案证据足以证实国井公司与扳倒井公司存在关联关系。

一审判决后，扳倒井公司上诉，二审却出现了让人意想不到的转变。二审法院经审理认为泸州老窖公司于 2018 年 2 月 1 日向公证处申请保全公证，即泸州老窖公司于该日就知道或应当知道本案被控侵权行为发生，故诉讼时效应从 2018 年 2 月 1 日起算。泸州老窖公司于 2021 年 2 月 7 日向法院提起诉讼时，已经超过了 3 年诉讼时效期间，故对其诉讼请求不应支持。判决撤销一审判决，驳回泸州老窖公司全部诉讼请求。

案例启示：

诉讼时效是指民事诉讼中，权利人为保护其权利可以提起诉讼的期限，可以被称之为权利的"保质期"。诉讼时效的规定并不是为了保护违法方不受法律规制，而是为了促使权利人及时行使权利，权利人不行使权利将使得权利义务关系处于不确定的状态，不利于法律关系的稳定。根据《中华人民共和国民法典》第 188 条规定："向人民法院请求保护民事权利的诉讼时效期间为三年。法律另有规定的，依照其规定。诉讼时效期间自权利人知道或者应当知道权利受到损害以及义务人之日起计算。法律另有规定的，依照其规定。但是，自权利受到损害之日起超过二十年的，人民法院不予保护，有特殊情况的，人民法院可以根据权利人的申请决定延长。"商标侵权诉讼虽有别于一般民事侵权诉讼的特殊性，但在诉讼时效上仍应当遵循普通民事诉讼规定。因此，即便实体上收集到的侵权证据再完全，亦应当在 3 年诉讼时效内抓紧主张权利，否则一旦诉讼时效经过，法律也将不再保护怠于行使权利的一方，因小失大，彻底丧失救济途径。

同时需要注意的是，根据《最高人民法院关于审理民事案件适用诉讼时效制度若干问题的规定》第 2 条的规定："当事人未提出诉讼时效抗辩，人民法院不应对诉讼时效问题进行释明。"第 3 条规定："当事人在一审期间未提出诉讼时效抗辩，在二审期间提出的，人民法院不予支持，但其基于新的证据能够证明对方当事人的请求权已过诉讼时效期间的情形除外。当事人未按照前款规定提出诉讼时效抗辩，以诉讼时效期间届满为由申请再审或者提出再审抗辩的，人民法院不予支持。"一方面我们需要避免因为诉讼时效经过而丧失救济途径，另一方面在作为被告时，首先应先审查对方起诉是否已过诉讼时效，在审理中，法官不会对诉讼时效进行主动释明，若我们忽视这一问题亦将丧失一个绝佳的抗辩理由。

（四）老字号也需要关注用工风险

1. 高管违纪违规损害企业利益

老字号企业能够传承至今，离不开生产经营管理中的"流而不盈，持正守中"。上至企业管理层成员，下至每家门店的每名员工，都是老字号企业经营共同体中不可或缺的组成部分。质言之，只有他们各司其职、各尽其能，才能保障老字号企业的正常运转，使其继续在新时代熠熠生辉。然而，如若他们出现不法行为，尤其是其中享有管理权限的高管出现严重违纪违规行为时，则不仅会导致老字号企业经济利益受损，而且会对老字号企业造成严重的负面影响。

北京同仁堂（集团）有限责任公司高管违规违纪的事例应当作为老字号企业的镜鉴。2021 年 2 月 22 日，北京市纪委监委通报，北京同仁堂（集团）有限责任公司的总经理高振坤涉嫌严重违法违纪，接受纪律审查和检查调查。[①] 同年 10 月 14 日，高振坤被开除党籍和公职，其涉嫌犯罪问题移送检察机关依法审查起诉，所涉财物一并移送。[②] 结合媒体对 2018 年同仁

---

① 《北京市同仁堂（集团）公司总经理高振坤接受审查调查》，载微信公众号"清风北京"2021 年 2 月 22 日，https://mp.weixin.qq.com/s/Zuwz_vRQRlCeN1wuf6fJYQ。

② 《北京市同仁堂（集团）公司总经理高振坤被开除党籍和公职》，载微信公众号"清风北京"2021 年 10 月 14 日，https://mp.weixin.qq.com/s/dXPRWQu2aNtsf1vLSYblHg。

堂"过期蜂蜜"事件引发舆论争议的报道，及 2021 年未阐明原因和来源的蜂蜜召回事件[①]，高管违法违规已经对同仁堂公司的声誉造成了相当严重的负面影响，应当唤起其他老字号企业对高管选任和履职监督的警觉。

前述问题亦非个例。2021 年 12 月 28 日，北京市东城区人民检察院对北京同仁堂中药配方颗粒投资有限公司党支部书记、董事长纪勇提起公诉，指控其犯有受贿罪。北京市东城区人民法院审理后判决，被告人纪勇受贿罪成立，判处有期徒刑 4 年，并处罚金人民币 20 万元；扣押在案的赃款人民币 90 万元、美元 6 万元及赃物金条 1 根予以没收。[②]纵观本案查明事实，可见老字号企业高管权力寻租对企业内部运转也有着极其恶劣的影响：

其一，2015 年至 2018 年，被告人纪勇利用担任北京同仁堂药材参茸投资集团有限公司总经理的职务便利，为北京徽芝堂药业有限公司、北京亚威中药饮片有限公司等公司在业务合作方面提供帮助，多次收受前述公司实际控制人杨某 1 给予的钱款共计人民币 50 万元、美元 2 万元。

其二，2016 年至 2019 年，被告人纪勇利用担任北京同仁堂药材参茸投资集团有限公司总经理的职务便利，为亳州市京皖中药饮片厂在业务合作方面提供帮助，多次收受该公司实际控制人王某（另案处理）给予的钱款共计人民币 40 万元、美元 2 万元。

其三，2017 年，被告人纪勇利用担任北京同仁堂药材参茸投资集团有限公司总经理的职务便利，为辽宁同仁药业有限公司在业务合作方面提供帮助，收受该公司实际控制人徐某给予的钱款美元 2 万元。

其四，2017 年，被告人纪勇利用担任北京同仁堂药材参茸投资集团有限公司总经理的职务便利，为北京仟草中药饮片有限公司在药材供

---

① 《两年前被处分的同仁堂"一把手"被双开，曾与老下属前后脚落马》，载百家号"观海解局"2021 年 10 月 14 日，https://baijiahao.baidu.com/s?id=1713601248 860657756&wfr=spider&for=pc。

② 北京市东城区人民法院（2021）京 0101 刑初 1008 号刑事判决书。

应、库房租赁等方面提供帮助，收受该公司股东杨某 2 给予的金条 1 根（1000g 型）。经查，该金条购买价格为人民币 33.41 万元。[①]

无独有偶，贵州茅台酒股份有限公司及下游也为高管违规违纪问题所困扰。2020 年 3 月 5 日，贵州省黔西南布依族苗族自治州人民检察院指控贵州茅台酒股份有限公司原总经理助理，贵州茅台酒销售有限公司原党委副书记、总经理，国酒茅台（贵州仁怀）营销有限公司原总经理马玉鹏犯受贿罪，指控受贿金额约 6600 万元，最终获罪。[②] 2020 年 8 月 24 日，三穗县人民检察院指控李茂刚在担任贵州茅台酒销售有限公司广东片区经理见习助理、副经理、专卖店管理部副经理、经理、品牌事业部副经理、渠道管理部经理期间，利用审核茅台酒经销权、调剂茅台酒计划增量、审批茅台酒团购奖励经销权等职务便利，先后收受贿赂约 1040 万元，为他人牟取不法利益。[③] 2021 年 9 月 23 日上午，贵州省贵阳市中级人民法院一审公开宣判袁仁国受贿案。1994 年至 2018 年，被告人袁仁国先后利用担任贵州省茅台酒厂副厂长、中国贵州茅台酒厂（集团）有限责任公司副总经理、副董事长、总经理、董事长、贵州茅台酒股份有限公司董事长等职务上的便利，为他人在获得茅台酒经销权、分户经销、增加茅台酒供应量等事项上提供帮助，非法收受他人给予的财物共计折合人民币 1.129 亿余元，构成受贿罪。[④]

经由上述事例，不难看出，老字号企业管理人员的违规违纪已经切实影响到老字号企业的日常运转，甚至能够上升至干扰企业战略执行的程度，是应当予以系统性治理的痼疾。对此，老字号企业应当积极推进内控建设，建立健全合规体制和员工犯罪风险预防机制，确保监事会或具有监

---

① 北京市东城区人民法院（2021）京 0101 刑初 1008 号刑事判决书。

② 贵州省黔西南布依族苗族自治州中级人民法院（2020）黔 23 刑初 6 号刑事判决书。

③ 贵州省三穗县人民法院（2020）黔 2624 刑初 98 号刑事判决书。

④ 《被告人袁仁国受贿案一审宣判》，载微信公众号"贵阳市中级人民法院"，2021 年 9 月 23 日。

察职能的部门妥善履职，当属老字号企业可供遵循的破局之法。

2. 劳动合同纠纷徒增企业风险

不同于高管，老字号企业的员工通常不会对企业的生产经营管理造成全局性影响。然而，这并不意味着，老字号企业不需要重视员工管理。数字网络时代，老字号企业的任何细节都有被无限放大的风险，处理同企业员工的劳动合同纠纷亦如是，相关事实亦可能披露至社会公众面前，接受社会评价，切不可疏忽大意。

老字号企业因违法解除劳动合同被判败诉，应当引起重视。上海九和堂国药连锁有限公司（以下简称九和堂公司）与郑某某劳动合同纠纷案中，两审法院判断九和堂公司违法解除劳动合同的标准可供同类情形参照。一审法院认为[①]：首先，本案郑某某在工作时与店长发生冲突，九和堂公司已于2016年4月19日作出让郑某某停职一周、赔礼道歉、承担全部医药费用、扣发停职期间收入的处理，郑某某虽认为不应将其定性为严重违纪，但对处理结果并无异议。而九和堂公司于2016年5月3日再次对郑某某作出解除劳动合同的处理。对同一事件作出两次不同的处理，也未就此作出合理解释。其次，双方的劳动合同中虽有"《员工手册》等作为本合同不可分割的一个组成部分，乙方（即郑某某）已阅读并理解"的内容，但九和堂公司并未能证明其将《员工手册》连同劳动合同一并交付郑某某，郑某某对此表示其从未收到或阅读过《员工手册》，而仅凭劳动合同中一个格式条款不能证明九和堂公司已将其规章制度的内容告知了郑某某。最后，九和堂公司按月在郑某某的工资中扣除工会会费，并自认其关联企业建立了工会。九和堂公司虽然未建立自己的工会组织，但其员工参加了关联企业的工会组织，应视为其已建立了工会组织，但九和堂公司未按法律规定将解除劳动合同的决定事先通知工会。因此一审法院认为九和堂公司的解除行为不符合法律规定，九和堂公司应承担据此引起的法律后果，向郑某某支付赔偿金。二审法院维持前述观点，认定九和堂公司就同

---

① 上海市静安区人民法院（2016）沪0106民初22371号民事判决书。

一事件再次对郑某某作出加重处理决定的做法显属不当，且未将解除决定事先通知工会，属于解除劳动关系程序不合法，进而驳回了九安堂公司的上诉请求。[①]劳动合同纠纷是老字号企业日常生产经营管理中的常见问题，甚至不能算得上是专属问题，但其处理不当不仅会影响到门店的正常运营，而且可能导致老字号企业遭受负面的社会评价。

老字号企业妥善处理同员工之间的劳动争议，可以高效定分止争，同时彰显企业内部管理的匕鬯不惊。李某某诉北京天福号食品销售有限公司（以下简称天福号公司）劳动争议案中，天福号公司解除劳动合同的理由及程序不存在瑕疵，故李某某主张撤销天福号公司作出的解除劳动合同决定以及支付相应时段工资的做法并未得到受案法院支持。[②]尽管本案的处理比较顺利，但李某某同天福号公司的劳动争议由来已久，天福号公司也非每次都能胜诉收场，相关案件也暴露出一些企业用工风险层面的关切。例如，未及时签订劳动合同导致工资支付争议和劳动关系判定争议[③]，都是企业可以事前采取措施予以避免的用工风险。因此，对于劳动争议所导致的用工风险，老字号企业应当于事前充分履行用人单位审慎义务，遵守劳动法、劳动合同法及相关司法解释的规定，制定更加完善的企业管理制度，消弭此类争议可能给门店日常运营带来的不利影响，也确保争议出现时能够应对自如，而非放任个例事件"过度发酵"。

3. 商业秘密泄露折损企业竞争优势

老字号企业的配方、工艺和技术是其生产经营管理的核心竞争力。这些信息或采用申请专利的方式获得限期专有权利，或采用商业秘密保护的方式获得相对更长久的专有利益，两条路径视老字号企业主营业务的需求而有所取舍。相较于老字号企业不断开发的新技术和新工艺，传承许久的配方、工艺和技术往往采用商业秘密的路径进行保护，进而助力老字号企业长盛不

[①] 上海市第二中级人民法院（2017）沪 02 民终 2681 号民事判决书。

[②] 北京市顺义区人民法院（2015）顺民初字第 14270 号民事判决书。

[③] 北京市第二中级人民法院（2015）二中民终字第 08443 号民事判决书。

衰。市场中的竞品不能媲美老字号企业的商品，亦不能完全复刻老字号企业的商品，是为老字号企业竞争优势之所在。然而，商业秘密的泄露对于采取此种路径保护配方、工艺和技术的老字号企业来说，其招致的负面影响不仅难以及时察觉，而且通常不能完全消除。因此，老字号企业需要采取更加完备的事前预防措施，这是商业秘密泄露的效果所客观决定的。

老干妈商业机密泄露的案例应当引起老字号企业的关注。目前，老字号企业因配方、工艺和技术等商业秘密泄露而罹受损害的案件暂无典型，但这不等于此类风险并不存在。2016 年 11 月 8 日，贵阳南明老干妈风味食品有限责任公司（以下简称老干妈公司）到贵阳市公安局南明分局经侦大队报案，称疑似公司重大商业秘密遭到窃取，起因是本地另一家食品加工企业生产的一款产品与老干妈品牌同款产品相似度极高。侦查人员从市场上购买了疑似窃取老干妈商业机密的另一品牌同类产品，将其送往司法鉴定中心，鉴定结果为该产品含有"老干妈牌"同类产品制造技术中不为公众所知悉的技术信息。经查证，涉嫌窃取老干妈公司商业秘密的企业从未涉足该领域，绝无相应研发能力，老干妈公司也未向任何一家企业或个人转让该类产品的制造技术，据此，可以断定有人披露并使用了老干妈公司的商业秘密。历经多番查证，犯罪嫌疑人贾某最终为警方抓获，本案涉案金额高达千万元人民币。

老字号企业应提防"祸起萧墙"。老干妈商业机密泄露案的犯罪嫌疑人贾某原本是老干妈公司的员工：2003 年至 2015 年 4 月，贾某历任老干妈公司质量部技术员、工程师等职，掌握老干妈公司专有技术、生产工艺等核心机密信息。2015 年 11 月，贾某以假名作掩护在本地另一家食品加工企业任职，从事质量技术管理相关的工作。自 2015 年 11 月起，贾某将在老干妈公司掌握和知悉的商业机密用在另一家食品加工企业的生产经营中，并进行生产，企图逃避法律的约束和制裁。[1] 由此可见，贾某作为掌

---

[1] 《"老干妈"核心机密被泄漏，后果很严重！》，载微信公众号"人民网"2017 年 5 月 9 日，https://mp.weixin.qq.com/s/PhbfsUejv0B3zxnlEyMZpg。

握商业机密的员工，当属造成本次泄露的直接原因。如何妥善采取保密措施，如何处理同此类重要员工的关系，系本案向老字号企业提出的两项关键议题。

老字号企业应采取复合手段保护商业秘密，维持商业秘密带来的竞争优势。传统的商业秘密保护主要有两种途径：一是对记载商业秘密信息的物化载体，采取物质性管控措施；二是对掌握商业秘密信息的员工即"活化载体"，设定保守秘密的义务。[①] 我国不存在一部商业秘密保护专门法，相关规定散落于民法典、刑法和反不正当竞争法及其司法解释之中。老字号企业对涉及其生产经营管理的重要信息采取保密措施，使这些信息成为处于保密状态的商业秘密，是探讨其权益保护的前提，也是预防企业员工之外的主体非法取得这些信息的有效举措。有无严格的保密措施，是界定商业秘密能否成立的重要标准，而且保密措施是否切实、有效，直接影响到商业秘密的"寿命"。[②] 商业秘密切实服务于企业的生产经营管理，因此，商业秘密的保密性显然是相对而言的。企业的员工及其业务相关主体可能知悉并利用这些信息。针对前述情形，老字号企业可以采取签订保密协议（或在劳动合同中写入保密义务条款）和签订竞业限制协议的手段，对可能接触到商业秘密的在职员工和离职员工课以保密义务，确保商业秘密泄露问题出现时能够顺畅启动相关法律机制。

4. 职务作品、职务发明的权属应明确约定

当老字号企业遭遇著作权、专利权侵权时，职务作品、职务发明的权属问题会比较突出。老字号企业是否为涉案作品和发明创造的合法权利人，通常是被告一方答辩意见的攻击对象。上海鼎丰酿造食品有限公司（以下简称鼎丰公司）与郑州市惠济区浩洋调味商行、郑州皇桥食品有限公司侵害其他著作财产权纠纷一案中，涉案作品"上海鼎丰白醋"产品瓶

[①] 吴汉东：《知识产权法》，法律出版社 2021 年版，第 686 页。

[②] 王正志主编：《中华老字号：认定流程、知识产权保护全程实录》，法律出版社 2007 年版，第 228 页。

贴即为鼎丰公司员工何某某于 2009 年初创作设计的职务作品。[①] 本案中，鼎丰公司员工何某某与鼎丰公司签订职务作品权利归属合同书，约定何某某代表鼎丰公司意志于 2009 年创作设计的瓶贴为职务作品，该瓶贴的著作权归鼎丰公司所有。[②] 鼎丰公司对何某某职务作品的权属约定清晰明确，这也为其最终胜诉奠定了坚实基础。另有鼎丰公司与吴江市铜罗海皇食品酿造厂著作权权属、侵权纠纷一案中，涉案作品瓶贴系鼎丰公司的原法定代表人吴方奎创作完成，属于特殊职务作品，除署名权外的著作权归原告鼎丰公司享有。[③] 不过，本案虽然将涉案作品界定为特殊职务作品，但相关论述不算完备，也未涉及作者同老字号企业对职务作品的权属约定，败诉风险尚存。

我国著作权法第 18 条对职务作品的权属规则有着明确规定。职务作品可以分为一般职务作品和特殊职务作品。前者的著作权由作者享有，作为工作单位的法人或非法人组织有权在其业务范围内优先使用。作品完成两年内，未经单位同意，作者不得许可第三人以与单位使用的相同方式使用该作品。后者的署名权由作者享有，其他著作权归作为工作单位的法人或非法人组织享有。特殊职务作品的界定有利于作为工作单位的法人或非法人组织，故其适用有着严格的情形限制：其一，主要是利用法人或者非法人组织的物质技术条件创作，并由法人或者非法人组织承担责任的工程设计图、产品设计图、地图、示意图、计算机软件等职务作品；其二，报社、期刊社、通讯社、广播电台、电视台的工作人员创作的职务作品；其三，法律、行政法规规定或者合同约定著作权由法人或者非法人组织享有的职务作品。工作单位可采用订立劳动合同或其他关于职务作品权属的条款实现私法自治，回避权属不清的风险。

我国专利法第 6 条对职务发明创造申请权归属也有着明确规定。之所

---

① 河南省郑州市中级人民法院（2019）豫 01 知民初 1 号民事判决书。

② 河南省郑州市中级人民法院（2019）豫 01 知民初 1 号民事判决书。

③ 苏州市吴江区人民法院（2017）苏 0509 民初 7269 号民事判决书。

以不是直接规定专利权的归属，是因为职务发明创造不一定能够最终取得专利权，而且是否采用专利权进行保护也属未知数。执行本单位的任务或者主要是利用本单位的物质技术条件所完成的发明创造为职务发明创造。职务发明创造申请专利的权利属于该单位，申请被批准后，该单位为专利权人。该单位可以依法处置其职务发明创造申请专利的权利和专利权，促进相关发明创造的实施和运用。非职务发明创造，申请专利的权利属于发明人或者设计人；申请被批准后，该发明人或者设计人为专利权人。利用本单位的物质技术条件所完成的发明创造，单位与发明人或者设计人订有合同，对申请专利的权利和专利权的归属作出约定的，从其约定。我国《专利法实施细则》第12条也对执行本单位的任务所完成的职务发明创造进行了类型细分：其一，在本职工作中作出的发明创造；其二，履行本单位交付的本职工作之外的任务所作出的发明创造；其三，退休、调离原单位后或者劳动、人事关系终止后1年内作出的，与其在原单位承担的本职工作或者原单位分配的任务有关的发明创造。至于我国专利法第6条所称本单位，包括临时工作单位；专利法第6条所称本单位的物质技术条件，是指本单位的资金、设备、零部件、原材料或者不对外公开的技术资料等。单位同员工之间订立权属合同也可充分实现私法自治，回避权属不清的风险。

老字号企业需要妥善处置其员工职务作品和职务发明创造相关的权属问题，以保障其面临侵权时得以自证权属，且能够避免"后院起火"。法律规定并非完全导向作者和发明创造人，不过老字号企业如能采用订立合同的形式约定权属，则可以很大程度上减少约定不明所招致的不确定性。

（五）老字号也需要重视产品和服务的品质

老字号企业之所以能够"老"，有赖于其出色的产品和服务品质，而当其因各种原因导致产品和服务品质的失控，将危及其继续存续，也丧失被保护和政策支持的意义。

1. 产品和服务品质是老字号企业据以成为老字号的基础

（1）产品和服务品质既是老字号企业取得发展的手段也是目的

原国家工商总局曾于 2013 年发布了一篇《全国内资企业生存时间分析报告》，其统计了在我国企业登记注册自 2000 年至 2012 年底期间全国新设企业、注吊销企业生存时间等数据，我国实有企业 1322.54 万户，其中，存续时间 5 年以下的企业 652.77 万户，占企业总量的 49.4%。企业成立后 3 年至 7 年为退出市场高发期，也就是企业生存的"瓶颈期"。[①]

根据 Statista 全球统计数据库的数据，在进入 21 世纪后，美国标准普尔 500 指数成分股公司的平均生命周期在 13.8 年—24.9 年之间。[②]

不论国内还是国外，可以实现"基业长青"的都是非常少数，大部分企业都无法存活 50 年。这意味着，能够存续超过 50 年的企业，其一定是通过了各种考验并具有各自独到之处的，其存续本身既有文化价值，也有商业价值。

细究原因，老字号企业在其所处时代取得的商业成就和荣誉，是因其为消费者提供了商业价值，满足了消费者对商品或服务的需求。而满足消费者需求过程中积累的价值观和对技艺的持续创新等逐步形成了老字号企业的文化价值，进而成为老字号企业自身乃至我国商业社会的无形资产。保护和发展"老字号"，是为了保护和发展"老字号"背后的优秀文化。

我国评选"中华老字号"的标准中就有"品牌创立时间"的要求。根据 2023 年 1 月 6 日由我国商务部、文化和旅游部、市场监管总局、文物局及知识产权局联合发布的《办法》，第 6 条、第 7 条明确提出：中华老字号应当具备"品牌创立时间在 50 年（含）以上"以及"主营业务连续经营 30 年（含）以上"的基本条件。

---

① 《工商总局近日发布全国内资企业生存时间分析报告》，载中央政府门户网站 2013 年 7 月 30 日，http：//www.gov.cn/gzdt/2013-07/30/content_2458145.htm。

② See Average company lifespan on Standard and Poor's 500 Index from 1965 to 2030，in years(rolling-7-year average），https：//www.statista.com/statistics/ 1259275/average-company-lifespan/，2023 年 2 月 19 日访问。

例如，我们熟知的"六必居"成立于 1530 年，"陈李济药厂"成立于 1600 年，"张小泉"成立于 1663 年，"同仁堂"和"王致和"均成立于 1669 年，"王老吉凉茶"成立于 1828 年等。

（2）"老字号"的文化包括坚守产品和服务品质满足社会需求的价值观和技艺

以"同仁堂"为例，清雍正元年（1723 年）同仁堂即开始供奉御药房用药，期间持续 8 代皇帝，共 188 年。而同仁堂最为人熟知的古训"炮制虽繁必不敢省人工，品味虽贵必不敢减物力"是其产品以质量优良、疗效显著而文名海内外的精神内涵。同仁堂在其发展历史中，形成以牛黄清心丸、大活络丹、乌鸡白凤丸、安宫牛黄丸等为代表的十大王牌和十大名药，一直在市场上供不应求，同仁堂因此也成为质量和信誉的象征。①

再以"东阿阿胶"为例，在清朝道光年间，河南禹州、周口、山东济南等地即有阿胶生产。发展至清末民初，阿胶生产企业更是扩展到大江南北，知名的包括江苏无锡朋寿堂、北京同仁堂、敬修堂、永盛合、天津同仁堂阿胶庄等。但是众多阿胶产地中，唯有济南东流水的阿胶业发展最盛。根据学者的考究，阿胶业在济南的兴起和发展有赖于两方面因素：第一，资金丰厚，便于经销；第二，水源丰富、水质良好，用以煮胶符合传统。② 东阿阿胶闻名于世，最重要的是千百年来造就的纯熟制胶工艺和制胶经验。③

2. 产品和服务质量的下滑将危及老字号企业的根本

如前所述，老字号企业正是因为坚守产品和服务的品质，并在长期经营过程中沉淀并传承的价值观和持续改进的技艺是老字号企业"老"的资本，

---

① 参见冯进茂:《同仁堂——老字号经营的成功典范》，载《医药世界》2003 年第 1 期。

② 参见张振平、周广森、张剑峰:《清末民国间的济南东流水阿胶业》，载《山东中医学院学报》1993 年第 5 期。

③ 参见张振平、周广森、张剑峰:《明清阿胶主产地——东阿城（镇）及其生产工艺》，载《山东中医学院学报》1993 年第 4 期。

也是我国通过"中华老字号"评选等方式保护和发展老字号企业的意义。

但是近年来，一些老字号企业在产品生产过程中存在着缺乏现代化生产技术、原材料控制不严、生产环境卫生不达标等问题，导致产品质量无法得到保证。

例如，"厦门老字号"厦门白鹭食品工业有限公司（以下简称厦门白鹭食品）生产的鱼皮花生因过氧化值（以脂肪计）不合格，被福建省市场监督管理局发布的 2022 年第 1 期食品抽检公告公示。过氧化值主要反映食品中油脂是否氧化变质，食用过氧化值超标食品可能会导致肠胃不适、腹泻等症状。而厦门白鹭食品 2020 年还曾被北京市市场监督管理局检查出黄曲霉素 B1 不符合食品安全国家标准（检验结果为 33.6μg/kg；标准值为 ≤ 20μg/kg）。黄曲霉素 B1 是已知的化学物质中致癌性最强的一种，包括对人和若干动物具有强烈的毒性，其毒性作用主要是对肝脏的损害。另据相关报道，2018 年 7 月 26 日至 2021 年 12 月 2 日，厦门白鹭食品被市场监管部门处罚 5 次，原因均涉及：生产不符合法律、法规或者食品安全标准的食品、食品添加剂。2017 年 10 月 23 日，厦门白鹭食品因为违反食品安全的规定被厦门海沧区市场监督管理局罚款 88550 元。[1]

南京同仁堂生产的"南京同仁堂蓝铜肽面膜"因被检出禁用原料，而被国家药监局在《国家药监局关于第 19 批次化妆品检出禁用原料的通告（2023 年第 8 号）》通报。南京同仁堂在抽检中被检出违规添加糖皮质激素"地索奈德"，"地索奈德"是一种消炎作用很强的激素药品，长期使用对皮肤的损害非常大，并且容易产生依赖性。面膜中使用激素成分，一般是因为这些激素可短时间内起到"美肤"效果，抑制皮肤免疫反应进而引发的炎症，还可以收缩皮肤毛孔，但是激素成分长期使用会对人体造成危害。根据报道，该款问题面膜是由南京同仁堂委托他人代工生产，南京同

---

[1] 参见《老字号企业"厦门白鹭食品"再现产品质量问题》，载中国质量新闻网 2022 年 1 月 10 日，https://www.cqn.com.cn/ms/content/2022-01/10/content_8773042.htm。

仁堂仅仅是贴牌授权。①

北京同仁堂的蜂蜜产品因存在用回收蜂蜜作为原料生产蜂蜜、标注虚假生产日期的行为，2019年2月，北京同仁堂下属的同仁堂蜂业被江苏省盐城市滨海县市场监督管理局和北京市大兴区食品药品监督管理局分别进行行政处罚，其中滨海县市场监督管理局对同仁堂蜂业处以罚款人民币1408万元。2019年2月19日，国家市场监管总局发布通知，撤销北京同仁堂（集团）公司"中国质量奖"称号并收回证书和奖杯。北京同仁堂董事长在回收蜂蜜事件发生后因涉嫌严重违纪违法接受纪律审查和监察调查。根据报道，涉事蜂蜜是北京同仁堂委托他人代工生产。②

狗不理王府井店因产品和服务被知名博主吐槽，而于2020年9月10日以"王府井狗不理餐厅"名义发表声明并报警，指责该博主侵犯名誉权。根据相关报道，该博主在狗不理王府井店内消费并拍摄视频，视频中总结该店的包子"酱肉包特别腻、没有用真材实料；而猪肉包则是皮厚馅少，面皮粘牙……要说也没那么难吃，这种质量20块钱差不多，100块钱两屉有点贵"。而在报道中显示的大众点评App近半年狗不理王府井店的评价信息，星级评分仅为2.84—2.87分之间（满分为5分），评分明显偏低。此后狗不理集团发布了《狗不理集团解除与狗不理王府井店加盟方合作的声明》，表示狗不理王府井店系加盟店，前份声明为加盟店擅自发布且行为严重不妥，并即日起解除与该加盟店的合作。③

其他的老字号企业产品、服务质量问题的新闻还包括：江苏仙鹤酱油因为菌落总数超标，公和堂狮子头再次被检出氧化变质，哈肉联哈尔滨风

① 参见《南京同仁堂面膜检出禁用激素，老字号品牌价值已严重"透支"？》，载雪球网2023年2月20日，https://xueqiu.com/9742829874/242491269。

② 参见《同仁堂"蜂蜜门"重罚落地老字号如何"发新芽"？》，载新浪财经2019年2月15日，https://finance.sina.com.cn/roll/2019-02-15/doc-ihqfskcp5304917.shtml。

③ 参见《被吐槽难吃还报警！狗不理凌晨声明：王府井狗不理不再是"狗不理"》，载腾讯网2020年9月15日，https://new.qq.com/rain/a/20200915A05VNI00。

味红肠菌落总数超标等。

以上这些问题都是老字号企业在质量上出现的问题，这些问题的根源主要是老字号企业管理、生产、服务等方面的薄弱环节，导致企业产品或服务的质量无法得到保障。

不论最终法律责任是否由老字号企业直接承担，但是贴附有老字号的产品或服务质量问题，一旦被发现，就会对企业自身形象和品牌声誉造成严重的负面影响。同时，这种负面影响也会扩散到整个行业，影响到其他老字号企业的声誉和形象。

根据产品质量法、食品安全法等法律法规规定，企业应该对其产品或服务质量负责，并对不合格产品或服务承担相应的法律责任。对于老字号企业而言，法律责任更应该严格执行，因为这些企业代表着传统文化和价值观念，一旦发生质量问题，会对消费者产生极大的伤害和误导，也会对行业产生负面影响。对于老字号企业来说，品牌是企业的核心竞争力之一，也是其生存和发展的重要保障。一旦产品或服务出现质量问题，会对品牌形象造成巨大的负面影响。

3. 产品和服务品质的坚守不仅仅需要理念，更需要科学管理

老字号企业产品质量问题频发，笔者查阅到的案例中部分跟委托加工有关，部分跟品牌授权有关，本节试就这两种合作模式初步分析并提出改进方式。

（1）委托加工模式

以食品行业为例，《中华人民共和国食品安全法实施条例》（国务院令第 721 号）第 21 条规定："食品、食品添加剂生产经营者委托生产食品、食品添加剂的，应当委托取得食品生产许可、食品添加剂生产许可的生产者生产，并对其生产行为进行监督，对委托生产的食品、食品添加剂的安全负责。受托方应当依照法律、法规、食品安全标准以及合同约定进行生产，对生产行为负责，并接受委托方的监督。"食品经营者在选择委托加工模式进行相关产品生产时，并非可以不管不顾，而是应当核查受托生产方是否取得生产所需的许可资质，在生产过程中还应当监

督受托生产方的生产行为，确保生产的产品符合法律法规、食品安全标准及合同等要求。

委托加工模式在社会分工越来越细致，市场竞争越来越激烈导致企业降本增效需求越来越突出的背景下，委托加工具有明显的优势，但老字号企业在选择委托加工模式时，如能开展如下方面工作，或将有效降低委托加工模式下发生产品安全的风险。

第一，选定受托方前的背景调查。

由于委托加工涉及将自身产品的生产全部或部分环节外包给他人，而产品因质量问题出现责任纠纷，将由老字号企业自身首先承担相应责任，导致品牌声誉受损，因此筛选合格受托方是把控风险的第一步。

老字号企业一般具有一定的品牌优势，在与受托方的合作中具有一定的话语权，因此可以考虑聘请专业的机构对拟受托方进行背景调查，即便无法开展正式的尽职调查，也可以通过多方面途径了解核查拟受托方的情况。背景调查的内容至少包括：拟受托方的工商登记信息及全部档案；合法开展受托事项所应取得的行政许可、资质等手续；企业征信报告、近年第三方审计报告或可用以审计的财务资料；企业纳税证明；企业社保缴纳证明；涉诉、行政处罚及其他纠纷情况；负面舆情；等等。

背景调查的有效性，将影响委托关系建立与否、委托协议条款等后续工作，因此老字号企业应当予以重视。

第二，完善委托加工协议中受托方的义务及责任条款。

在通过前期背景调查的基础上，老字号企业选定了委托加工受托方后，应当针对发现的问题与受托方沟通进行调整或改进，如相关问题或风险可通过法律条款方式进行弥补，依然需要在委托加工协议的条款中进行重点考虑。

委托加工协议是老字号企业与受托方之间明确权利义务最重要的依据，因此应当尽可能详尽地考虑一些通常的风险以及对背景调查中发现的风险进行重点论述，并细致约定受托方的相关义务及义务违反的责任。

第三，加强对受托方的原料控制。

在出现食品安全问题并导致老字号企业遭致上千万行政处罚的"回收蜂蜜"案件中，受托方即在原料蜂蜜上使用了回收蜂蜜，让老字号企业遭受巨大损失。原料是产品质量的第一道关，原料不合格可能直接导致产品不合格。因此，从原料的源头把控质量，是产品质量控制的第一步。

有些企业为了控制原料的质量，选择自己向受托方直接供应生产原料，有些则指定受托方向特定的原料方进行采购。不管何种方式，老字号企业作为委托加工方都不应放任对受托方原料的监督。

第四，加强委托加工产品的抽查监督。

具有受托事项生产许可资质的受托方应当具有内部质量控制的部门或人员，对出厂的产品进行检查检验，但即便如此，作为委托加工方的老字号企业也应当定期或不定期对委托加工产品的质量情况进行抽查监督，以尽到委托人监督的职责。

第五，保持对受托方经营情况的关注。

影响受托方的正常持续经营的情况包括：股东、核心管理层的变动，大量员工离职，重大负债或纠纷，所在地区发生重大不利事件，原料市场成本巨大变动，等等。

老字号企业应当有意识保持对受托方经营情况的关注，前述情况的出现可能导致受托方生产经营活动发生重大变化，进而产生影响合同履行的风险、产品质量的风险等。但凡发现变化朝着不利方向发展，老字号企业作为委托加工方应当积极采取行动，避免自身损失的发生或扩大。

第六，对出现问题的受托方及时进行纠正甚至解除委托关系。

对于已经发现相关问题的受托方，老字号企业应当敦促受托方进行改进纠正，避免问题的进一步持续甚至扩大。例如，在面对原料不合格问题时，判断严重性、已发生的影响等多方面因素，综合判断是采取敦促纠正还是行使合同解除权解除双方委托关系。

（2）品牌授权模式

品牌授权模式的一种典型类型是商业特许经营。根据《商业特许经营管理条例》（国务院令第 485 号）第 3 条的定义，商业特许经营（以下简称特许经营），是指拥有注册商标、企业标志、专利、专有技术等经营资源的企业（以下称特许人），以合同形式将其拥有的经营资源许可其他经营者（以下称被特许人）使用，被特许人按照合同约定在统一的经营模式下开展经营，并向特许人支付特许经营费用的经营活动。

特许经营要求特许人拥有成熟的经营模式并且具备持续提供经营指导、技术支持和业务培训等服务的能力。实际上，《商业特许经营管理条例》尽管作为一部国家颁布的管理特许经营活动的规范性文件，是我国对于特许经营活动的强制性要求，但实际上，该条例对特许人如何做好被特许人的管理也具有指导性意义。大致上归纳了如下几个方面：

第一，特许人要有多店铺经营的能力。

《商业特许经营管理条例》第 7 条规定，特许人从事特许经营活动应当拥有至少 2 个直营店，并且经营时间超过 1 年。第 8 条要求特许人应当提交包括"特许经营操作手册""市场计划书"等文件。第 22 条要求特许人应当向被特许人披露经营所需的各项信息。

实际上，从商业角度而言，从单店经营到多店经营，在商业模型上就存在着较大差异，也许单店可行的方案放到多店就无法适用，而如果涉及不同地理位置，经营方案也可能需要作出因地制宜的变化，通过一定时间的实践检验模型的可行性具有重要作用。从管理角度而言，从单店的管理到多店的管理，从直营店的管理到加盟店的管理，对管理能力和管理边界拓展的要求越来越高，管理人才的培养及管理能力的复制也都是在经营扩张中必然需要克服的挑战。因此，老字号企业应当为业务的扩张积累经验并做好准备。例如，狗不理王府井店的服务品质被吐槽及后续的不当应对都是老字号企业对加盟店管理不善所引发。

第二，特许人要为被特许人提供技术和经营的指导。

尽管特许经营模式下，被特许人与特许人是法律上各自独立的主体，但在对外关系上，消费者依然将被特许人视为特许人授权品牌自身，因此一定程度上两者之间存在一荣俱荣、一损俱损的关系。正是因为这种紧密联系，《商业特许经营管理条例》第 14 条规定，特许人应当向被特许人提供特许经营操作手册，并按照约定的内容和方式为被特许人持续提供经营指导、技术支持、业务培训等服务。第 15 条规定，特许经营的产品或服务的质量、标准应当符合法律、行政法规和国家有关规定的要求。

如果说产品质量还能通过生产运输环节的把控进行相当程度控制的话，服务质量的控制就严重依赖特许人管理能力的输出。对于服务型老字号企业而言，不管是开直营店或者采取特许经营模式进行扩张和发展，都应当深入研究其对服务质量控制的能力，包括：如何建立标准化的服务规范，如何落实培训，如何通过流程来控制服务，如何激励员工，如何发现问题和设置惩罚，等等。

第三，特许人应当保证被特许人经营的持续性。

被特许人对外代表特许人所特许的品牌开展经营，必然会涉及一定的资金投入，如特许人只顾自身商业利益最大化而通过签订短期特许经营合同方式赚取更多被特许人许可费，或者任意提高许可费标准，都可能会导致被特许人投资预期因特许人的因素无法达成。《商业特许经营管理条例》第 13 条就规定，特许经营合同约定的特许经营期限应当不少于 3 年，但是被特许人同意的除外。

实际上，持续经营不仅仅有利于被许可人收回投资，对于作为特许人的老字号企业来说，老字号在当代的声誉积累也需要以持续稳定的经营作基础。归根结底，老字号要在当代焕发新的活力，需要让老字号的金字招牌为更多人创造可持续的价值，才能吸引各方面优质的资源为老字号的传承和发展贡献力量。

（六）老字号也需要考虑代际传承

老字号企业都是在漫长的时间历程中成长起来的，产品是考验老字号企业的重要标准，但同时后代之间的传承也决定了老字号企业能否长存。漫漫历史长河中，每一代都将面临同样的问题，如何将老字号继续传承下去。鉴于老字号企业分支机构众多，又历经公私合营的特殊历史时期，很多老字号企业因此而失去商标权，因此代际传承是老字号企业需要重点考虑的问题之一。

案例 1——良利堂案

案例背景：

依照苏州史志资料记载：良利堂药铺，业主陆绪卿，于清嘉庆十四年（1809 年）与开悦银楼业主周汉于之祖合伙开设药铺，取"良药苦口利于病"之意，名为"陆良利堂药铺"。地点在苏州，为一个十余人的弄堂小铺，惨淡经营了 50 年。清咸丰十年（1860 年），举店迁往南汇周浦镇，继续营业。数年后，将周浦之药铺，交给孙子经营，儿辈于同治八年（1869 年）4 月回苏复业，店铺向西迁移到肖家巷二号，店名改为良利堂。良利堂以精选上等地道药材和遵古炮制而著称，其饮片享有盛誉，梨膏、两仪膏、代参膏、琼玉膏等素膏以及各种沙甑花露，都是良利堂的名牌特色产品。抗日战争前的 60 年，经营兴旺。在日伪统治期间，由于交通阻塞，物价飞涨，加上该店墨守成规等原因，曾一度衰落。抗战胜利后，虽力争扭转危局，但已无法与战前相比。1956 年 1 月，公私合营为"公私合营良利堂国药店"。1956 年 7 月，为平江区良利堂中心店，管辖全区各国药店业务。自 1958 年 9 月至 1964 年 12 月 31 日，与太和药房合并，改名为良利堂中西药商店。自 1965 年 1 月起，西药分出，仍名为良利堂国药店。1966 年 10 月 17 日改名为苏州药店。1966 年 12 月 21 日为国营苏州药店。1979 年 10 月 16 日，恢复原名良利堂国药店。①

依照相关工商登记资料显示，1995 年时，苏州市良利堂参药店在苏州市观前街 64 号营业。至 1997 年 3 月，苏州雷允上国药连锁总店出具"关于苏州雷允上国药王鸿翥连锁店等十八家分支机构申领营业执照的报告"，其中记载"为探索国有医药零售企业的改革之路，经雷允上药业集团公司（苏州）同意组建苏州雷允上国药连锁总店（已申办营业执照）。原苏州市王鸿翥药店等十五家国有药店及其三家分支机构已办理企业注销登记注册手续，现拟办苏州雷允上国药王鸿翥连锁店等十八家药店作为苏

---

① 参见江苏省高级人民法院（2017）苏民终 1153 号民事判决书。

州雷允上国药连锁总店分支机构的营业执照"。其中包括"苏州雷允上国药良利堂连锁店"。1997 年 4 月 28 日，苏州雷允上国药良利堂连锁店成立；2000 年 12 月 28 日，企业名称变更为"苏州雷允上国药连锁总店有限公司良利堂药店"。①

2003 年 10 月，经原国家工商行政管理总局商标局核准，雷允上良利堂药店取得第 3323907 号商标，核定服务项目为第 44 类"医药咨询；疗养院；美容院；医疗诊所；心理专家；医院；保健；医疗辅助；理疗；整形外科"，注册有效期经续展至 2023 年 10 月 27 日。2004 年 3 月，雷允上良利堂药店经核准取得第 3323908 号商标（如图 2-56 所示），核定使用商品为第 5 类"补药（药）；药酒；人用药；中药成药；各种丸；散；膏；丹；生化药品；人参"，注册有效期经续展至 2024 年 3 月 20 日。2004 年 5 月，雷允上良利堂药店经核准取得第 3337643 号商标，核定使用服务项目为第 35 类"广告；广告代理；广告策划；广告设计；市场分析；商业管理咨询（顾问）；组织商业或广告展览；进出口代理；拍卖；推销（替他人）"，注册有效期经续展至 2024 年 5 月 6 日。2013 年 1 月，雷允上良利堂药店向商标局提交"良利堂"商标的注册申请，2014 年 6 月 21 日，其经核准取得第 11993273 号"良利堂"商标（如图 2-57 所示），核定使用服务项目为第 35 类"药品零售或批发服务；药用制剂零售或批发"，注册有效期至 2024 年 6 月 21 日。2011 年 1 月，中华人民共和国商务部颁发"中华老字号"证书，认定雷允上良利堂药店（注册商标良利堂）为"中华老字号"。②

图 2-56　第 3323907 号、第 3323908 号和第 3337643 号"良利堂"商标

---

① 参见江苏省高级人民法院（2017）苏民终 1153 号民事判决书。
② 参见江苏省高级人民法院（2017）苏民终 1153 号民事判决书。

图 2-57　第 11993273 号"良利堂"商标

　　而本案涉及的另一主体为苏州吴中横泾良利堂药房有限公司（以下简称吴中良利堂药房）。据吴中区档案馆的"吴县横泾镇工商业者基本情况调查表"记载：公私合营前原企业名称为良利堂药店，1956 年公私合营改名为公私合营良利堂药店，1961 年名称变更为横泾新国药店，袁予定担任副经理职务。据吴中良利堂药房当庭陈述，上述良利堂药店开设于 20 世纪 30 年代，创办人为袁予定。该药店在 1956 年公私合营，20 世纪 60 年代该药店先后被划归吴县横泾供销社、吴县医药公司以及苏州医药公司，"文化大革命"后期，重新被划归为横泾供销社。[①]

　　2004 年 12 月，苏州市吴中区横泾供销合作社作为甲方，现吴中良利堂药房法定代表人马永伟作为乙方签订"横泾供销社中西药店转制协议"，记载根据横泾供销社企业转制现状，经请示街道办领导同意，将原供销社所属集体经营承包的中西药店转制给原承包人马永伟个人经营，经供销社财务对中西药店商品、财产、家具用具、装饰费等全部清点盘点，估价定价总价值 67100 元。根据装饰年限及库存商品实际因素，双方协商作价 58172 元。2005 年 1 月 25 日，马永伟领取个体工商户营业执照，名称为"苏州市吴中区横泾良利堂药房"，经营范围为"零售：中成药、中药饮片、化学药制剂等"。2015 年，苏州市吴中区横泾良利堂药房转变企业组织形式，从个体工商户转变为有限责任公司，名称亦变更为"苏州吴中横泾良利堂药房有限公司"。该名称沿用至今。[②]

[①]　参见江苏省高级人民法院（2017）苏民终 1153 号民事判决书。

[②]　参见江苏省高级人民法院（2017）苏民终 1153 号民事判决书。

案例介绍：

雷允上良利堂药店认为吴中良利堂药房将与雷允上良利堂药店注册商标相同的文字"良利堂"在店堂显著位置突出使用，侵犯其商标权且构成不正当竞争，故提起本案诉讼。本案焦点为吴中良利堂药房是否构成商标侵权、是否构成不正当竞争。

经一、二审法院审理认为：针对商标侵权问题：雷允上良利堂药店先后核准注册了第 3337643 号"良利堂"商标以及第 11993273 号"良利堂"商标，其中，商标尽管为文字图形的组合商标，但其中良利堂文字发挥呼叫功能，故可作为该商标的主要识别部分，而第 11993273 号"良利堂"商标则为纯文字商标，该两商标核定服务项目均为第 35 类，其中包括了"推销（替他人）"以及"药品零售"等，而吴中良利堂药房从事药品零售经营，字号即为"良利堂"，其在实际的商业标注中，在招牌以及店面装潢上均不同程度地简化标注自身企业名称，其中店堂玻璃更是单独标注了"良利堂药房"，该行为属于将与他人注册商标相同或者近似的文字作为企业字号在相同服务上突出使用。鉴于雷允上良利堂药店为中华老字号企业，其品牌具有一定的知名度，吴中良利堂药房在门面装潢中突出使用其字号，容易使相关公众产生混淆和误认，构成对雷允上良利堂药店注册商标权的侵害。

针对不正当竞争问题：法院认为应当在充分考虑老字号企业与老字号商品知名度的范围、历史沿革、同业竞争者的使用意图、使用时间、使用方式、是否具有攀附老字号企业现有商誉的主观故意等因素的基础上，结合反不正当竞争法的立法目的、法律条文及司法解释等规定，并根据保护消费者利益、诚实信用、维护公平市场竞争的原则予以综合考量。

首先，历史上的"良利堂药铺"为当时的四大名药铺之一，以精选上等地道药材和遵古炮制而著称，饮片加工享有盛誉，有"请了名医要良药，撮药要到良利堂"之誉。雷允上良利堂药店自"良利堂药铺"历史沿革而来，传承了"良利堂药铺"独特的产品与工艺，承继了其所蕴含的中药文化传统，专营参茸滋补品，聘请的老药工切片技术娴熟、选购药材眼光独到，熬煎膏滋药的顾客络绎不绝。2003 年，雷允上良利堂药店经核准获得商标的所有权，核定服务项目为"医药咨询"等，2004 年，又分别在"补药（药）；中药成药""推销（替他人）"等商品服务范围上获得商标的所有权，2014 年，在"药品零售或批发服务；药用制剂零售或批发"服务项目上获得"良利堂"商标所有权。2011 年，商务部认定雷允上良利堂药店（注册商标：良利堂）为"中华老字号"，2017 年江苏省商务厅又认定雷允上良利堂药店（注册商标：良利堂）为"江苏老字号"。雷允上良利堂药店经过两百余年的传承，已形成自身较为丰厚的品牌价值，其字号和商标均承载了独特的商誉，时至今日在相关消费者中仍具有较高的知名度，其所享有的历史商誉及所具有的知名度应当得到肯定，并且理应获得保护。

其次，吴中良利堂药房的店铺经营及经营人员确实存在迭代传承的客观实际，马永伟选择重新使用"良利堂"字号亦确实存在一定程度的合理性，但法院同时注意到以下事实及因素：

第一，从使用时间来看，马永伟在 2004 年药店转制时起名"苏州市吴中区横泾永安药店"，并未随即启用"良利堂"字号，而是在经营 5 年后，于 2010 年恢复使用"苏州市吴中区横泾良利堂药房"。

第二，从吴中良利堂药房名称中断的情况来看，现存可查的档案记载，吴中良利堂药房在公私合营前取名为"良利堂药店"，1956 年改名为"公私合营良利堂药店"，1961 年名称变更为"横泾新国药店"，后直至 2010 年方才重新使用"良利堂"字号，"良利堂"名称中断长达 50 年之久。

第三，从雷允上良利堂药店所具有的知名度情况来看，如前所述，雷允上良利堂药店经过两百余年的历史传承，仅在 1966 年至 1979 年中断 13 年，其字号和商标均承载了独特的商誉，并具有较高的知名度，吴中良利堂药房与雷允上良利堂药店同属苏州地区，且均经营包括中药抓方、西药销售在内的业务，作为同地区、同行业的经营者，且雷允上良利堂药店所处地理位置属于苏州市传统商业中心观前街，吴中良利堂药房在准备重新启用"良利堂"字号时，理应知晓雷允上良利堂药店在苏州地区的知名度，但其未能尽到合理的避让义务，仍然注册并使用"良利堂"字号，主观上难以摆脱存在攀附的意图。

第四，从反不正当竞争法的立法目的来看，反不正当竞争法是确立和维护有序、公平竞争的法律，其立法目的在于在防止混淆商品出处、禁止不当攀附的基础上，保护消费者的合法权益，维护公认的商业道德，建立有序规范、公平竞争的市场环境。诚然，本案中所涉及的"良利堂"系具有特殊历史渊源的商业标识，但考虑到雷允上良利堂药店所具有的知名度、雷允上良利堂药店于2003年、2004年即取得商标的所有权，且多年积累的商誉以及历史传承使其于2011年即获得"中华老字号"，而马永伟在改制经营5年后即2010年才重新恢复"良利堂"字号、吴中良利堂药房作为同地区同行业经营者理应知晓雷允上良利堂药店及其商标的知名度等诸多情形，本院难以认定吴中良利堂药房使用"良利堂"字号系善意，且客观上，苏州地区同时存在雷允上良利堂药店及吴中良利堂药房，特别是在吴中良利堂药房的玻璃门上横向标注"百年老药房"的情形下，容易导致相关公众将两者提供的商品或服务相混淆，或误认为两者具有一定的关联关系，最终影响消费者的选择，损害消费者的利益。

因此，综合考虑以上因素，法院最终认定吴中良利堂药房注册使用"良利堂"字号的行为构成不正当竞争，应承担相应的法律责任。综合考虑雷允上良利堂药店的知名度、吴中良利堂药房的主观过错程度及侵权行为的性质等因素，就吴中良利堂药房注册使用"良利堂"字号的行为酌定赔偿数额为3万元。

案例启示：

具有一定知名度的老字号企业以其享有商标权及"中华老字号"为由，主张禁止同业竞争者使用其注册商标与企业名称时，法院应根据个案查明的事实，在充分考量老字号企业与老字号商品知名度的范围、历史沿革、同业竞争者的使用意图、使用时间、使用方式、是否具有攀附老字号企业现有商誉的主观故意等因素的基础上，依据反不正当竞争法的立法目的、法律条文及司法解释等规定，从遵循诚实信用原则、维护公平竞争、市场秩序以及保护消费者利益出发，予以综合认定。

如本案涉及事实，吴中良利堂药房的店铺经营及经营人员虽存在迭代传承的客观实际，但"良利堂"名称中断使用长达 50 年之久，并且作为同地区、同行业的经营者，吴中良利堂药房在准备重新启用"良利堂"字号时，理应知晓雷允上良利堂药店在苏州地区的知名度。吴中良利堂药房的种种行为使得消费者产生混淆，无法分辨，影响到了消费者的选择，损害消费者的利益。以本案为例，老字号企业不能简单地以企业名称与字号相冲突继而主张赔偿，在证据组织上须充分考虑法院的审查角度。

案例 2——吴良材案

案例背景：

吴良材眼镜店由吴良材始创于 1807 年，以定配、定制眼镜为主。1926 年，该店传至吴良材第五代后人吴国城经营，取名吴良材眼镜公司。1956 年，吴国城响应国家号召，主动申请将吴良材眼镜公司公私合营，并按国家政策领取了定息。公私合营后，吴良材眼镜公司改名为公私合营吴良材眼镜公司。"文化大革命"期间，公司曾一度停止使用"吴良材"字号而改为"东海眼镜商店"，至 1979 年 1 月，其名称仍为"东海眼镜商店"。1979 年 2 月 9 日，上海市黄浦区革命委员会出具《关于同意恢复大光明钟表商店等店名的批复》，同意将东海眼镜店恢复为吴良材眼镜店。1987 年 5 月 11 日，上海市黄浦区人民政府财贸办公室出文，同意成立"上海钟表眼镜照相器材联合公司"，吴良材眼镜店为其成员单位。20 世纪 90 年代，吴良材眼镜店又先后改名为上海"吴良材眼镜商店""上海吴良材眼镜公司""上海三联商业集团吴良材眼镜公司"，至 1998 年 10 月，改名为"上海三联（集团）有限公司吴良材眼镜公司"（以下简称三联集团），该名称沿用至今。[①]

---

① 参见江苏省高级人民法院（2009）苏民三终字第 0181 号民事判决书。

在吴良材眼镜店的经营过程中，其先后于 1993 年和 2006 年被原国内贸易部与商务部认定为"中华老字号"。经营模式除自体经营外，还先后于 20 世纪 90 年代以联营、合资等方式在江苏、浙江等地开设以"吴良材"作为字号的分支机构，其中，包括 1987 年 6 月设立的"上海吴良材眼镜店南通分店"、1997 年 5 月设立的"上海三联商业（集团）吴良材眼镜昆山店"、1998 年 1 月设立的"嘉兴上海吴良材眼镜有限公司"等。①

1989 年 10 月 20 日，吴良材眼镜商店依法核准注册取得了第 501569 号"吴良材"文字商标，核定使用商品为第 9 类"眼镜盒、眼镜链、眼镜"等。后由于企业名称多次变更，该商标也依法变更商标注册人名义两次。1999 年 6 月 14 日，上海三联商业集团吴良材眼镜公司依法核准注册取得第 1284981 号"吴良材"文字商标，核定服务项目为第 42 类"眼镜行服务"。该商标也因企业名称变更依法变更商标注册人名义一次。至 2004 年 1 月，上述两个商标均转让至其上级公司三联集团。2004 年 11 月 1 日，三联集团又将该两商标以普通许可方式无偿许可三联吴良材眼镜公司使用，其中，第 1284981 号商标的许可使用合同经国家商标局备案。2004 年 8 月 21 日，三联集团依法核准注册取得第 3440248 号"吴良材"文字商标，核定服务项目为第 40 类"光学玻璃研磨；光学镜片研磨"等。2005 年 11 月 1 日，三联集团亦将该商标以普通许可方式无偿许可三联吴良材眼镜公司使用。三联集团于 2008 年 3 月 14 日将上述三个商标（如图 2-58 所示）均转让由三联集团与三联吴良材眼镜公司共有。其中，第 42 类"眼镜行服务"上的第 1284981 号商标分别于 2002 年 1 月和 2005 年 1 月被上海市工商行政管理局授予"著名商标"。2004 年 2 月 25 日，国家商标局出具商标驰字第 39 号《关于认定"吴良材"商标为驰名商标的批复》，行政认定该商标为驰名商标。②

---

① 参见江苏省高级人民法院（2009）苏民三终字第 0181 号民事判决书。

② 参见江苏省高级人民法院（2009）苏民三终字第 0181 号民事判决书。

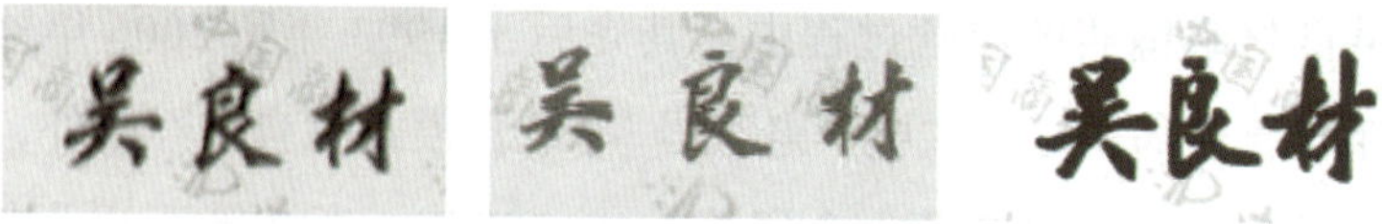

图 2-58　第 501569 号、第 1284981 号、第 3440248 号 "吴良材" 商标

案例介绍：

本案 ① 原告吴国城、吴自生、吴自立、吴莉莲系吴良材后人，2001 年 3 月，吴自生、吴自立和吴莉莲在上海开设 "吴县市上海吴良材眼镜有限公司静安分公司"，三联集团以侵犯其 "吴良材" 商标专用权为由，向工商行政管理部门投诉，工商行政管理部门进行了查处，责令停止使用 "吴县市上海吴良材眼镜有限公司静安分公司" 这一企业名称。后吴国城、吴自生、吴自立、吴莉莲提起本案诉讼请求确认其对 "吴良材" 字号享有合法使用权。四名原告认为，"吴良材" 不仅是吴氏家族前辈的姓名，而且也成为吴氏家族进行经营的品牌字号，同时也是吴氏家族的一项无形资产。"吴良材" 三个字已经成为吴氏后人精神生活的重要组成部分。虽然公私合营时，吴良材眼镜公司被国家赎买，但是，当时合营入股的仅是有形财产，不包括 "吴良材" 字号无形财产。因此认为其对 "吴良材" 字号仍享有所有权，有权继续使用。

一审法院认为：自吴良材将其姓名作为企业字号之后，"吴良材" 就具有双重属性，它既是个体的姓名，又是企业的字号。作为姓名，它附属于吴良材个人，吴良材对其享有姓名权；作为字号，它成为企业名称的一部分，附属于企业，企业对其享有企业名称权。三联集团长期使用 "吴良材" 字号，"吴良材" 作为字号已经脱离吴良材个人而成为企业名称乃至企业整体的一部分。在一般情况下，企业名称权随着企业整体的转让而转让，除非转让双方对此有特别约定。原告未提供证据证明公私合营时，吴国城夫妇对包括 "吴良材" 字号在内的企业名称作了保留。从 "吴良材" 字号的使用情况看，公私合营后，除了 "文化大革命" 期间，由于历史原

①　参见（2002）沪高民三（知）终字第 74 号案件。

因三联集团曾一度停止使用"吴良材"字号外，"吴良材"始终是三联集团企业名称的核心部分，而且三联集团为"吴良材"品牌的发扬光大作出了独有的贡献。四名原告在公私合营后直至本案纠纷发生时的2001年3月，从未使用过"吴良材"字号，也未对三联集团使用"吴良材"字号提出异议。本案中，并无原告吴国城至今仍对"吴良材"字号享有权利的事实和法律依据。故对四名原告主张"吴良材"字号使用权的诉讼请求不予支持。

二审法院认为：字号不仅属于企业人身权的客体，而且具有财产属性。字号经依法登记，被纳入企业名称的范围受到法律保护。企业字号可以随企业整体或部分进行转让。擅自使用他人的企业字号，足以导致市场混淆或误认的，构成不正当竞争。虽然我国现行法律法规将字号作为企业的一项无形财产加以保护，但是就本案而言，应当以吴良材眼镜公司公私合营时的法律政策作为认定公私合营时"吴良材"字号的性质及"吴良材"字号的转移的法律依据，不能以现行法律制度为依据，除非现行法律制度明确规定具有溯及既往的效力，否则就会导致社会关系的不稳定。

在吴良材眼镜公司进行公私合营后，"吴良材"字号由公私合营吴良材眼镜公司享有，吴国城等人均对"吴良材"字号不享有使用权。因为，第一，1954年9月2日政务院通过的《公私合营工业企业暂行条例》第5条规定："对于企业实行公私合营，公私双方应当对企业的实有财产进行估价，并将企业的债权债务加以清理，以确定公私双方的股份。"该条例第26条规定："本条例并适用于运输企业、建筑企业的公私合营。其他实行公私合营的企业，可以参照本条例的有关规定办理。"从国家对公私合营企业的法律政策来看，公私合营时的财产估价入股仅指有形财产的估价入股，并不包括企业的字号。因此，公私合营时，"吴良材"字号未被作价入股并不影响公私合营吴良材眼镜公司取得"吴良材"字号。第二，在公私合营时，我国尚无将企业字号作为无形财产加以保护的法律制度。因此，在公私合营时，企业字号仅是体现企业人格的标记，不属于受法律保护的财产，在法律没有明确规定并且当事人没有特别约定的情况下，企业字号作为企业的人格标记不能与企业相分离，应当随企业的转移而转移。由于在公私合营时，吴国城与国家就"吴良材"字号的转移未作特别约定，因此，"吴良材"字号应当随吴良材眼镜公司的转移而转移。从吴良材眼镜公司变更为公私合营吴良材眼镜公司时起，"吴良材"即成为公私合营吴良材眼镜公司的字号，吴国城作为公私合营吴良材眼镜公司的私股股东，其对"吴良材"字号不再享有使用权，其他上诉人对"吴良材"字号也不享有使用权。故吴国城等人关于确认其对"吴良材"字号享有合法使用权的诉讼请求不能成立。

虽然三联集团曾一度停止使用"吴良材"字号，但由于吴良材眼镜公司经公私合营后，吴国城等人均对"吴良材"字号不享有使用权，因此，三联集团停止使用"吴良材"字号并不导致吴国城等人"吴良材"字号重新获得使用权。由于三联集团依法重新登记了"吴良材"字号，并将其注册为商标，因此，三联集团为保护自己的"吴良材"字号权和商标权，其有权向工商行政管理部门举报上诉人擅自登记使用"吴良材"字号的行为。故吴国城等人关于判令三联集团停止妨碍其合法使用"吴良材"字号的侵权行为并公开赔礼道歉的诉讼请求不能成立。

案例启示：

《中华人民共和国民法典》第110条第1款规定："自然人享有生命权、身体权、健康权、姓名权、肖像权、名誉权、荣誉权、隐私权、婚姻自主权等权利。"姓名权是公民依法享有的决定、使用、变更自己的姓名并要求他人尊重自己姓名的一种人格权利。因为普通人社会影响力不大，精神利益和财产利益往往很小，与商标权的冲突也很少。但是，古今中外，各类名人的社会影响范围广，个人社会知名度高，对社会或普通消费者的影响大。如果将其名称用于商业，如作为商标或品牌名称，就容易产生一定的市场效应，从而带来更大的财产利益。

目前，不乏以人名作为企业字号的企业，在这种情况下姓名就具有了个体姓名和企业字号的双重属性，作为姓名，它附属于个人，个人对其享有姓名权；作为字号，它成为企业名称的一部分，附属于企业，企业对其享有企业名称权。但由于企业的长期使用使得字号脱离个人而成为企业名称乃至企业整体的一部分并在一般情况下随着企业整体的转让而转让。因此，即便老字号企业创始人后代亦不能依据此观点主张对老字号享有使用权。

案例 3——同德福案

案例背景：

桃片是一种糕点，用上等糯米、核桃仁、川白糖、蜜玫瑰等原料，精制加工而成，是重庆市合川区地方名产之一。合川桃片最早的制造商是重庆市合川区同德福桃片有限公司（以下简称重庆同德福公司）。重庆市合川区同德福桃片有限公司始创于 1898 年，系中华老字号会员单位、首批重庆老字号、首批重庆市非遗保护单位、重庆市非物质文化遗产生产性保护示范基地。曾荣获 1920 年成都花卉物展会优质奖章、1925 年四川省第五次劝业会特等金奖、1926 年美国费城世博会金质奖章。[①]

根据《合川文史资料选辑（第二辑）》（1984 年 8 月内部发行）、《合川文史资料选辑（第八辑）》（1991 年 11 月内部发行）、《合川县志》（1995 年 12 月出版）、《重庆百科全书》（1999 年 12 月出版）等书籍记载，1898 年，同德福斋铺开业时名叫"同国福"。1900 年，蒋盛文与余鸿春合伙后改为"同德福"。县举人张石亲把合川同德福桃片、易正茂盐梅作为合川特产，带至成都、北京等地馈送官员，这样合川桃片就渐渐远近闻名了。1916 年，蒋盛文退伙，由余鸿春经营。余鸿春死后，其子余复光继续经营。1920 年，同德福桃片获成都花会物展会优质奖章。1925 年，获四川省第五次劝业会特等金质奖章，重庆总商会还组织该产品到巴拿马世界博览会参展。1926 年在合、武、铜、大、璧五县展览会上，同德福桃片又一次得到一等奖。1938 年，"同德福创业四十周年大庆"举行，同

---

① 参见老字号数字博物馆官方网站：https://lzhbwg.mofcom.gov.cn/，2023 年 3 月 1 日访问。

德福自称"世界第一桃片"。同德福斋铺还在其商品包装纸上印醒目广告："同德福，在合川，驰名远，开多年，食品多，价亦廉，精工制，配料全，防假冒，认标签"。1947年，余复光去世，其子余永祚继续经营同德福斋铺。1956年，由于公私合营，同德福斋铺停止经营。[①]

2002年1月4日，余永祚后人余晓华注册了个体工商户，字号名称为合川市老字号同德福桃片厂，经营范围为桃片、小食品自产自销，该个体工商户于2007年将字号名称变更为重庆市合川区同德福桃片厂，后该个体工商户注销。2011年5月6日重庆同德福公司成立，公司类型为有限责任公司，法定代表人余晓华，该公司经营范围为糕点（烘烤类糕点、熟粉类糕点）生产。2010年3月28日，余晓华获准注册第6626473号"余复光1898"图文商标（如图2-59所示）。2010年9月21日，重庆市合川区同德福桃片厂获准注册了第7587928号"余晓华"图文商标（如图2-59所示）。经核准，前述两项商标分别于2012年2月27日、2012年4月27日转让给重庆同德福公司。在2010年至2012年期间，余晓华注册的个体工商户以及重庆同德福公司获得很多荣誉，主要包括：重庆市合川区同德福桃片厂被列为重庆市第一批非物质文化遗产名录——合川桃片项目保护单位（重庆市非物质文化遗产保护中心于2010年9月20日出具证明）；"余复光1898合川桃片"被认定为中华名小吃（中国烹饪协会于2011年10月颁发证书）；重庆同德福公司被认定为重庆市第一批"重庆老字号"之一（重庆市商业委员会于2011年10月31日印发通知）；"余复光1898牌合川桃片"获评第十一届重庆·中国西部国际农产品交易会消费者喜爱产品（重庆·中国西部国际农产品交易会组委会于2012年1月颁发证书）；重庆同德福公司被评为中华老字号传承创新先进单位（中国商业联合会中华老字号工作委员会于2012年8月颁发荣誉证书）。[②]

---

① 参见重庆市高级人民法院（2013）渝高法民终字第00292号民事判决书。

② 参见重庆市高级人民法院（2013）渝高法民终字第00292号民事判决书。

图 2-59　第 6626473 号"余复光 1898"商标
和第 7587928 号"余晓华"商标

案例介绍：

本案[①]中，与重庆同德福公司产生争议的是成都同德福合川桃片食品有限公司（以下简称成都同德福公司）。1997 年 8 月 4 日，合川市桃片厂温江分厂向原国家工商行政管理总局商标局（以下简称国家商标局）提出注册申请，并于 1998 年 10 月 14 日获准注册第 1215206 号"同德福 TONGDEFU 及图"商标（如图 2-60 所示），核定使用范围为第 30 类，即糕点、桃片（糕点）、可可产品、人造咖啡，专用权期限经续展至 2018 年 10 月 13 日。2000 年 6 月 26 日，成都同德福公司成立，经营范围为生产销售糕点（烘烤类糕点、熟粉类糕点）。2000 年 11 月 7 日，该商标的注册人名义经国家商标局核准变更为成都同德福公司。

图 2-60　第 1215206 号"同德福 TONGDEFU 及图"商标

成都同德福公司起诉称"同德福 TONGDEFU 及图"商标从注册至

---

① 参见重庆市高级人民法院（2013）渝高法民终字第 00292 号民事判决书。

今，由默默无闻的小品牌变成了一个占据西部绝大部分市场的大品牌。而余晓华于 2002 年 1 月 4 日成立了合川市老字号同德福桃片厂。自 2003 年起，一直试图撤销原告的"同德福 TONGDEFU 及图"商标，但其主张均被国家商标局、北京市第一中级人民法院、北京市高级人民法院予以否认。2011 年 5 月 6 日，余晓华又注册成立了重庆同德福公司，在其企业字号及生产的桃片外包装上突出使用了成都同德福公司的注册商标"同德福"。余晓华、重庆同德福公司在明知注册商标"同德福 TONGDEFU 及图"经多年使用和宣传已经具有一定知名度的情形下，将与其相同的文字作为企业的字号在相同或类似商品上突出使用，其行为足以使相关公众误认为其生产的产品来源于成都同德福公司或与其有某种联系，构成对成都同德福公司注册商标专用权的侵害。同时，余晓华、重庆同德福公司将"同德福"登记为字号，在相同或类似商品上使用，足以使相关公众误认其与成都同德福公司存在某种联系，构成不正当竞争。要求重庆同德福公司及余晓华停止使用并注销含有"同德福"字号的企业名称、停止侵权并赔偿损失。

法院经审理认为：本案争议焦点有三个问题：一是余晓华、重庆同德福公司登记其个体工商户字号、企业字号的行为是否构成不正当竞争；二是重庆同德福公司、余晓华使用其字号及标注"同德福颂"的行为是否构成突出使用并侵犯商标权；三是成都同德福公司是否存在虚假宣传行为。

关于第一个问题，个体工商户余晓华及重庆同德福公司与成都同德福公司经营范围相似，存在竞争关系；其字号中包含"同德福"三个字与成都同德福公司的"同德福 TONGDEFU 及图"注册商标的文字部分相同，与该商标构成近似。其登记字号的行为是否构成不正当竞争关键在于该行为是否违反诚实信用原则。第一，成都同德福公司没有证据证明在余晓华注册个体工商户时其商标已具有相当的知名度，即便他人将"同德福"登记为企业字号，但只要规范使用字号，就不足以引起相关公众误认，不能说明余晓华登记字号的行为具有"搭便车"的恶意。第二，根据《合川县志》等历史文献资料记载，在 20 世纪 20 年代至 50 年代期间，"同德福"商号享有较高商誉。同德福斋铺先后由余鸿春、余复光、余永祚三代人经营，特别是在余复光经营期间，同德福斋铺生产的桃片获得了较多荣誉。余晓华基于同德福斋铺的商号曾经获得的知名度和同德福斋铺原经营者直系后代的身份，将其个体工商户及企业的字号登记为"同德福"符合常理，具有合理性。即使其此前未从事过桃片生产经营，也可能有多种原因，不影响其在具备条件时才将前辈直系亲属经营过的"同德福"商号登记为个体工商户字号的合理性，仅因与"同德福"商号同名的注册商标在先注册，不足以推定其登记字号行为具有攀附他人注册商标的主观故意。综合以上两点，余晓华登记个体工商户字号的行为是善意的，并未违反诚实信用原则，不构成不正当竞争。同时，根据法律、法规和司法解释的相关规定，除驰名商标外，将与他人注册商标相同或近似的文字登记为企业字号的行为本身并不为法律所禁止，只有将上述企业字号在相同或者类似商品上突出使用且容易使相关公众产生误认的，才属于商标法第52条第5项规定的给他人注册商标专用权造成其他损害的行为。因此，即便人民法院已判决维持原国家工商总局商标评审委员会的商标争议裁定，基于经营的延续性，余晓华变更个体工商户字号及重庆同德福公司登记企业字号的行为也是合理的，并不为法律法规所禁止，亦未违反诚实信用原则，不构成不正当竞争。

关于第二个问题，从重庆同德福公司产品的外包装来看，重庆同德福公司使用的是企业全称，标注于外包装正面底部，"同德福"三字位于企业全称之中，与整体保持一致，没有以简称等形式单独突出使用，也没有为突出显示而采取任何变化，且整体文字大小、字形、颜色与其他部分相比并不突出。因此，重庆同德福公司在产品外包装上标注企业名称的行为系规范使用，不构成突出使用字号，也不构成侵犯商标权。就重庆同德福公司标注"同德福颂"的行为而言，"同德福颂"四字相对于其具体内容（三十六字打油诗）字体略大，但视觉上形成一个整体。其具体内容系根据史料记载的同德福斋铺曾经在商品外包装上使用过的一段类似文字改编，意在表明"同德福"商号的历史和经营理念，并非为突出"同德福"

三个字。且重庆同德福公司的产品外包装使用了多项商业标识，其中"合川桃片"集体商标特别突出，其自有商标也比较明显，并同时标注了"合川桃片"地理标志及重庆市非物质文化遗产，相对于这些标识来看，"同德福颂"及其具体内容仅属于普通描述性文字，明显不具有商业标识的形式，也不够突出醒目，客观上不容易使消费者对商品来源产生误认，亦不具备替代商标的功能。因此，重庆同德福公司标注"同德福颂"的行为不属于侵犯商标权意义上的"突出使用"，不构成侵犯商标权。因成都同德福公司未提供个体工商户余晓华产品外包装，其指控余晓华实施商标侵权行为，依据现有证据无法判断。

关于第三个问题，成都同德福公司在其网站上宣传的"同德福牌"桃片的部分历史及荣誉，与史料记载的同德福斋铺的历史及荣誉一致，且标注了史料来源，但没有举证证明其与同德福斋铺存在何种主体上的联系。其产品外包装上标注"百年老牌""老字号""始创于清朝乾隆年间"等字样，亦无法证明有任何事实依据。重庆同德福公司被重庆市商业委员会认定为重庆市第一批"重庆老字号"之一和成都同德福公司没有被国家机关认定为老字号的事实，也可佐证成都同德福公司与老字号同德福斋铺没有实质联系。成都同德福公司的上述行为均没有事实依据，容易使消费者对其品牌的起源、历史及其与同德福斋铺的渊源关系产生误解，进而取得竞争优势，故构成虚假宣传。

案例启示：

老字号漫长的发展过程意味着它需要受经济、文化、法律、政策等制度的影响，因此老字号的相关权利比较复杂，特别是公私合营这一特殊历史时期，在中华人民共和国成立前老字号都属于个体私营，所有制改革之后老字号成为国有或者集体所有企业。公私合营结束，有些企业经过合并、分立、停业、改制等原因的变革，导致老字号权属不清，致使企业与老字号传承人、传人与传人或者不同的企业之间因为老字号权属问题纷争不断。在老字号企业中断经营期间，老字号被非传承人注册为商标，老字号传承人重新启用发展老字号时，就会出现传承人的商号与非传承人的商标之间的权利冲突。①

类似于本案中的情形，老字号已经被注册为商标，其传承人要继续合法使用老字号，需要关注三个要件：

其一，诚实信用原则。如本案中，余晓华系余复光之孙、余永祚之子，基于同德福斋铺的商号曾经获得的知名度及其与同德福斋铺经营者之间的直系亲属关系，将个体工商户字号登记为"同德福"具有合理性。余晓华登记个体工商户字号的行为是善意的，并未违反诚实信用原则。诚实信用原则是我国法律中的基本原则，反不正当竞争法中规定诚实信用原则是要求经营者在商业活动中主观心态保持善意，善意地履行自己的义务，避免侵害他人的合法利益。在老字号已经被合法注册为商标后，其传人要继续使用老字号首先在主观上要符合诚实信用原则，即系真实的老字号企业传承人。

其二，不会使消费者产生误认。本案中重庆同德福公司在其产品外包装上使用的企业全称，标注于外包装正面底部，"同德福"三字位于企业全称之中，与整体保持一致，没有以简称等形式单独突出使用，也没有为突出显示而采取任何变化，且整体文字大小、字形、颜色与其他部分相比不突出。产品外包装上的"同德福颂"系根据史料记载的同德福斋铺曾经在商品外包装上使用过的一段类似文字改编，意在表明"同德福"商号的历史和经营理念。"同德福颂"四个字字体相对较大，但其与"同德福颂"的具体内容形成一个整体，并不会使消费者对产品的产地产生混淆。"同德福颂"及其具体内容仅属于普通描述性文字，明显不具有商业标识的形式，也不够突出醒目，客观上不容易使消费者对商品来源产生误认，亦不具备替代商标的功能。

其三，对于经营活动中断的老字号企业亦需要考量商誉的强度。本案中鉴于同德福字号商誉强度大，即便在停止营业四十余年后，基

---

① 参见王莹:《老字号知识产权法律保护问题研究——以"同德福"商标侵权及不正当竞争案为例》，西北大学 2019 年硕士学位论文。

于经营的延续性，其变更个体工商户字号的行为以及重庆同德福公司登记公司名称的行为亦不构成不正当竞争。中断使用影响商誉的延续，从一定程度上来说，商誉越强，法律对老字号企业后人的保护程度就越高。

（七）老字号也需要重视公司治理

在前面的部分，我们大量论述了老字号企业特有的法律风险，但回归到作为企业的本质，公司治理亦是老字号企业需要重点关注的内容。公司治理渗透于老字号企业的日常运转中，从高层决策到下层落实，公司治理在一定程度上决定了老字号企业能否基业长青。

1. 老字号企业转型成公司形态后面临的挑战

现存的老字号企业存续时间往往数十年上百年，其间组织结构也随着社会经济发展而逐步由个人作坊到合伙企业，再由合伙企业转变为公私合营、公司化改制等历程。一般而言，组织结构的发展是为了适应生产力发展的结果。而当前公司的组织形态尽管相较于前面的组织形态具有一定的先进性，但同时也存在着自身的矛盾和问题。

公司作为一种组织形态，所处的矛盾和问题张力来自持续经营与其阻碍因素之间。持续经营不仅仅是企业按照注册会计师审计准则编制财务报表要遵循的基本假设，也是企业"存在"的根本状态。而企业运行类比成人体，人体要保持长寿需要各个器官和躯体的良好运转，企业要持续经营也需要组织内部良好协作。但正如一句俗语所言"有人的地方就有江湖"，本质上人与人之间存在利益诉求的差异，公司就是将组织相关方（包括股东、员工、客户）的利益诉求整合到一起，提取公有部分并满足这些诉求的存在体。其中，股东和员工属于公司的内部关系，而客户相较于股东和员工属于公司的外部关系。内部关系中诉求的矛盾和冲突将直接影响公司的外部关系中客户诉求的满足。因此，内部关系是影响公司持续经营非常重要的因素，而如何平衡内部关系，是老字号企业在公司制这一组织形态下的核心问题。

2. 现代公司治理是研究和解决公司内部关系的学科

以有限责任公司为例，最高权力机构为股东会，根据公司法的规定，股东会的职权包括决定公司的经营方针和投资计划；选举和更换非由职工代表担任的董事、监事，决定有关董事、监事的报酬事项；审议批准董事会的报告；审议批准监事会或者监事的报告；审议批准公司的年度财务预算方案、决算方案；审议批准公司的利润分配方案和弥补亏损方案；对公司增加或者减少注册资本作出决议；对发行公司债券作出决议；对公司合并、分立、解散、清算或者变更公司形式作出决议；修改公司章程；公司章程规定的其他职权。企业的一切重大人事任免和公司决策都将需要股东会的批准。

在股东会之下设董事会或执行董事，董事会或执行董事对股东会负责，职权包括召集股东会会议，并向股东会报告工作；执行股东会的决议；决定公司的经营计划和投资方案；制订公司的年度财务预算方案、决算方案；制订公司的利润分配方案和弥补亏损方案；制订公司增加或者减少注册资本以及发行公司债券的方案；制订公司合并、分立、解散或者变更公司形式的方案；决定公司内部管理机构的设置；决定聘任或者解聘公司经理及其报酬事项，并根据经理的提名决定聘任或者解聘公司副经理、财务负责人及其报酬事项；制定公司的基本管理制度等。董事会可以视为股东会的执行机构。

此外，有限责任公司还设监事会或监事，对公司的业务活动、财务活动等进行监督。在股东会、董事（会）、监事（会）之下，设总经理及各部门负责人岗位，负责公司具体运营。

我们可以理解为，以股东会为首下设执行机构董事（会），监督机构监事（会），具体任命公司总经理、各部分负责人及相关工作人员构成了企业的骨骼，它们之间的权责分配构成了公司治理的核心内容，公司治理即为平衡内部关系、解决内部矛盾的学科。

3. 公司治理问题的普遍性

公司治理的核心在于公司内部各部门权责的配置，企业组织的有效运转有赖于健全的公司治理结构。常见的公司治理问题主要集中于股东与股东之间的矛盾及股东与经营管理层之间的矛盾。

以有限责任公司为例，有限责任公司的特点为"人合性"，"人合性"是指在有限责任公司的成员之间，存在着某种个人关系，这种关系很像合伙成员之间的那种相互关系。人合性的特征表现在：股东人数有一定限制，在各国公司法中，对其他各类公司只规定限制股东的最低人数，而无最高人数的限制，但对有限责任公司大多规定了最高人数的限制；公司注册资本全体发起股东认缴，不得向社会公开募集；公司资本并不进行等额股份划分，在公司内部，股权可以自由转让，但如果股东向公司股东以外的人转让股份，则须征得其他多数股东的同意，并且在同等条件下，其他股东享有优先购买权；公司的经营活动和财务账目无须对外公开，具有典型的封闭性公司的特征。[①] 在有限责任公司这一公司形式下，常见的公司治理问题有：

第一，持股比例相当的大股东若产生争议，则可能导致公司僵局。在股东层面，若因持股比例相当的股东之间产生争议，可能导致陷入公司僵局。公司僵局是指公司在存续运行中由于股东、董事之间矛盾激化而处于僵持状况，导致股东会、董事会等公司机关不能按照法定程序作出决策，从而使公司陷入无法正常运转，甚至瘫痪的状况。由于无法作出经营决策，公司不能正常进行经营活动，管理陷于瘫痪和混乱，必然导致公司的无谓损耗和财产的流失。由于公司僵局，经营决策无法作出或无法有效执行，公司不能在瞬息万变的市场竞争中获得收益，股东预期的投资目的也难以实现。由于股东之间已丧失信任，合作的基础破裂，控制公司的一方往往会侵害另一方的利益。同时，公司僵局会导致公司业务的递减、效益下降，以致公司裁员、降低工资，直接侵害职工利益，甚至损害公司客户、供应商及其他债权人的利益。僵局引起的种种不协

---

① 参见 MBA 智库（人合性），https：//wiki.mbalib.com/wiki/%E4%BA%BA%E5%90%88%E6%80%A7，2023 年 3 月 5 日。

调所造成的影响逐渐由内波及至外，使公司商誉下降，形象受损，客户流失，公司债务大量堆积，引发连锁反应，进而对市场产生震荡。从法律角度来说，公司一旦陷入僵局，如：构成公司持续两年以上无法召开股东会或者股东大会，公司经营管理发生严重困难的；股东表决时无法达到法定或者公司章程规定的比例，持续两年以上不能作出有效的股东会或者股东大会决议，公司经营管理发生严重困难的；公司董事长期冲突，且无法通过股东会或者股东大会解决，公司经营管理发生严重困难的；经营管理发生其他严重困难，公司继续存续会使股东利益受到重大损失的情形等法定情形的，符合条件的股东可起诉要求解散公司，对公司经营发展产生极其恶劣的影响。

第二，股东之间持股比例相差较大，可能侵害小股东权益。若股东持股比例相差较大，大股东通过滥用表决权、关联交易、操纵利润分配、侵吞公司财产等行为侵害小股东利益，则不利于公司内部"人合性"，小股东一旦利用知情权纠纷诉讼、大股东损害公司利益责任纠纷诉讼等维护自身权益，或者利用舆论，将直接损害公司商誉。

第三，股东层面的争议将影响公司经营层的稳定性。若因股东自身涉诉，导致股权被强制执行、拍卖变卖，则"人合性"将不复存在，而由此带来的也将是公司僵局及经营管理层的"大换血"。同时，在有限责任公司人合性的基础上，由股东会下设董事会、监事会及部门负责人都体现了各股东的合意，可以说作为公司最高权力机构的股东会成员及之间关系的稳定决定了下设各部门的稳定，一旦股东层面动荡不安，则公司经营层亦将频繁更换，不利于公司的正常经营。

第四，前面所论述的老字号企业用工风险及因产品质量问题导致的负面舆论等现实常发现象在一定程度上都体现了公司治理结构存在漏洞，公司治理结构是从上至下的经营理念融合，亦是从下至上的问题反馈，健全的公司治理结构所带来的良性循环，将护送老字号企业稳健发展。

4. 老字号企业与持续经营相关的实例与建议

尽管在笔者撰写本部分的过程中，暂未查阅到老字号企业直接发生的重大公司治理问题，但依然存在着可能影响老字号企业持续经营的实例，我们在此简要介绍并提出相关建议。

以秋林集团为例，秋林集团创建于 1900 年，是中国第一家百货公司。经发展成为一家以商业为主的集团化、现代化大型商业零售企业。公司从事的主要业务是黄金珠宝设计加工批发、百年老店秋林公司的商业经营、百年历史秋林食品的生产加工批发零售及相关金融业务的开展。[①] 2019 年，秋林集团控股股东嘉颐实业及其一致行动人黑龙江奔马投资公司、颐和黄金制品公司所持公司股份均因涉诉被冻结，并且董事长李亚、副董事长李建新均处于失联状态。而在遭遇业绩预减、股份遭冻结、正副董事长同时失联以及巨额连带担保被诉至法院等一系列变故后，秋林集团最终也于 2021 年 3 月终止上市。秋林集团停牌前股票为 1.9 元，对比 2015 年的高点，股价跌幅超 93%，这家百年老店总市值蒸发超百亿。[②]

再以杏花楼为例，杏花楼创建于清代咸丰年间，是享誉申城的粤菜名家，旗下的特色饭店和老字号酒楼也呈"百家争鸣"的状态，南新雅华美达大酒店、杏花楼、新雅粤菜馆、扬州饭店、沈大成、香满楼、德兴面馆、燕云楼、洪长兴、老正兴、功德林、老半斋、德大西菜社，都是集团内的商户。但在 2021 年，杏花楼集团却因为自己的股东陷入官司纠纷，导致集团股权被司法拍卖。据天眼查，杏花楼集团共有 75 名股东，而此次涉事的东亚联合控股集团则是紧随上海新世界（集团）有限公司之后的，杏花楼集团的第二大股东，持股比例为 7.47%，据相关资料显示，东亚联合控股集团因为深陷一桩借款合同纠纷，被法院轮候冻结其在杏花楼

---

① 参见《老字号秋林集团股东管理层乱象频现两个董事长失联》，载商产网 2019 年 3 月 15 日，https://www.shangchan.cn/news/show-298097.html。

② 参见《巨亏、退市，121 岁的秋林黯然离场》，载蓝鲸财经 2021 年 3 月 16 日，https://www.lanjinger.com/d/154836。

集团中的 660 万元投资股权。虽然杏花楼曾向法院请求解除轮候查封冻结财产的保全措施，但最终被法院驳回。2020 年 11 月 4 日，上海市普陀区人民法院发布执行裁定书，因被执行人至今未履行法律文书确定的义务，法院裁定将拍卖杏花楼集团 330 万股股权。①

针对现实问题，老字号企业若希望在一定程度上维护股东的稳定性，维护经营管理层的稳定性，笔者认为可从以下几个角度予以改进。

第一，将维护公司"人合性"落实到老字号企业股东之间签订的股东协议及公司章程中。根据公司法的规定，股东向股东以外的人转让股权的，应当按照公司章程的规定取得其他股东的同意，经股东同意转让的股权，在同等条件下，其他股东有优先购买权。而当股东因涉诉，股权面临被拍卖变卖时，其他股东的优先购买权仍然受到保护，人民法院依照法律规定的强制执行程序转让股东的股权时，应当通知公司及全体股东，其他股东在同等条件下有优先购买权。法律之所以如此规定，亦是为了维护公司的"人合性"。因此，在老字号企业股东签订股东协议或者公司章程时，应当对此予以明确，当公司股东涉诉导致公司股权被拍卖、变卖时，其余股东应当行使优先购买权而不是可以有选择性地行使，避免公司股权被股东以外的人竞拍。

但同时需要格外注意的是，需要防止"道德风险"的存在。比如，因股东协议及公司章程中约定其他股东必须行使优先购买权回购涉诉股东持有的股权，故涉诉股东不愿意尽力采取其他措施以偿还款项，这将产生本末倒置的后果。因此，在协议中亦可约定，涉诉股东须对行使优先购买权股东负有损失赔偿责任。

第二，在股东协议及公司章程中对小股东权益的保护予以详尽约定，比如公司账务的按时公开制度，保障小股东对公司经营的知情权；约定股

---

① 参见《第二大股东陷入合同纠纷，这家百年老字号的部分股权要被拍卖了》，载百家号"阿里资产"2021 年 1 月 14 日，https://baijiahao.baidu.com/s?id=168877381 4576757744。

权回购条件，当公司大股东侵犯小股东权益时，可要求其回购股权；约定损害赔偿责任，避免股东权益受损等。

第三，事先预设陷入公司僵局的处理方法。股东行使权利依赖于其表决权，而陷入公司僵局则表现为股权相当的股东之间因表决权相当，无法取得一致意见，无法作出有效的决议。因此，可以在公司章程中对表决权回避及限制表决权等作出约定。对于特殊事项作出特殊约定，并不限于公司法中规定的法定僵局事项，针对各行各业经营中可能面对的个性化争议事项，在股东会无法作出有效决议时，回避其表决权或对其表决权作出限制。这样亦可以防止股东之外的人因拍卖变卖等方式取得股权，而与老股东观念不合，导致公司经营不稳定的情况产生。同时，若董事（会）或监事（会）因陷入僵局，则可将相关事项报股东会进行表决。对因股东死亡导致的股权继承问题亦须明确约定。

第四，利用股权激励保障公司高管的稳定。公司高管由公司股东会、董事（会）任命，是股东会及董事（会）意思表示的实际执行者，前述保障股东的稳定性亦在一定程度上保证了高管层的稳定性，但从高管层自身来说，亦需要公司采取一定的激励措施，降低高管层的流失率，才能保证公司业务经营的稳定。股权激励是保证员工稳定性的有力手段。股权激励不同于其他公司治理方式的特点在于不再使用权利的赋予与剥夺、监督与制衡等方式，从表面上看，股权激励是股东对经营者的一种奖励，一种期权的行权和额外财产的取得，但是实质上将经营者从纯粹的代理人变成一种特殊意义上的股东，这种特殊意义上的"股东"所持有的股票或者其他意义上的财产权利与二级市场上的投资者有很大的不同，其不同点可以从两个方面来解释：其一，股权激励对于经营者来说往往是一种期权，股东是否兑现其股权激励计划往往对经营者设定了一定的经营目标作为行权条件，同时还有期限和数量上的严格限制，这与二级市场投资者是有很大不同的；其二，往往有禁售期及其他的转让时间和数量上的限制，这种限制既可以表现为公司法上的规定也可以表现为公司章程的规定，而二级市场上的投资者在购买出售股票上并无此方面的限制，完全是买卖双方的合意行为。作为一个理性的经济人，谁都不愿意自己财产的贬值和减损，通过股权激励的方式股东将经营者与公司的经营业绩和表现紧紧地"绑架"在一起，从而达到一种风雨同舟、同进同退的效果。[①] 但需要防止因股权激励的存在，高管层实际上已经无法再为公司创造任何新的价值，但仍不愿意离开公司，导致公司高层人员冗余，下级员工晋升困难。面对这种情况，老字号企业亦需要在股权激励协议中予以关注，比如，可将高管层的股权激励与绩效关系相结合。

---

① 参见百度百科（公司治理），https：//baike.baidu.com/item/%E5%85%AC%E5%8F%B8%E6%B2%BB%E7%90%86/3765?fr=aladdin#3，2023 年 3 月 22 日访问。

第三部分

中华老字号传承创新发展

　　本书前述章节已充分论述了中华老字号发展历史沿革、现有体系以及遇到的法律问题，本部分内容立足点在于聚焦中华老字号企业的市场活动，通过时间维度项下梳理老字号企业发展过程中的改革、创新，深度挖掘、剖析老字号企业不断适应市场需求的路径，分享成功经验。他山之石，可以攻玉，希望本部分内容给老字号企业带来启发。

　　中华老字号在中国历史上占据着重要的地位，以其丰富的历史和独特的文化传统为特色，具有鲜明的民族特色，其品牌价值得到了社会的认可和消费者的信赖。因此，中华老字号在发展创新的过程中，企业不仅需要重视传统文化的传承，保持其特色，以赢得消费者的青睐和信任，进而实现可持续发展；同时也需要积极开发新的品牌和新的产品，以满足消费者的新需求，从而扩大品牌的影响力和市场份额。在互联网高度发达的今天，生产技术方面研发的加强与市场营销技术方面的创新在老字号的发展过程中也发挥了十分重要的作用，比如，一个品牌如果能够超前运用网络营销、数字化营销、社交媒体营销等新型营销手段，就能极大地吸引消费者，从而扩大消费者群体。

　　下文将通过产品、客户、经营模式以及推广模式四个路径，分析、探究老字号传承创新与发展；此外，本部分还将放眼全球老品牌，通过国内外的对比探寻其共同及区别之处。

一、产品覆盖范围的改变

（一）国内老字号

1. 内联升　篇

（1）历史概览

北京内联升鞋业有限公司（以下简称内联升）是商务部第一批认定的"中华老字号"企业，至今已走过将近 170 个年头，其在起家发展过程中历经了几个重要阶段。内联升由赵廷创办于清咸丰三年（1853年）。赵廷是河北省武清县人，十几岁开始在东四牌楼一家靴鞋店学徒，其后在一位丁姓官员的资助下，赵廷得以在崇文门内东江米巷（东交民巷）开办内联升靴鞋店，取名内联升，内指"大内"，意在为皇亲国戚、朝廷大员做靴，联升寓意穿了本店的朝靴就可连升三级，官运亨通。

在内联升之前，朝中官员穿鞋在各个店铺购买，并无专门的朝靴店铺，赵廷通过丁姓官员接触到许多朝中官员，得知官员表示对现有朝靴制作商铺的不满后，决定利用自己的手艺专营朝靴。内联升的朝靴深受朝中大员喜爱，逐渐在达官贵人圈中口碑相传。那时的各级官员定做购买内联升的朝靴时，一般的小官小吏，都要亲自来店铺定做购买，但是品级更高的官员则可以把内联升的师傅叫到家中为其量尺寸做朝靴。最初的时候内联升为朝廷高官定做朝靴，都要派人量尺寸、试样子，往返需跑好几趟，第二次为该官员做朝靴还要派人去量尺寸、试样子，十分费工费时。于是，赵廷把朝廷中在内联升定做过靴鞋的文官武将，大小官员的姓名、年龄、住址、靴子尺寸、特殊爱好等内容都记录在一本账册中，并把其命名为《履中备载》。这样大小官吏再次定做，就不必反复测量修改，也无须伙计到朝廷大员家中打扰，或是官吏再跑到内联升，做到了各方都省时省事，也由此增加了顾客对内联升品牌的信赖与钟情。而且，当时朝靴也可用于送礼，有了内联升的《履中备载》，也方便了送礼者依照记载定做靴子送与亲友同僚。

随后，内联升在北京、天津、大同、青岛相继开有分号。此外，内联升也尝试多种经营，其产品以朝靴为主外，也经营棉鞋、便鞋。在北京东单今东方广场附近开了"万盛斋"，面向普通消费者。内联升给坐轿子的做鞋，万盛斋给抬轿子的做鞋。当时，抬轿人、车夫穿的是内联升做的鞁鞋，朝廷文武大员穿的是内联升做的朝靴；宣统皇帝在太和殿登基时穿的龙靴，也是内联升做好后送到内务府的。各处分号也有所侧重，如天津的分号以做绣花鞋为主。

1900年庚子事变，八国联军攻入北京，内联升店铺全部毁于战火。侵略者撤离北京后，内联升就在灯市口西边的乃兹府重新开业，经多年经营，生意又恢复起来。但在1912年，内联升再次遭遇劫难，起因是袁世凯为拒绝到南京就任大总统，密谋制造北京兵变，乱兵到处烧杀抢掠，内联升再一次遭受破坏。后来，赵廷的儿子赵云书就把店铺由乃兹府迁往了宣武区前门外的廊坊头条，还在大栅栏西边的北火扇胡同建立了制鞋作坊。

辛亥革命结束了中国几千年的封建统治，也给了内联升致命的一击，内联升引以为傲的产品——朝靴没人穿了。此时已是中华民国时期，内联升掌门人赵云书是河北省咨议局议员，无暇经营，内联升开始交由经理人管理，而赵云书作为出资人很少过问内联升的经营管理。此时内联升形式上打破了前店后厂的传统，将制鞋作坊迁到距离廊坊头条不远的北火扇胡同，事实上自产自销的性质不变。

时过境迁，内联升再难固守它的高端定位，内联升转变经营策略，随之内联升发展史上具有跨时代意义的产品——千层底布鞋面世，一经问世就受到社会大众的喜爱。

中华人民共和国成立前夕，内联升和整个中国经济一样，处在濒临崩溃、奄奄一息的境地。中华人民共和国成立初始，内联升又同中国社会经济一样，处于转变方向、调整结构、在新的生产关系下成长发展的过程中。由于原来的经营方向和产品不适应新社会的需要，内联升生意非常清淡，员工仅余五十人左右。

1956年至1958年间，内联升完成了经营方向上的转变，进入"恢复发展"期，鞋店也由私营企业变成了国有企业。此时，内联升千层底布鞋成了北京名牌产品，并且走向全国各地，内联升产品种类进一步拓宽，开始生产女鞋及解放鞋。

1956年公私合营后，内联升再一次迁址到大栅栏步行商业街，今天福茶庄所在地；1958年内联升最后一次迁址到大栅栏西侧，今大栅栏街34号，现址所在。内联升结束了半个多世纪的"漂泊"。

1970年，在政府的指导下内联升办起了全新含义的"后厂"，在政府调配下，内联升由多家鞋厂进鞋出售。北京鞋厂的产品以及外省市组织生产的非自产鞋是当时内联升销售的主要产品，非自产鞋占销售额的 80% 以上。事实上，计划经济年代，物价在国家的控制下，内联升的自产纯手工鞋没有利润可言，远不如从其他工厂进鞋出售利润高。内联升的鞋子也不再是奢侈品的代名词，从其他工厂进货以后，在物价部门的审核下，加价 20% 在柜台上出售。

在此时期，内联升为传统工艺延续作出了多方努力。他们发挥前店后厂的特长，门市销售缺什么，后厂就补充什么；门市需要什么，后厂就生产什么，小批量、多批次，在质量、品种、号型、式样上下功夫，满足市场需求。尽管这一时期，内联升的名称改了，但它的千层底布鞋仍然吸引着北京及各地的人们。

内联升虽然暂时失去了自己的品牌，也没有了昔日风光，但是同为鞋店，较其他鞋店仍具有优势。内联升续写新《履中备载》，其中全面记载了中华人民共和国党和国家领导人毛泽东、周恩来、邓小平等的"足迹"档案，以及许多国际政要的制鞋记录。

北京市政府对内联升也颇为照顾，有意识地帮助内联升保留一些原有的特色之处。其一，销售主体虽不是内联升的自产靴鞋，但保留了前店后厂的形式，内联升仍有属于自己的加工厂；其二，在物资贫乏的年代，内联升传统手工布鞋用的纯毛毛料由政府特批提供，也是在此支持下，内联升的靴鞋制作手艺和制鞋文化得以部分传承。此时，内联升已经由专为达官贵人制造靴鞋的前店后厂式的手工作坊，转换为专为工农兵服务的销售布鞋、解放鞋的鞋店。

1976 年，内联升决定增添皮鞋的生产与经营。这是它以前店养后厂思路的进一步展开，演变成以皮鞋养布鞋，目的仍在于保护和发展自己的传统产品。

"文化大革命"时期，内联升一度更名为"东方红鞋店""长风鞋店"，直到 1977 年，恢复老字号内联升的名称。

改革开放后，老字号内联升遇到了新发展机遇。1977 年，北京市出台相关政策，恢复老字号商标，内联升是第一批恢复老字号品牌的企业。

1986 年内联升新工厂厂房竣工，占地面积约十三亩。1988 年具有清代建筑风格，营业面积一千七百多平方米的新营业楼落成。

1980 年至 1982 年间，内联升后厂曾实行定额计件工资制，希图以这方面的改革谋求传统技艺的继承和生产的提高。这种办法在当时调动了职工的积极性，皮鞋日产量达到 500 双，经济效益明显提高，职工们对技术的学习热情也高涨起来。但由于违反有关规定，1983 年这种办法被制止，内联升还为此补交税款数万元。

1983 年，大栅栏 34 号内联升老店铺被拆除，内联升在原址上重新修建内联升店铺。不过"生不逢时"，竣工当年恰遇 1988 年抢购风，竣工第二年市场疲软，管理混乱，人员缺乏责任心，1988 年进的鞋直至 1992 年还没有摆上柜台。

1992 年的一天，内联升接到一个电话，要求定做一双手工皮便鞋。在当时业务经理程来祥的带领下，内联升竭尽全力按要求制造好鞋子。几天后，一双鞋码为 37.5 号的皮底皮面小舌鞋穿到邓小平的脚上。随后，脚的主人穿着这双鞋穿过上海黄浦江，走过深圳罗湖港口，邓小平"南方谈话"让中国"东方风来满眼春"。

1976 年至 1985 年间，一方面，内联升极力挣脱旧体制的束缚，在工资、价格、技术、管理等多方面做着各种尝试和努力；但同时，它又受着旧体制的多方限制，使得寻求突破和变革的工作困难重重。另一方面，改革毕竟为内联升提供了机会，提供了做多方尝试的天地，使内联升受到社会广泛的重视。1988 年宪法修正案提出，国家允许私营经济在法律规定的范围内存在和发展。1997 年党的十五大提出"抓大放小"，国有企业退出一般性竞争行业。国企改革步入所有权的深水区。

内联升管理层新任领导班子在知道这个消息的第一时间，主动向上级单位申请改制。事实上，面对改制，不少企业消极应对，因为对于企业改制后的前景，员工们并不看好。内联升则持截然不同的态度。内联升领导班子认为，目前内联升效益仅能勉强维持盈亏平衡，不改制很难有更好的发展，内联升管理层与北京市宣武区商业局最终讨论决定在内联升进行股份制改造。

2001年，全体职工成立员工持股会，由员工持股会和管理层共同出资成立股份制公司，内联升企业性质变更为有限责任公司，内联升此次改制并没有完全抛弃国有股份，其上级企业大栅栏商贸集团（即金座公司）仍占部分股份。2004年，完成股份制改造后，内联升彻底脱胎换骨成为（纯民营）股份制企业，员工成为公司股东。内联升进入快速发展时期。

经过反复思考、评估，当时任内联升总经理的程来祥意识到内联升的品牌价值极大，发展前景良好，对内联升股份制改造信心满满，于是程来祥率先出资10万元，成为内联升有限责任公司董事长。

2008年8月8日，北京奥运会是华夏儿女的百年期待，汇聚了无数国人的梦想。4月份的一天，距离奥运会开幕还有百天，内联升董事长程来祥在报纸上看到"为了迎接奥运，全国各地精挑细选的颁奖礼仪志愿者们吃尽了苦头。由于长时间穿着高跟鞋训练，姑娘们每个人的脚底板都磨出了泡、流出了血，疼痛不堪。大家使出浑身解数，或在脚后跟贴上创可贴，或鞋子里塞上丝袜、垫上鞋垫，尽管如此，每个志愿者还是累得筋疲力尽，根本原因，都是鞋子惹的祸"。程来祥看完报道，内心久久不能平静。百年奥运是全中国人民的期待，如果让颁奖礼仪小姐人人穿上舒适美观的内联升布鞋，不仅可以与服饰相匹配，展现中国传统文化内涵，而且还不矫揉造作。作为中华老字号的内联升，能为奥运做些什么呢？几经周折，内联升终于联系到奥组委，表示愿无偿为奥运会礼仪小姐提供颁奖用鞋。

奥组委知道后喜出望外，很快组织人员走进内联升企业认真考察，发现内联升是著名的中华老字号企业，历史悠久，享有"中国布鞋第一家"的美誉，颇富文化内涵，完全代表着一种东方文化。能够为奥运作贡献，内联升全体职工的心情格外兴奋，但是颁奖鞋的要求非常高，外表要美观硬挺、鞋内要舒适合脚，跟型的设计和高度还要符合各个场馆的不同场地要求，经过一番认真思索，内联升设计出了分体跟、坡跟、平跟等不同跟鞋的鞋款，还根据不同服饰风格，精心制作了青花瓷、国槐绿、宝蓝、粉红及宝蓝室内软底 5 款缎面鞋（如图 3-1 所示）。

在"北京 2008 年奥运会颁奖礼仪服饰及主要颁奖元素发布会"上，由于内联升采用具有传统特色的缎面和技术制作的布鞋，与颁奖服饰十分匹配，得到了与会者的称赞，时任北京奥组委副主席蒋效愚在发布会上，特别对内联升提出由衷的感谢。

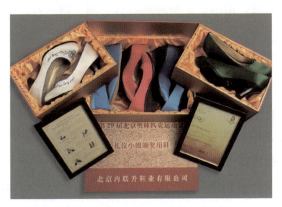

图 3-1　第 29 届北京奥林匹克运动会内联升提供的礼仪小姐颁奖用鞋[①]

（2）创新与发展——从朝靴到潮鞋

内联升创始之初是做服务于官员阶层的朝靴起家的，而现在市场已经发生了变化，鞋类消费市场主要是面对"90 后""00 后"，而这个年龄段市场最活跃的品类是运动鞋以及潮牌的帆布鞋等产品。

为适应改变，内联升提出了一个口号叫作"从朝靴到潮鞋"。为此，内联升首先与具有强号召力的时尚人士建立联系，借此与时尚前沿同步。为重新让年轻人对品牌建立认知，2018 年，内联升在三里屯太古里开启潮鞋快闪店。

过去一提到北京老字号总有一种"三老"印象，就是"人老、店老、产品老"，而内联升则通过线下的潮鞋快闪店颠覆了公众对于老字号的认知。内联升快闪店，平均一天接待 2 万多人次，高峰时段达到了一分钟接

① 参见百家号"首都图书馆"官方账号，https://baijiahao.baidu.com/s?id=1702065595813145991&wfr=spider&for=pc，2023 年 7 月 17 日访问。

待 70 人次，市场反响良好。快闪店内布局分成两个区域，一半是中华民国主题区，展示最具代表性的 10 款中国经典鞋型；一半是现代主题区，展示的是和设计师、艺术家以及潮牌合作的联名款，其中也包括和一些知名 IP 合作的产品。除了三里屯的快闪店，内联升也在做一些沉浸式体验空间。比如，2020 年 1 月，内联升跟王府井百货大楼地下的和平菓局一起合作了国潮庙会，借助这个新兴网红打卡地，内联升的活动和产品广受欢迎。

此外，内联升还进军"咖啡界"，突破旧有产品范围。2022 年 8 月 6 日，内联升打造的新消费品牌"大内·宫保咖啡"正式营业，首店位于内联升大栅栏总店的二层。

内联升抓住时代的特性，且其深刻意识到抓住年轻消费者对其企业继续发展下去的重要性。基于该认识，内联升围绕年轻消费者的需求及喜好，与设计师合作推出潮鞋快闪店，由"鞋类"跨界到"咖啡界"，打造新的消费品牌。"从朝靴到潮鞋""大内·宫保咖啡"均是老字号内联升在产品覆盖范围方面作出的创新性改变，而这种创新精神也是老字号品牌生生不息的力量源泉。

2. 桂发祥十八街　篇

（1）历史概览

天津桂发祥十八街麻花食品股份有限公司（以下简称桂发祥）是商务部第一批认定的"中华老字号"企业，至今已走过将近 100 个年头，其在起家发展过程中历经了几个重要阶段，梳理如下。

1927 年，天津卫海河西侧新开张了一间麻花铺，掌柜刘老八，因店铺地处东楼十八街，"十八街麻花"因此得名，一经问世，便以酥脆香甜的口感，久放不绵的特点，成为津门乃至北方美食的翘楚。

1994 年由桂发祥集团出资设立桂发祥十八街麻花总店，桂发祥明确定位将地方特色小吃麻花打造成为特产、伴手礼。所以从品牌产品到渠道都是围绕天津特产建设。21 世纪初，正好赶上国有企业改革，推行全员持股政策，桂发祥在改革的浪潮中，完成了自己的蜕变，成为国有控股、员工持股的混合所有制企业。

改革之后，桂发祥的发展加快了脚步。2002 年，桂发祥建设新厂，大力铺设门店。2011 年引入战略投资者之后，桂发祥改制进入第二个阶段，引入现代管理理念，2016 年在深交所挂牌上市。

桂发祥主要从事传统特色及其他休闲食品的研发、生产和销售，产品包括以十八街麻花为代表的传统特色休闲食品，以及糕点、节令食品、休闲食品、方便食品。主打产品桂发祥十八街麻花，荣获首届中国特色旅游商品金奖、"首届中国金牌旅游小吃"称号，其制作技艺入选国家级非物质文化遗产代表性项目名录，在中华糕饼品质评鉴大会上荣耀入选《国饼经典》《国饼十佳》。

桂发祥已经形成以直营店为主，经销商、商超及电子商务等相结合，全方位覆盖市场的营销网络体系。目前在天津设有六十余家直营店以及 1 家食品主题综合商场，直营体系在销售业绩保证、品牌知名度提升、增强市场话语权方面起着相当重要的作用。

（2）创新与发展——坚持传统特色食品的核心定位，单一市场下开拓多条产品线

任何产品都有生命周期，因此产品的更新换代、研发创新始终是一家企业的核心生命力。桂发祥在创新之路上，采取差异化竞争，坚持打造传统特色食品品牌，在传统特色食品这种单一市场上拓宽多品类产品，力图在传统特色食品细分市场上做龙头企业。

以前桂发祥仅将麻花作为自己的核心优势，营收增长支柱仅依靠麻花，这导致消费群体较为单一以及营收增长幅度较慢，品牌长期发展具有局限性。因此，桂发祥开始寻求产品种类上的改变，坚持专注"传统特色食品"核心定位的同时，拓宽产品种类，即在麻花之外，开始在传统特色食品这一单一市场上拓宽多品类产品，如糕点品类，重点培育的糕点产品成为营收增长新支柱。在此同时，桂发祥大力发展方便食品产业。秉承老字号企业做方便食品要有老字号特色的原则，利用地域优势推出天津经典风味的方便食品，开发出嘎巴菜、茶汤等方便食品，从品种、品质、品牌

多方面发力，做出吃得香、叫得响、卖得火的天津特色方便食品，形成了麻花、糕点、方便食品三大支柱，推动公司稳健发展。

面对企业的发展，桂发祥专注"传统特色食品"核心定位，以"传统技艺与现代科技结合、传统文化与现代时尚融合"作为指针，利用老字号金字招牌、资本市场优势资源，努力打造特色休闲和中华传统食品企业龙头，不断丰富传统特色食品类型，在麻花这一特色优势之外，增加糕点和方便食品两大新支柱。

3. 五粮液 篇

（1）历史概览

五粮液集团公司（以下简称五粮液）是商务部第一批认定的"中华老字号"企业，是一家以酒业为核心，涉及智能制造、食品包装、现代物流、金融投资、健康产业等领域的特大型国有企业集团，现有职工近5万人。五粮液酒是公司主导产品，以高粱、大米、糯米、小麦、玉米五种精细谷物为原料，以古法工艺配方酿造而成，是世界上率先采用五种粮食进行酿造的烈性酒。其多粮固态酿造历史传承逾千年，自盛唐时期的"重碧酒"即开始采用多粮酿造。北宋时期，宜宾大绅士姚君玉开设姚氏酒坊，在重碧酒的基础上，经过反复尝试，用大米、高粱、糯米、荞子和小米五种粮食加上当地的安乐泉水酿成了姚子雪曲。明初，陈氏家族创立"温德丰"酒坊，融合姚子雪曲酿制精要，将原五粮配方中的小米替换为当时新从海外引进的玉米，最终形成了更趋完美的"陈氏秘方"。清末，邓子均继承"温德丰"酒坊后，将其改名为"利川永"；1909年，改名为"五粮液"。

1952年，长发升、利川永、刘鼎兴、天锡福、张万和、全恒昌、听月楼、钟三和8家宜宾最著名的古传老酒坊，组建成立联营社，1954年，邓子均献出陈氏秘方，并出任技术指导；1959年，更名为五粮液酒厂。1998年，五粮液酒厂改制为五粮液集团公司和五粮液股份公司；同年，五粮液股份公司在深圳证券交易所挂牌上市。

目前，五粮液拥有两家A股上市公司（000858 五粮液和600793 宜宾纸业）。2020年，五粮液被国家农业农村部、发改委等8部委评定为农业产业化国家重点龙头企业，现有10万吨纯粮固态原酒年产能力和100万吨原酒储存能力。其中，最大的白酒酿造车间年产能力达4万吨，产业园区规划面积18平方千米，被评为国家AAAA级旅游景区。其主导产品五粮液酒历史悠久，文化底蕴深厚，入选首批中华老字号和首批中欧地理标志协定保护名录，是中国浓香型白酒的典型代表与著名民族品牌，多次荣获"国家名酒"称号。

（2）创新与发展——产品覆盖高中低各酒度，满足多层次消费者需求

五粮液是以酒业为核心的企业。之前其重点发展产品集中在52°的浓香型白酒，虽然打造出了经典系列的白酒，但还是集中在浓香型白酒，无法满足不同层次消费者的需求。为进一步覆盖更大范围的消费者以扩宽市场，五粮液开始寻求产品覆盖范围上的创新，具体创新之处如下：

公司致力于在全球范围内打造品类齐全的酒类品牌组合，产品覆盖10°、39°、45°、52°、56°、60°、68°、72°等高中低各浓度的酒；同时丰富酒的种类，形成满足不同层次消费者需求的五粮液主品牌、五粮浓香品牌、仙林生态品牌全产品供应链体系。

五粮液推出"1+3"产品矩阵，其中"1"指以第八代五粮液（包括低度、1618）为代表的代际系列；"3"指以501五粮液为代表的古窖系列，以经典五粮液为代表的年份系列，以及以生肖为代表的文化定制系列。五粮浓香产品矩阵包括全国战略品牌，如五粮春、五粮醇、五粮特（头）曲、尖庄，以及区域重点品牌，如五粮人家、百家宴、友酒、火爆。果露酒产品矩阵则包括以仙林品牌为代表的草本露酒，以百麓、舒醺、小酌时光品牌为代表的特色果酒以及以亚洲品牌为代表的原汁灌装葡萄酒。

五粮液丰富覆盖高中低各浓度的酒类产品，同时，酒的类型从白酒扩大到特色果酒，满足多层次消费者需求，产品覆盖呈现高质量、多元化的趋势。

（二）国外老品牌

1. 锐步　篇

（1）历史概览

锐步国际有限公司（Reebok International Limited）（以下简称锐步）是一家美国健身品牌，隶属于美国 ABG 集团（Authentic Brands Group）。锐步于 1895 年在英国博尔顿成立。2005 年，锐步被阿迪达斯公司收购[①]，然后于 2022 年 3 月并入美国 ABG 集团。[②] 该公司的全球总部位于美国马萨诸塞州波士顿海港区。锐步至今已走过将近 130 个年头，其在起家发展过程中历经了几个重要阶段，梳理如下。

1895 年，约瑟夫·威廉·福斯特（Joseph William Foster）设计出最早的钉鞋——"钉子跑鞋"。[③] 1895 年，福斯特先生以 PUMP 命名，创造出第一双充气运动鞋，并且在英国建立了一家专营运动鞋的公司 "J.W.Fosters" 运动鞋有限公司，自此开始为英国专业运动员制造合适的运动鞋，而这家公司就是国际运动品牌巨头锐步的前身。1906 年，由于其儿子 John 和 James 的加入，公司更名为 J.W.Foster & Sons。[④]

1924 年，在巴黎举行的夏季奥运会上，脚穿福斯特跑鞋并夺得 100 米奥运冠军的哈罗德·亚伯拉罕（Harold Abrahams）让福斯特的公司一举成名。[⑤]

[①] 参见纽约时报网站，https://www.nytimes.com/2005/08/03/business/adidas-is-said-to-be-close-to-deal-to-acquire-reebok.html，2023 年 3 月 1 日访问。

[②] 参见美国 ABG 集团网站，https://authenticnewsroom.com/press-releases/abg-finalizes-reebok，2023 年 3 月 1 日访问。

[③] 参见英国电讯报网站，https://www.telegraph.co.uk/finance/2920095/Adidas-buys-Reebok-to-conquer-US.html，2023 年 3 月 1 日访问。

[④] 参见维基百科网站，https://en.wikipedia.org/wiki/Reebok#History，2023 年 3 月 1 日访问。

[⑤] 参见纽约时报网站，https://www.nytimes.com/1986/05/15/business/market-place-the-surging-reebok-stock.html，2023 年 3 月 1 日访问。

1948 年，James 的儿子 Jeff 和 Joe 分别在 1948 年和 1952 年相继加入 J.W.Foster & Sons 公司。但很快他们便退出了家族企业，成立了之后更名为"锐步"的 Mercury 运动鞋业公司。"锐步"（Reebok）是一种南非荷兰语，指一种奔跑速度很快的非洲羚羊。

1979 年，一位名叫保罗·菲尔曼（Paul Fireman）的美国商人在美国国家体育用品展览会上注意到了锐步，经过多次谈判，最终取得了锐步品牌在美国的经营权。[①] 锐步美国有限公司自此成立，锐步由此打开海外市场。同年，菲尔曼以 60 美元的单价向美国市场推出三款新鞋。也是这年，锐步和一众世界优秀运动员（如 Steve Jones）成立了锐步赛跑俱乐部。这一举措帮助锐步打开北美市场。

1981 年，锐步的销售额超过 150 万美元。

1982 年，锐步首次推出锐步自由式有氧运动鞋（Freestyle），这是第一款专为女性设计的健身鞋。[②] 锐步在这款鞋上采用了柔软的服饰皮革鞋面和生胶大底。此款女鞋大受欢迎，次年，锐步的销售额就达到 1300 万美元。[③] 1983 年，锐步发售了许多日后成为经典的产品，如 Workout Plus，Ex-O-Fit Low，Princess，Freestyle，NPC 和 Classic Leather 等鞋款。

1984 年，菲尔曼收购了锐步位于英国的母公司。1985 年，锐步正式成为一家美国公司，在纽约证券交易所首次公开发行股票，股票代号为 RBK，并正式更名为锐步国际有限公司。[④]

此后，该品牌凭借著名网球运动员鲍里斯·贝克尔（Boris Becker）

[①] 参见体育商业报告网站，https://www.sportsbusinessjournal.com/Journal/Issues/2021/06/14/Portfolio/Fireman.aspx，2023 年 3 月 1 日访问。

[②] 参见维基百科网站，https://en.wikipedia.org/wiki/Reebok#History，2023 年 3 月 1 日访问。

[③] McDonald. Mark A., Milne. George R, *Cases in Sport Marketing*, Jones and Bartlett Publishers. p.63–86.

[④] 参见纽约时报网站，https://www.nytimes.com/1986/05/15/business/market-place-the-surging-reebok-stock.html，2023 年 3 月 1 日访问。

和约翰·麦肯罗（John McEnroe）推广的纽波特经典球鞋（Newport Classic sneakers）在职业网球领域站稳脚跟。整个 20 世纪 80 年代中后期，该公司开始从网球和有氧运动领域扩展到跑步和篮球。[①]同时，锐步还开始开发运动服装和配件，并推出了一系列名为 Weeboks 的儿童运动鞋。[②]

1986 年，锐步以 1.185 亿美元收购了美国鞋履品牌 Rockport。[③]此时的锐步销售额已经高达 10 亿美元，超过耐克成为美国最大的运动鞋制造商。[④]

1989 年，锐步 PUMP 技术——可调节的鞋面科技气囊技术诞生，锐步由此推出第一双充气篮球球鞋，将复合的流动气腔设置于鞋中。这是锐步所独有的一项鞋面科技，延续至今。1991 年的灌篮大赛上，NBA 球星 Dee Drown 为 Pump Omni Lites 充气，并以闭眼方式灌篮，成就了一个标志性的时刻。到 1992 年，已有 100 多名专业运动员是该款鞋的忠实客户，其中包括 NBA 篮球巨星沙奎尔·奥尼尔，Shaq Attaq 鞋款也是此时诞生的。[⑤]

20 世纪 80 年代末，锐步与专业健身人士金·米勒合作开发了锐步踏板运动（Step Reebok），这是一种阶梯式有氧运动。1989 年 8 月，由亚特

---

① 参见纽约时报网站，https://www.nytimes.com/1986/01/21/business/market-place-a-brisk-pace-is-set-by-nike.html，2023 年 3 月 1 日访问。

② 参见 Achieve-it.org 网站，https://web.archive.org/web/20180926014557/http：//www.chicagotribune.com/news/ct-xpm-1987-03-15-8701200671-story.html，2023 年 3 月 1 日访问。

③ 参见洛杉矶时报，https://www.latimes.com/archives/la-xpm-1986-09-17-fi-10421-story.html，2023 年 3 月 1 日访问。

④ 参见 letslookagain 网站，http://letslookagain.com/2017/09/running-the-show-reebok/，2023 年 3 月 1 日访问。

⑤ 参见彭博社网站，https://www.bloomberg.com/news/articles/1993-12-19/can-reebok-regain-its-balance，2023 年 3 月 3 日访问。

兰大的 Sports Step 公司推出带有锐步品牌名称的模压塑料踏板。①1990 年 3 月，阶梯式有氧运动课程吸引了媒体的广泛关注。②米勒亲自在美国各地推广锐步踏板运动，并在健身工作室为观众进行演示。阶梯式有氧运动的广受欢迎，帮助锐步销售了数千件可调节高度的阶梯式器械和数百万双带脚踝支撑的高帮鞋。③1995 年，已有 1140 万人开启阶梯式有氧运动。

2001 年，锐步聘请了阿诺尔集团的彼得·阿诺尔（Peter Arnell）担任其首席营销推广机构。该机构帮助开发了姚明系列产品和以时尚为导向的 RBK 品牌。④此后，在中国、达卡、伦敦、洛杉矶、纽约、费城和东京等多个城市开设零售旗舰店。⑤同年，NBA 球星 Allen Iverson 成为锐步史上第一个终身合作的体育明星。

2003 年，锐步开始进军中国市场。基于悠久的品牌积淀以及对健身深刻的理解，锐步推出独树一帜的健身口号——"炼出至我"。

2004 年，锐步收购国家冰球联盟官方赞助商 CCM，自此打开冰球设备市场。

2005 年 8 月，在一场知识产权诉讼后，阿迪达斯以 38 亿美元收购锐步，但二者仍以各自的品牌名称运营。⑥

---

① 参见维基百科网站，https://en.wikipedia.org/wiki/Reebok#History，2023 年 3 月 3 日访问。

② 参见纽约时报网站，https://www.nytimes.com/1990/03/26/sports/on-your-own-step-up-and-down-to-sharper-workouts.html，2023 年 3 月 3 日访问。

③ 参见 Achieve-it.org 网站，https://web.archive.org/web/20150224073519/http：//www.lesmills.com.au/word-is/reebok-running-history，2023 年 3 月 3 日访问。

④ 参见 Achieve-it.org 网站，https://web.archive.org/web/20150402161818/http：//www.sportsbusinessdaily.com/Daily/Issues/2001/12/Issue-59/Sports-Industrialists/Reebok-Names-Margolis-To-New-Position-Of-President-COO.aspx，2023 年 3 月 3 日访问。

⑤ 参见波士顿商业杂志网站，https://www.bizjournals.com/boston/stories/2004/10/18/daily39.html?page=all，2023 年 3 月 3 日访问。

⑥ 参见纽约时报网站，https://www.nytimes.com/2005/08/03/business/adidas-is-said-to-be-close-to-deal-to-acquire-reebok.html，2023 年 3 月 3 日访问。

2006 年，阿迪达斯取代锐步成为 NBA 的官方服装供应商。[①]

2010 年，锐步发售了柔软而有弹性的 Zigtech 革新科技中底。2011 年，锐步宣布与美国健身公司 CrossFit 强强联手建立长期合作关系，同年便推出专为 CrossFit 运动员打造的锐步 CrossFit Nano 训练鞋。[②]

2013 年，锐步宣布与莱美（Les Mills）国际缔结长期合作关系。[③]该合作包括在 Les Mills 的健身计划和媒体营销中使用锐步鞋类和服装产品。锐步凭借在瑜伽、舞蹈、有氧运动和 CrossFit 的市场不断扩大其在健身行业的影响力。[④]

2017 年，阿迪达斯以约 1.1 亿美元的价格将国家冰球联盟官方赞助商 CCM 出售给加拿大私募股权公司 Birch Hill Equity Partners。[⑤]

2021 年 2 月，阿迪达斯宣布出售锐步的计划，并预计锐步的出售可以为其带来约 2.5 亿欧元的营业利润。[⑥] 2022 年 3 月 1 日，美国 ABG 集团以至少 25 亿美元的价格从阿迪达斯手中收购锐步。[⑦]

（2）创新与发展——不断推出功能性产品，提高消费者购物体验

初期的锐步产品主要集中在鞋类。为满足更多消费者的需求且保证企

[①] 参见 ESPN 网站，https://www.espn.com/nba/news/story?id=2404020，2023 年 3 月 3 日访问。

[②] 参见彭博社网站，https://www.bloomberg.com/news/articles/2013-05-29/adidas-to-make-crossfit-delta-logo-symbol-for-reebok-fitness，2023 年 3 月 3 日访问。

[③] 参见 Adage 网站，https://adage.com/article/news/change-reebok-logo-shift-pros-crossfit/291923，2023 年 3 月 3 日访问。

[④] 参见 Achieve-it.org 网站，https://web.archive.org/web/20160828051346/http：//www.fastcodesign.com/3027567/how-reeboks-crossfit-logo-took-over-the-mothership，2023 年 3 月 3 日访问。

[⑤] 参见路透社网站，https://www.reuters.com/article/us-adidas-divestiture-hockey-idUSKBN1AC2AE，2023 年 3 月 3 日访问。

[⑥] 参见美国消费者新闻与商业频道网站，https://www.cnbc.com/2021/03/10/adidas-expects-strong-rebound-takes-reebok-hit.html，2023 年 3 月 3 日访问。

[⑦] 参见美国 ABG 集团网站，https://authenticnewsroom.com/press-releases/abg-finalizes-reebok，2023 年 3 月 3 日访问。

业向前发展，锐步在产品覆盖范围方面进行了很多创新和改变，具体如下。

一是将客户需求与科技结合，推出更多功能性运动鞋。

自 1895 年，福斯特先生创造出第一双充气运动鞋后，锐步一直在不断创新推出更多产品。

1982 年，锐步推出专为女性制造的锐步自由式有氧运动鞋。[①]

1989 年，锐步推出了标志性充气篮球球鞋。随后，锐步首次推出 Reebok Ventilator 运动鞋，这是一款带有透气侧边的轻质运动鞋。[②]

1996 年，Reebok 与美国著名篮球运动员阿伦·艾弗森（Allen Iverson）签订了 5000 万美元的代言协议。[③] 锐步为艾弗森在合同期间推出的第一双鞋以艾弗森当时的绰号命名为 "Question"。之后锐步又将为艾弗森推出的鞋子命名为 "Answer" 系列。[④]

2010 年，该品牌发布了 Reebok Zig，这是一款运动鞋，其采用锯齿形泡沫鞋底，意在推动运动员向前运动。[⑤]

2014 年，锐步首次推出了 Z 系列泡棉鞋，该款泡棉鞋由密集中底和外底的泡棉组合而成，具有较好的缓震性和耐久性。[⑥]

二是扩大产品类别，推出服装、配饰等运动用品。

[①] 参见维基百科网站，https://en.wikipedia.org/wiki/Reebok#History，2023 年 3 月 3 日访问。

[②] 参见 Complex 网站，https://www.complex.com/sneakers/2014/10/the-reebok-runners-that-defined-90s-sneaker-culture，2023 年 3 月 4 日访问。

[③] 参见美国今日网站，http://usatoday30.usatoday.com/sports/nba/sixers/2001-11-28-iverson-reebok.htm，2023 年 3 月 4 日访问。

[④] 参见 Achieve-it.org 网站，https://web.archive.org/web/20150222124657/http：//solecollector.com/news/a-history-of-allen-iverson-s-reebok-signature-sneaker-line/，2023 年 3 月 4 日访问。

[⑤] 参见 Complex 网站，https://www.complex.com/sneakers/2014/01/history-suspension-soles，2023 年 3 月 4 日访问。

[⑥] 参见 Complex 网站，https://www.complex.com/sneakers/2013/12/reebok-announces-zquick-footwear-collection-2014，2023 年 3 月 4 日访问。

2010 年，锐步与 Les Mills 和 CrossFit 合作，不断推出更多健身服装、鞋类和健身器材。

2017 年，锐步与 UFC（终极格斗冠军赛）合作，一起推出名为 Fight Night Collection 的新品，其中包括锐步品牌服装的升级版。[①]

综上可知，自创立以来，锐步将消费者的需求与科技结合，不断创新，持续推出功能性产品，实现产品覆盖范围的创新，满足了客户的不同消费需求。

2. 格兰菲迪 篇

（1）历史概览

格兰菲迪酒厂（Glenfiddich distillery）（以下简称格兰菲迪）是一家苏格兰单一麦芽威士忌酒厂，由威廉·格兰（William Grant）于 1886 年在苏格兰达夫敦的菲迪河峡谷创建。[②] 在 9 名子女的帮助下，威廉·格兰用了一年的时间，一砖一瓦建立起了属于自己的酒厂。他将酒厂命名为格兰菲迪，来源于古老的盖尔语，意思是"鹿之谷"。[③] 威廉·格兰的憧憬、视野以及坚定的毅力，如今依然是格兰菲迪所秉持的精神。格兰菲迪是全球仅存为数不多的家族拥有、经营的酒厂之一。家族传承、开拓创新，威廉家族用独一无二的精神引领着格兰菲迪人继续为酿造更好的单一纯麦威士忌努力。

1887 年的圣诞节，格兰菲迪酒厂的第一滴新酒流出蒸馏器。[④]

[①] 参见福布斯网站，https：//www.forbes.com/sites/brianmazique/2017/09/05/ufc-and-reebok-announce-new-fight-night-apparel/?sh=4ec29c675b66，2023 年 3 月 4 日访问。

[②] 参见维基百科网站，https：//en.wikipedia.org/wiki/Glenfiddich_distillery#History，2023 年 3 月 7 日访问。

[③] 参见格兰菲迪网站，https：//www.glenfiddich.com/en-gb/our-story，2023 年 3 月 7 日访问。

[④] 参见维基百科网站，https：//en.wikipedia.org/wiki/Glenfiddich_distillery#History，2023 年 3 月 7 日访问。

1923年，随着战争的来临，威士忌产业遭受重创，销售越发不稳定。随着禁酒令在美国生效，各大酿酒厂均在减少产量。而威廉·格兰的外孙格兰·高登进入公司，坚持加大产量。其后，作为苏格兰最终仅存的六家合法酿酒厂之一，在禁酒令废除后，市场对优质高年份威士忌的需求激增，格兰菲迪翻开了其传奇故事的新篇章。[①]

1957年，为了保证每一滴威士忌的优质口感，威廉·格兰的曾外孙查尔斯·高登坚持在酒厂使用独有的手工铜制蒸馏器，并聘请专职工匠照看。1959年，格兰菲迪在酒厂中建立专门的制桶车间，由经验丰富的桶匠团队悉心照料每一个橡木桶，直到今天，格兰菲迪依然是极少数拥有铜匠和坚持在厂内制桶的酒厂之一。[②]

1961年，设计师汉斯·施莱格尔以水、空气与大麦芽以及威士忌要素作为灵感来源，构思出当代最前卫的设计——三角形酒瓶。格兰菲迪独有的特色三角瓶身惊世亮相，如今依旧极具代表性。[③]

20世纪60年代至70年代对于很多酿酒厂而言是很艰难的时期。在这期间，许多小型独立酿酒厂被收购或倒闭。为了生存，格兰菲迪扩大单一麦芽威士忌的生产，并推出相关宣传推广活动和游客中心。[④]同时，他们还决定开始将单一麦芽作为一个独立的优质品牌进行营销。1963年，格兰菲迪是第一个将单一纯麦苏格兰威士忌行销到英国以外的威士忌品牌，从而在全球范围内首创单一纯麦苏格兰威士忌这个个性独特、口感丰富的威士忌门类。原本习惯饮用调和型威士忌的消费者开始学会鉴赏并爱

---

① 参见格兰菲迪网站，https：//www.glenfiddich.com/cn/family-story/，2023年3月7日访问。

② 参见格兰菲迪网站，https：//www.glenfiddich.com/en-gb/our-story/，2023年3月7日访问。

③ 参见维基百科网站，https：//en.wikipedia.org/wiki/Glenfiddich_distillery#History，2023年3月7日访问。

④ 参见Achieve-it.org网站，https：//web.archive.org/web/20130127012112/http：//www.scotchwhisky.com/english/about/malts/glenfidb.htm，2023年3月7日访问。

上苏格兰单一纯麦威士忌带来的妙趣。[①]

1987 年对格兰菲迪酒厂而言是意义非凡的一年。格兰菲迪以百年纪念款威士忌庆祝酒厂成立 100 周年，纪念格兰菲迪创立者威廉·格兰以及他的梦想——"酿造山谷中最好的威士忌"。[②]

1991 年，一款熟化时间长达 50 年的格兰菲迪得以与世人见面。精选 20 世纪 30 年代珍藏的 9 桶原桶酒，调和融汇至最完美的境界，向威廉·格兰 9 名协助建造家族酒厂的子女致敬。这是全球第一款 50 年的单一纯麦苏格兰威士忌，印证了创始人"酿造山谷中最好的威士忌"的承诺和永不停止的创新精神。

1998 年，格兰菲迪秉持一贯的独立精神，不断寻求创新。拥有超过 35 年的资历并备受业界赞誉的第五任酿酒大师大卫·斯图尔特，设计出索莱拉融合缸，并运用创新流程调制格兰菲迪 15 年单一纯麦威士忌。这款佳酿有着层次丰富的浓烈香气，至今仍持续获得国际奖项的肯定。

2001 年，格兰菲迪推出年份最高的单一纯麦威士忌，即 64 年份的威士忌。1937 年入桶的原酒经历了悠长的 64 年熟化过程和 10 代酒窖管理员的悉心照料，成为全球最高年份的单一纯麦苏格兰威士忌，仅有 61 瓶问世。

2009 年，格兰菲迪推出了第二款 50 年单一纯麦威士忌，并加以手工编号，限量 50 瓶。瓶身采用精致的双色手工玻璃吹制而成。每瓶佳酿皆附有苏格兰白银打造的酒标，收藏在手工缝制的皮制外箱，其造型素材灵感来自当年创始人威廉·格兰细心撰写日记时所用的皮质日记封面。[③]

2010 年，一场暴雪压塌了部分格兰菲迪酒厂屋顶，熟化中的珍贵原桶酒暴露于冬季的冰天雪地里。酒窖管理员冒着零下 19 度的低温，夜以继日地抢

---

① 参见华尔街日报网站，https：//www.wsj.com/articles/reluctant-whisky-baron-launched-a-global-hit-glenfiddich-11609513200，2023 年 3 月 7 日访问。

② 参见格兰菲迪网站，https：//www.glenfiddich.com/en-gb/our-story，2023 年 3 月 7 日访问。

③ 参见格兰菲迪网站，https：//www.glenfiddich.com/cn/family-story/，2023 年 3 月 7 日访问。

救每一桶酒。为了向他们致敬，酿酒大师特别用施救出的原液调制成限量版的单一纯麦威士忌"雪凤凰"——象征着挑战与机遇，寓意成熟与坚毅。[①]

2011年，格兰菲迪单一纯麦威士忌创下史上最高价的威士忌拍卖金额纪录。格兰菲迪仅向全球推出11瓶珍妮特·罗伯兹珍藏威士忌，以此纪念格兰菲迪创立者的孙女，其在教育领域有很高的成就，亦是苏格兰最年长的女士，并为每瓶威士忌举行慈善拍卖，拍卖金额创下世界纪录。[②]

2014年9月，格兰菲迪同意以未披露的价格收购杜林标酒（Drambuie），据传收购价格约为1亿英镑。[③]

2019年，格兰菲迪推出新的产品包装设计。大胆的新外观向其在鹿谷的起源致敬，并以更加精致优雅的设计庆祝格兰菲迪特立独行的开端和家族经营的传统。2021年，格兰菲迪通过推出一系列15B限量版NFT威士忌，继续推动威士忌创新的边界。每一瓶NFT对应一瓶1973年46年份的阿马尼亚克木桶单一纯麦苏格兰威士忌。

格兰菲迪的优异产品以及其营销策略助力格兰菲迪成为世界上最畅销的单一纯麦威士忌。格兰菲迪的产品覆盖了180多个国家，其销量约占单一麦芽酒销售额的35%。[④]

格兰菲迪目前由威廉·格兰特的第5代后裔管理。

（2）创新与发展——产品持续升级，不断推出新系列

自1886年格兰菲迪建造以来，其一直以单一纯麦威士忌闻名世界。甚至到现在，格兰菲迪也一直只推出单一纯麦威士忌。虽然威士忌种类并没

---

① 参见格兰菲迪网站，https：//www.glenfiddich.com/en-gb/our-story/，2023年3月7日访问。

② 参见格兰菲迪网站，https：//www.glenfiddich.com/cn/family-story/，2023年3月7日访问。

③ 参见路透社网站，https：//www.reuters.com/article/us-williamgrant-drambuie-idUSKBN0H30V620140908，2023年3月7日访问。

④ 参见维基百科网站，https：//en.wikipedia.org/wiki/Glenfiddich_distillery#History，2023年3月7日访问。

有发生改变，但格兰菲迪仍旧不断追求创新并积极发展其产品的多样性。

格兰菲迪通过推出不同系列不同年份的威士忌来扩大产品的多样性。格兰菲迪现有酒款主要包括旗舰系列（Flagship Collection）、大系列（Grand Series）、实验系列（Experimental Series）、酒厂珍稀系列（Rare Collection）、私人年份系列（Private Vintage）、年份珍藏系列（Vintage Reserve Series）以及 20 世纪 60 年代推出的 30 年、40 年酒款和后来推出的限量酒款，如格兰菲迪雪凤凰（Glenfiddich Snow Phoenix）。[①]

格兰菲迪还是第一个在提供来自奢侈品酒类 NFT（指非同质化代币，用于表示数字资产的唯一加密货币令牌，可以进行买卖）平台 Block Bar 推出 NFT 的苏格兰威士忌品牌。[②] 2022 年，格兰菲迪又推出时光臻藏系列（Glenfiddich Time Reimagined Collection），其中的 50 年威士忌是酒厂自 1991 年以来推出的第 4 款 50 年威士忌。[③]

从经典的格兰菲迪 12 年到稀有的高年份限量款威士忌，格兰菲迪一直在用心打造高品质威士忌，不断扩大产品覆盖范围，实现产品升级，引领时代潮流。

（三）对比

综上不难看出，在产品覆盖范围改变层面，无论是国内老字号抑或是国外老品牌均在不断发展中，细究其原因，我们可以发现这类改变可能是主动追求的结果，也可能是被迫无奈不得不作出的改变。

以"内联升"为例，内联升摒弃朝靴是特定历史背景下不得不作出的选择；但持续、良性的改变，往往不是出于"被迫"，这一点充分地体现

---

① 参见格兰菲迪网站，https：//www.glenfiddich.com/en-gb/collection，2023 年 3 月 7 日访问。

② 参见格兰菲迪网站，https：//www.glenfiddich.com/en-gb/our-story，2023 年 3 月 7 日访问。

③ 参见格兰菲迪网站，https：//www.glenfiddich.com/en-gb/collection，2023 年 3 月 7 日访问。

在内联升的发展过程中，内联升在后期的发展过程中准确捕获市场消费主体变化的信息，积极扩张、丰富产品范围，最终实现其华丽转身，落实了"从朝靴到潮鞋"，给老字号企业发展谋划出了新出路。

主动追求改变与被迫作出改变的顺序并非固定，内联升是从"被迫"到"主动"，但对于锐步而言恰恰相反。如上文所述，锐步在成立之初就致力于不断创新，连年推陈出新，市场影响力与日俱增。但随着新锐运动品牌，如"耐克""阿迪达斯"的崛起，其发展势头及市场占有率逐年萎缩，虽然在此期间锐步仍积极应对市场变化，但收效甚微，2022年3月1日，美国ABG集团以至少25亿美元的价格从阿迪达斯手中收购锐步。

总结而言，我们可以看到老字号或老品牌的推陈出新不同于一般商家，难度更大，原因在于其具有明显惯性，短时间内若不是外力足够大无法彻底扭转惯性带来的效果，无论是主动改变或者被动改变，核心都在于顺应市场发展，也正因为如此，无论国内老字号还是国外老品牌，在产品研发中都永无止步。

二、客户群体的改变

（一）国内老字号

1. 民族商场 篇

（1）历史概览

内蒙古民族商场有限责任公司（以下简称民族商场）是商务部第2批命名的"中华老字号"企业，自1954年成立至今，始终引领着时尚的消费潮流，并深刻地影响着内蒙古几代人的生活。

自1954年建店以来，历经半个多世纪从联营商店到民族商场，从"三层楼"到"三座楼"，犹如一条雄踞在中山西路核心商圈的巨龙，是当地历史最为悠久的传统百货商店。改革开放让民族商场大踏步、跨越式地发展成了一家总体营业面积达到 6 万平方米、汇集了体现都市时尚与奢华的珠宝，名表与高档服饰，同时也融汇了代表"民贸之星"的民族工艺与地方特色产品，以及满足大众消费的运动、休闲商品和人性化的多功能特色餐饮等诸多国际、国内知名品牌的大首府尚品级购物殿堂。

自建立以来，公司打造了以民族商场为核心的中山路核心商圈、以长乐宫为核心的呼市东部商圈、以恒昌商圈为核心的旧城大南街商圈等多个城市商圈；打造了民族、满达、长乐、昭君等 60 多个城市名牌、城市品牌工程，发展成为 26 家分子公司，在首府呼和浩特地区还创造了许多个"第一"或"唯一"；创造了数万个就业机会，培养了成百上千的行业管理和经营人才，产生了巨大的经济效益和社会效益。公司的发展带动了当地商业贸易的繁荣，促进了自治区及首府呼和浩特市经济建设发展，为推动城市进步和文明，繁荣市场经济，缩短与发达地区的差距，作出了积极的、巨大的贡献。

作为一个具有近 70 年经营历史的本土商业老字号，民族商场凭借其先进的经营理念、强劲的品牌实力、雄厚的人力资源、深厚的企业文化及良好的企业信誉优势，经过多年的努力和经营得到了社会各界的广泛认同，并先后荣获了"首府百姓最满意度品牌综合商场""2009 年至 2010 年年度诚信单位"等荣誉称号，更成为内蒙古呼和浩特市回民区唯一一家被中宣部等 8 部委重新确定的"全国百城万店无假货示范店"，2009 年荣获全国"金鼎百货店"，特别是 2011 年被商务部命名为"中华老字号"，是内蒙古自治区商业系统唯一一家获此殊荣的企业。

秉承着"品牌立店，引领时尚"的经营思想和"真情服务、诚信永远"的服务理念，信守承诺、激昂向上的企业文化已牢牢地植根于每一个民族人的心中。通过开展"超值服务、附加服务、贵宾服务、诚信保障服务"4 项服务举措拉近了与消费者的距离，更营造出了商场亲切如家的良好氛围。

（2）创新与发展——打造现代化购物场景，丰富消费者购物体验

为了跟上时代步伐，保证企业稳步发展，民族商场着力于扩大客户覆盖范围，对此做出很多改变和创新，具体如下：

一是跟上时代步伐，打造现代化购物环境。重点对民族商场西楼改造，打造年轻时尚化的建筑风格，使得民族商场有一个脱胎换骨的变化，跟上时代发展。同时逐步对民族商场东楼以及民族商场、满达商城外部沿街进行提升，打造一条民族商业街，构建有特色的、以数字化为基点的现代商业。此外，民族·星云里改造升级，基础投资及供货商装修、设备以及商品资金投入共计两个多亿，改造面积4.3万平方米，2021年11月27日，民族·星云里举行了盛大开业仪式，一个现代时尚购物中心展现在首府各族人民面前，"星云里，幸运里，遇见爱，遇见你"，成为喜闻乐见的广告语。现代化的购物环境成功吸引了各个年龄段的消费者。

二是打造多样化购物场景，吸引各年龄段消费者。民族·星云里依托"亲情、友情、爱情"三大情感主题，打造社交场景、沉浸式购物场所、网红打卡地，提升时尚潮流业态，吸引各个年龄阶段的消费群体，提升整体经营效益。此外，民族商场还通过打造全球连锁、国际一流的室内儿童主题乐园、北方地区首店汤姆猫亲子乐园、年轻家庭精品家居一站式"购物、居家、好日子"生活旗舰店、内蒙古首店简艾生活—家居馆等，将产品范围扩展到国际快时尚服饰、儿童主题乐园、亲子乐园、家居产品以及家电产品，吸引更多的家庭到店消费。多样化的购物场景为民族商场吸引来了更多的消费者。

三是打造首店效应，吸引年轻消费者。为顺应顾客不断变化的需求，民族商场积极招商，引进一大批国际、国内知名品牌入驻民族·星云里，形成首店效应，并逐渐成为当地的网红打卡地，不断吸引年轻消费者。具体而言，民族商场汇聚了来自全国众多的知名品牌，集各种功能业态组合，线上线下融合发展，以及成熟的会员和全渠道的营销模式。首店、旗舰店品牌有：国际快时尚品牌，内蒙古首店GAP；全球高端美妆集合店，内蒙古首店HAYDON黑洞；全球快时尚领先品牌，内蒙古首家旗舰店URBAN REVIVO；国际潮玩集合店，内蒙古首店TOPTOY头号玩家；时尚女性服饰品牌，内蒙古首家旗舰店GLORIA歌莉娅；"小米之家"内蒙古首家旗舰店。民族家电，全新亮相，经营海尔、海信、西门子、创维等国际、国内家电知名品牌。

民族商场通过各种创新手段，致力于打造兼具现代化和多样化的购物场景，同时打造出炙手可热的首店效应，满足不同年龄段消费者的购物需求，囊括越来越多的目标消费群体。

2. 片仔癀 篇

（1）历史概览

漳州片仔癀药业股份有限公司（以下简称片仔癀）是商务部第一批命名的"中华老字号"企业，是以医药制造为主业的中华老字号企业、国家高新技术企业、国家技术创新示范企业、全国文明单位。作为全国工业品牌培育示范企业，片仔癀药业始终响应国家"品牌强国"战略，坚持传承、振兴老字号，以"多核驱动双向发展"战略为导向，积极培育和挖掘老字号的潜力，推动企业高质量可持续发展。

据考证，明朝末年就出现了"片仔癀"，专治热毒肿痛。越战期间，美军大量采购片仔癀作为士兵在丛林中作战的军需，从此片仔癀在西方国家名声大振，这也是当时中国有关方面曾严禁片仔癀出口的谜底。1972 年，中日建交，片仔癀被当作"国礼"送给田中首相，由此，引起日本民众对片仔癀的极大关注。

新中国成立后的 1956 年，政府对私营工商业进行社会主义改造，馨苑茶庄与同善堂等药店联合组建公私合营同善堂联合制药厂。1957 年 12 月，同善堂联合制药厂与公私合营存恒联合神釉厂合并，改名为公私合营漳州制药厂，片仔癀为漳州市制药厂主导产品。经过片仔癀人几十年的创业，企业由小变大，由弱变强，逐渐发展壮大。1993 年，漳州市制药厂作为核心企业成立漳州片仔癀集团公司。1999 年 12 月，漳州片仔癀集团公司为主要发起人，联合其他法人单位共同发起设立漳州片仔癀药业股份有限公司。2003 年 6 月，公司股票在上海证券交易所上市，成为漳州市支柱企业。2021 年，片仔癀以品牌价值 349.46 亿元、品牌强度 935 连续四年在"中华老字号"品牌中蝉联第二。

（2）创新与发展——迎合市场需求，老字号维持"新鲜度"；实施强

强联合，推动中药产业国际化覆盖

为进一步扩宽市场，维持老字号的"新鲜度"，吸引更多的消费者，片仔癀采取多种创新措施以扩大客户覆盖范围。

第一，利用新媒体传播工具，引入热点事件、话题营销、网红直播，发挥新媒体传播的"长尾效应"，实现全员和裂变式传播，吸引年轻一代，使片仔癀成为越来越多年轻消费者喜爱的老字号品牌。近几年，片仔癀药业通过新媒体，策划"片仔癀在海外闯关游戏""趣采中药·片仔癀年中健康节"等多项线上有奖问答活动，如在 2021 年联合当时品牌代言人郎平女士带队回漳州训练为契机，策划"片仔癀带你探宝漳州""郎平片仔癀寻宝之旅"直播活动，双直播间总观看量累计近 10 万人次，破解老字号"老"的魔咒，促进老字号全面"破圈"。

第二，积极参与行业相关重大会议，力争在客流、信息流、资金流等高度集中优势的药交会、消博会、重肝会、投洽会等展会中，精准品牌功效及人群宣传，扩张消费市场。比如，在北京冬奥会及冬残奥会期间，经国家中医药管理局委托、中国中医科学院邀请，片仔癀作为清肺排毒汤（颗粒）的生产企业，参与中医药文化展示空间建设，展示核心品种片仔癀及企业生产线，陈列复方片仔癀含片、片仔癀珍珠膏等，通过展会的形式展现中医药文化博大精深的同时，提高品牌知名度，扩张相关中医药消费群体的市场。

第三，片仔癀响应"一带一路"倡议，扩张海外客户群体。具体而言，片仔癀响应"一带一路"倡议，积极开展中医药开放式发展及中医药文化海外传播，牵头建设中医药国际合作专项"一带一路"国际合作基地，共建港澳科技合作平台，同时开展片仔癀等多个产品国际注册申报工作，带领老字号品牌"走出去"，不断推进中药产业国际化，提高片仔癀在海外市场的影响力，从而获得大批海外客户群体的支持。

综上，片仔癀通过新媒体手段的创新、积极参与宣传活动及用实际行动响应"一带一路"政策的方式，不断开发自己的客户群体，从国内客户到国外客户，突破地域限制，逐渐扩大客户群体的覆盖范围。

3. 劝业场 篇

（1）历史概览

天津劝业场百货（集团）有限公司（以下简称劝业场）是商务部第一批命名的"中华老字号"企业。1928 年 12 月 12 日开业的天津劝业场，坐落在天津核心商圈和平路与滨江道的中心交会处，其法式折衷主义建筑，为中国百货店中唯一的"全国重点文物保护单位"。历史上劝业场被称为天津的"城中之城，市中之市"。

1994 年劝业场完成了新厦改造，形成了建筑面积 5.4 万平方米，营业面积 3.4 万平方米的现有格局。同年，劝业场在上海证交所挂牌上市，股票简称"津劝业"，代码 600821，成为中国资本市场早期的百货类上市公司。1997 年，企业经营形成集团规模，天津劝业场（集团）股份有限公司组建成立。

2010 年，建筑面积 2.4 万平方米的劝业场西南角店在天津南开区开业，迈出了公司百货连锁经营的步伐。公司参与的重大投资项目还有坐落于河东区津滨大道 160 号的建筑面积达百万平方米的红星国际广场，其中，建筑面积 20 万平方米的爱琴海购物公园和 20 万平方米的红星家居广场，成为天津市的商业新地标。

2020 年，天津劝业场（集团）股份有限公司进行重大资产重组，全部资产及负债置出劝业场。劝业场为国有独资企业，其股东为天津市国资委旗下天津劝业华联集团有限公司。

（2）创新与发展——顺应市场需求，产品服务日趋年轻化

随着消费力量逐渐倾向年轻消费群体，劝业场为了囊括更多年龄段的消费者特别是年轻消费群体，作出了很多改变与创新，具体如下：

第一，劝业场立足中华优秀传统文化，研发适合网络销售、年轻消费者喜爱的款式和包装，推动产品服务年轻化。例如，劝业场通过与天津理工大学艺术系合作，开展劝业元素文创产品市集，由百年劝业博物馆联合天津理工大学艺术学院师生共同推出的"天津劝业场创意市集"全方位展现了百年劝业场的老店铺和"八大天"的繁盛景象，得到津云、《中老年

时报》《中国新闻网》等多家媒体的跟踪报道。劝业场将师生们设计的作品应用在产品款式或包装上，赢得了一大批年轻消费群体的青睐。

第二，劝业场利用现有资源和位置优势、空间优势、历史文化底蕴，设立劝业文化发展研究中心，打造博物馆、落成推广基地、研学基地，引入媒体资源、开展各类创意活动及高峰论坛等，扩大品牌在年轻群体中的影响力。劝业文化发展中心从文化、消费、创意、运营等方面对劝业场复兴建设进行深度专项研究，深入研究如何吸引年轻客户群体；2022年劝业场通过举办"虎年劝业发展之声——创意经典老字号2022对话"活动，汇集津门老字号品牌、时尚新国潮，文化、商业、品牌领域专家及媒体代表齐聚一堂，展开老字号经典品牌发展之路的跨界对话与创新探讨；百年劝业博物馆，馆藏众多史料物件则再现了天津商业的百年风采，让实物再现历史，讲述劝业场的百年故事，同时增加体验项目，举办"雅石竹刻特展""冬奥之光奥运主题火花特展""8090劝业记忆特展""同方国际20周年艺术品拍卖会公开征集活动"等，数十家主流媒体及新媒体进行相关报道并给予好评，通过创意性的文化展览方式，吸引了以"80后""90后"为主的客户群体。

劝业场通过富有创意的产品设计、文化研究及展览等文化输出与产品服务结合的方式，着力于吸引年轻客户群体的目光，为老字号注入新鲜血液。

（二）国外老品牌

哈罗德 篇

（1）历史概览

哈罗德百货公司（Harrods，以下简称哈罗德）是世界最负盛名的百货公司之一，位于英国伦敦的骑士桥（Knights bridge）上，已有近200年历史，主要售卖奢华商品。"哈罗德"的品牌也用在哈罗德集团其他子公司，如哈罗德银行、哈罗德房地产公司、哈罗德航空等。2020年1月13

日，哈罗德入选"2020 胡润至尚优品获奖名单"。①

哈罗德的历史可以追溯到 1834 年，年轻企业家查尔斯·亨利·哈罗德（Charles Henry Harrod）在伦敦开了一家小杂货铺。1861 年，哈罗德的儿子查尔斯·迪格比·哈罗德（Charles Digby Harrod）接收杂货铺，规模发展逐渐壮大，从早期的单间，只雇佣了两名助手和一名送信员，到将这家杂货铺打造成一个繁荣的零售企业，销售药品、香水、文具、水果和蔬菜。哈罗德迅速扩张，收购邻近的建筑，到 1881 年哈罗德已雇佣了 100人。1883 年 12 月，一场大火烧掉了店铺，哈洛德家族借此机会新建了一个更大的建筑。② 此后的哈罗德很快就收获了一大批重要的顾客，其中包括作家奥斯卡·王尔德、A.A. 米尔恩，知名演员莉莉·兰特里、埃伦·特里、查理·卓别林、诺埃尔·考沃德、格特鲁德·劳伦斯、劳伦斯·奥利维尔和费雯丽，精神学家西格蒙德·弗洛伊德以及许多英国王室成员。③

1889 年，查尔斯·迪格比·哈罗德退休，哈罗德的股票在伦敦证券交易所以哈罗德百货有限公司的名义正式上市。

1914 年，哈罗德收购摄政街百货公司 Dickins & Jones。④

1919 年，哈罗德收购曼彻斯特肯达尔百货公司（Kendals），并将其名称改为哈罗德。但在公司员工和顾客的抗议下，哈罗德很快又将其名称改回了肯达尔。⑤ 一直到 1955 年，哈罗德都在不断地扩张其商业版图。

---

① 《胡润研究院发布〈2020 胡润至尚优品——中国千万富豪品牌倾向报告〉》，载胡润百富网 2020 年 1 月 13 日，https：//www.hurun.net/zh-CN/Info/Detail?num=5CC9B6B27DF7。

② 参见维基百科网站，https：//www.wikiwand.com/en/Harrods，2023 年 3 月 3 日访问。

③ Callery. Sean, Harrods Knightsbridge, *The Story of Society's Favorite Store. London: Ebury Press.* p. 17, 37, 38, 40.

④ 参见维基百科网站，https：//www.wikiwand.com/en/Harrods，2023 年 3 月 3 日访问。

⑤ 参见维基百科网站，https：//www.wikiwand.com/en/Harrods，2023 年 3 月 3 日访问。

第二次世界大战后，穆罕默德·法耶德（Mohamed Al-Fayed）以 6.15 亿英镑收购了哈罗德。[①]

2010 年，法耶德以 15 亿英镑的价格将哈罗德出售给卡塔尔投资局（QIA）。[②] 此次交易于 5 月 8 日结束，由卡塔尔总理哈马德·本·贾西姆·本·贾比尔·阿勒萨尼（Hamad bin Jassim bin Jaber Al Thani）来到伦敦敲定交易，其表示收购哈罗德将为卡塔尔投资局带来"很多价值"。[③]

如今，哈罗德是世界上最负盛名的百货公司之一，可以为消费者提供各种各样的产品和服务。

（2）创新与发展——专注高端商品的同时不断丰富产品类型，吸引多层次消费群体

从 1834 年的杂货铺到如今世界最负盛名的百货公司之一，哈罗德不断进行自我创新、不断突破自我。

哈罗德一直专注于销售高端商品，早期主要销售服装、家具和家居用品。随着时间的推移，哈罗德不断扩大产品范围，逐渐涵盖美容、电子产品和家居装饰、玩具及食品等新类别产品，其提供的产品可以满足不同消费者不断变化的需求。[④] 随着哈罗德不断扩大产品范围，其覆盖的消费者群体也愈加广泛。加之其在线商店的推出，更是将世界各地的消费者收入囊中。

但是由于哈罗德主要销售高端商品，其自身奢侈品百货公司的定位就使得其消费者是具有较高消费能力的，因此也就过滤掉一些消费能力较低的群众。

---

① 参见英国广播公司网站，http://news.bbc.co.uk/2/hi/business/8669657.stm，2023 年 3 月 3 日访问。

② 参见英国广播公司网站，http://news.bbc.co.uk/2/hi/business/8669657.stm，2023 年 3 月 3 日访问。

③ 参见英国广播公司网站，http://news.bbc.co.uk/2/hi/business/8669657.stm，2023 年 3 月 3 日访问。

④ 参见哈罗德网站，www.harrods.com，2023 年 3 月 3 日访问。

（三）对比

综上不难看出，在客户群体层面，无论是国内老字号抑或是国外老品牌都将年轻消费群体作为自己品牌发展的重要目标群体。显然，随着年代的变化，年轻消费者正在成为消费的主力军，同时年轻消费者的需求也在不断变化，老字号虽有文化底蕴的加持，但是若想长久在市场上立足，就必须将年轻消费者囊括在内。

国内老字号如民族商场，紧扣年轻消费者的需求，积极推出"民族·星云里"，打造年轻时尚概念，利用国内盛行的网红打卡文化，积极打造网红打卡点，满足年轻人追求时尚的消费需求。此外，老字号积极招商，引进年轻消费者喜欢的国际国内知名品牌，形成首店效应。老字号通过不断挖掘不同类别的消费者，推出创新产品，将更为广泛的消费者群体收入囊中。

国外老品牌如哈罗德则利用产品的创新以及涵盖更多样的产品种类来吸引年轻消费者，这同样符合年轻消费群体的需求。

客户是企业得以在行业中、市场上长期立足下去的关键。现代社会中的消费主力军偏向年轻群体，企业在保住原有消费群体的同时，也需要顺应时代的变化，从年轻消费群体的需求和特性做出有针对性的改变和创新，对症下药，才可以成功打开在年轻消费群体中的市场。

三、经营模式的改变

（一）国内老字号

1.福字牌　篇

（1）历史概览

山东福胶集团东阿镇阿胶股份有限公司（以下简称福胶集团）成立于

1950 年，是商务部第一批命名的"中华老字号"企业，至今已走过 70 多个年头。

阿胶起源于 3000 年前，东阿镇为阿胶祖源地。相传，神农曾在东阿镇遍尝百草，命名五谷，教人医疗农耕，护佑百姓健康，被世人尊称为"药王""神农大帝"。阿胶正是神农动物炼丹术的传承，几千年来阿胶匠人们都奉神农为先祖，冬至日拜祭神农、开工制胶的传统自古延续至今。自古以来，东阿镇就是阿胶的道地产区，此地不仅具备生产阿胶得天独厚的自然条件，而且有世代熬胶的习惯，至明末清初达到鼎盛时期，几乎家家户户熬阿胶。新中国成立前，东阿镇遍地是制胶作坊，以邓氏树德堂、涂氏怀德堂、于氏天德堂、陈氏东岳衡等药店最为盛名。

1856 年，邓氏树德堂所产阿胶因治好了清咸丰皇帝的宠妃兰贵人叶赫那拉氏（即后来的慈禧太后）的血症获封黄马褂、手折子及御笔"福"字，从此，邓氏树德堂把"福"字作为商标印在胶片上，并把"福"字作为招牌在堂店上悬挂。清同治年间，皇帝载淳曾派人到邓氏树德堂监制"九天贡胶"。从此邓氏树德堂生产的阿胶被封为"贡胶"，邓氏树德堂也成为唯一制作皇宫用胶的药店。

中华民国时期，福牌阿胶开始在世界上发扬传播。1915 年 4 月 22 日，巴拿马世博会中国馆开幕，由于东西方文化差异，西方人起初觉得阿胶只是不起眼的"土特产"，并未引起过多关注。后来，山东参会代表急中生智，找出随展品带来的清咸丰皇帝的御赐的"福"字，悬挂在显眼位置，并印制了大量的产品说明书，广为散发。此种方式一下子增加了各国商人对中国中医药文化的了解，使得"福"牌阿胶成为中国展馆的瞩目焦点。据《历史的回眸——中国参加世博会的故事 1851—2008》一书记载："福牌阿胶凭借其优选的原料、精良的制作工艺，历经百年，仍充满活力。在 1915 年巴拿马世博会上获得金奖。"这也是 1915 年巴拿马万国博览会中医药类唯一金奖获得者。

1950 年，政府整合山东所有制胶堂号，领百堂归一成立中华人民共和国第一家专业阿胶生产厂——山东平阴阿胶厂（即福胶集团前身），这是中华人民共和国成立后由政府投资建设的第一家国营阿胶生产厂，实现了数千年阿胶文化、技艺、器具、配方的集大成。

1968 年，经山东省药材公司批准，由平阴阿胶厂独家负责"福"牌阿胶出口生产。1976 年，新阿胶研制成功，平阴阿胶厂率先对阿胶、新阿胶做了临床药理研究、化学成分分析，填补了阿胶研究的空白。1979 年，原国家工商局批准"福"牌、"东阿镇"牌为平阴阿胶厂专用商标。1984 年，平阴阿胶厂率先对阿胶进行二次开发，福牌山东阿胶膏研制成功，结束了阿胶行业单一胶剂生产的历史，标志着阿胶业开始了多元化生产的新纪元。1985 年，阿胶高效节能生产流水线技术改造项目完成，此项目实现了阿胶的常年生产，结束两千多年来因受自然条件限制仅局限于冬季生产的"半年生产半年闲"的历史。1992 年，阿胶的二次开发又出新成果，纯阿胶制剂"福牌速溶阿胶冲剂"和"阿胶补血口服液"相继研制成功。

1995 年，山东平阴阿胶厂被山东省科委认定为高新技术企业。同年，山东平阴阿胶厂经批准改制成立山东福胶集团有限公司，于 5 月 18 日公司正式挂牌成立。1997 年，阿胶的二次开发在福胶又有新突破，纯阿胶制剂"福牌阿胶胶囊"研制成功。1999 年，福胶集团获进出口企业资格证书，正式获出口资格。2002 年，由福胶集团注册成立山东福胶集团东阿镇阿胶有限公司。2003 年，"福"牌阿胶、"东阿镇"牌阿胶双获国家原产地标记认证，受原产地地域保护，享有独家专用权。

"十四五"期间（2021—2025 年期间），福胶集团制定围绕"一核两翼"的企业增长战略，重点建设四大产业园区，构建"平台孵化事业群加速"的"十四五"爆发式增长新格局，打造福胶主板＋科创板＋港股的产业与资本双驱动的百亿健康产业集团。

（2）创新与发展——助力连锁重塑商业价值，四大重构重塑阿胶消费新场景新时代

福胶集团成立至今 70 余年，是中国顶级的阿胶品牌。福胶集团得以在行业立足并且荣获老字号，还是国家唯一认定的"中国阿胶之乡"，其

中原因离不开其在经营模式上的改变。福胶集团主要从以下方面着手对经营模式进行改变：

一是福胶集团构建线上商城，打造线下线上同步营销。在线下传统商铺的基础上，福胶集团借助互联网科技，搭建线上商城。线上商城的搭建帮助福胶集团补足了线上竞争市场的空缺，且帮助福胶集团扩大了消费者的地域覆盖范围。

二是福胶集团开始重视药店连锁经营。福胶集团与遍布国内各大城市的 17 家药房已成功达成亿级战略合作，如燕喜堂、东莞国药、老百姓大药房及布衣大药房等。药店连锁经营帮助福胶集团进一步在各大城市落地，从而进一步打开市场，使得企业稳步向前发展。

三是福胶集团通过"四大重构"，以此重塑阿胶消费新场景，扩大产品受众。福胶集团新推出的参茸阿胶实现了"四大重构"：①重构阿胶品类客户群结构，开始普及男士商务滋补，将受众扩大到男性；②重构阿胶品类消费场景，参茸阿胶食用场合更加广泛，比如高端会议、商务场合、谈判场合等；③重构阿胶品类消费逻辑，不仅滋养自己，还可以滋养客户及家人，告诉消费者阿胶是过节送礼的好选项；④重构阿胶品类销售体系，打破了传统阿胶的局限，推出可以冲泡服用的阿胶产品。

福胶集团顺应互联网时代发展，抓住线上竞争市场，且围绕自己的产品特性不断创新出新的消费场景，与各大药店合作，这些创新改变都是福胶集团得以在行业发展近百年而屹立不倒的重要因素。

2. 微山湖 篇

（1）历史概览

山东微山湖经贸实业有限公司（以下简称微山湖）是商务部第一批命名的"中华老字号"企业，始建于清光绪二十八年（公元 1902 年），是原微山县加工总厂，位于微山经济开发区东风东路 26 号。

作为大美生态微山湖产源地企业，微山湖主要产品有微山麻鸭制品系列；松花蛋、熟鸭蛋制品系列；淡水鱼虾制品系列等 50 多个产品。现如今的微山湖，占地面积 73260 平方米，厂房建筑面积 49870 平方米，水产及养殖实验基地 5500 亩，年生产各种渔湖淡水产品 22000 余吨，融合"产学研合作转化＋产业协会＋产业基地＋品牌带电商＋高效生态循环农业示范＋农户"全产业利益关联体，是鲁西南地区规模最大的从事渔湖水产品生产加工、产品研发销售出口的全产业链综合性企业。微山湖培育了以驰名商标"微山湖"为核心的 25 个注册商标，同行业综合排名全省第二，承担了商务厅"国家重要产品追溯体系示范项目"。微山湖先后被评定全国高新技术企业、全国绿色食品示范企业、山东省食品行业优秀龙头企业、山东省农业产业化重点龙头企业、山东省农业产业化示范联合体、山东省农产品加工业示范企业、山东省隐形冠军培育企业、山东省高端品牌培育企业。公司立足丰富的微山湖自然资源优势，将老字号品牌塑造作为企业生命线呵护的重要举措。

（2）创新与发展——多手段加大宣传推广，助力微山湖品牌形象信息传播

微山湖作为强烈依靠所在地特征构建起来的企业，如何打开所在地之外的市场以及知名度是企业做大做强的关键所在。为扩大企业的市场及知名度以及保证企业的可持续发展，微山湖从推广营销方面入手，对其经营模式进行改变。

第一，微山湖通过传统电视媒体加大品牌宣传力度，实现企业营销目标。近年来，企业一直在微山电视台、济宁电视台、山东卫视（影视、文旅、农业）、中央电视台—7、北京卫视、上海东方卫视"东方购物"频道等媒体对"微山湖"品牌系列产品进行宣传。通过与不同城市的电视台合作，扩大微山湖品牌影响力的地域范围。

第二，微山湖还定期参加政府、协会组织的中国农交会、国际糖酒食品交易会、东亚国际食品交易博览会、绿博会、老字号博览会、中国国际进口博览会、香港美食博览会，以此宣传推介"微山湖"品牌，全面提高微山湖的市场竞争力。微山湖市场影响力的加强帮助企业进一步达成营销目标。

第三，微山湖与各大融媒体平台合作，利用互联网赋能品牌影响力。

公司深入挖掘"微山湖"品牌的文化内涵和特色元素，在此基础上，通过融媒体平台，如京东、拼多多、抖音、快手、今日头条、搜狐、老字号、百家号、网易及一点号等进行内容营销、社群推广。此外，微山湖还与阿里、京东、拼多多、鲁商严选、国美真选等电商平台合作，搭建自己的以社交电商、KOL、主播、网红为核心的营销网络，进一步加强微山湖品牌的影响力，实现群体私域流量引流。

第四，微山湖还实现了消费者通过手机 App、手机扫码等新媒介即可查询微山湖历史、地域、民情文化、民间故事等，使微山湖品牌形象信息传播更为迅速有效，以此给消费者留下了强烈的印象，从而唤起公众的注意和兴趣，扩大微山湖品牌的市场影响力。通过信息采集记录渔湖产品加工企业信息、企业文化、品牌故事、产品图片、产品特性及质量管理水平认证等展示，微山湖实现了消费者购买点与企业销售点的有效对接，并激发消费者的购买欲望，实现产品电子追溯与线上线下营销的有机结合。

微山湖不仅是企业名称，也是地名。如何在微山湖公司与作为地名的微山湖之间建立唯一、特定的联系成为摆在公司面前的一个难题。微山湖从经营模式入手，开始重视品牌市场影响力的构建与加强，通过电视、展会、融媒体平台、App 以及手机互动平台等多媒体渠道，树立自己独特的微山湖文化形象，扩大品牌影响力，实现文化与商业的有效融合。正是微山湖一系列的创新与改变，使得企业品牌形象识别系统集中强化，"微山湖"品牌要素的行业知名度高于其作为地名的知名度，企业得以稳步向前发展。

3. 吴裕泰 篇

（1）历史概览

吴裕泰茶业股份有限公司（以下简称吴裕泰）是商务部第一批命名的"中华老字号"企业。吴裕泰始创于 1887 年，公司由吴裕泰茶栈、吴裕泰茶庄演变、发展而来。自清光绪十三年（1887 年）徽州歙县人吴锡卿创号开始，已有 135 年的历史。"文化大革命"期间，吴裕泰茶庄曾一度改名为红日茶庄。1985 年，在建店 98 周年之际，又恢复了"吴裕泰茶庄"

的老字号。灰砖红门，茶绿色的中英文字号，2007 年刚过，北京吴裕泰旗下 160 余家门店全部完成了统一的形象改造。2010 年，吴裕泰成为上海世博会特许商品生产商和零售商。

目前，吴裕泰实体门店近 600 家，主要分布在华北、西北、东北三省等长江以北的 15 个省、市、自治区。近些年来，吴裕泰向"数智化"大步前进，通过生产工序、物流机械化，产品年轻化，销售智能化，信息数字化，重塑品牌活力。卓越的产品品质和良好的销售服务，使得吴裕泰多次荣获"中国茶叶行业百强企业（前十强）""中国茉莉花茶十大品牌""北京十大商业品牌"等各项殊荣。自 2019 年吴裕泰成为北京市重大活动、重要会议供应保障企业以来，先后服务中华人民共和国成立 70 周年阅兵、中国共产党成立 100 周年庆典、历年的全国"两会"和北京市"两会"、2022 年北京冬奥会和冬残奥会，为代表委员、外宾们奉上一杯好茶，受到各方高度赞誉，多次荣获表彰，是名副其实的"国事用茶"。2022 年，吴裕泰更是以 16.95 亿元品牌价值，四度蝉联茶行业榜首，品牌价值稳步增长。

（2）创新与发展——打造"老字号＋文化＋体验"全新模式，同时依靠新技术向数字化方向转型

为满足更加个性化的消费者更加多样化的需求，吴裕泰积极拥抱新零售，运用现代零售理念及技术，打造"老字号＋文化＋体验"的经营新模式。

第一，积极更新店铺整体装潢，还对零售门店的货品陈设、环境装饰、营销方式等进行如下调整：一是推出富有中国文化与吴裕泰特色的商品包装，向顾客更好地讲述属于中国文化的茶故事；二是店内装饰及音乐都顺应时令，结合店内清新沁人的醉人茶香，让消费者切身体会吴裕泰的文化特色；三是以数字化赋能百年老店，升级门店 ERP 系统，增设 PC 秤和自助购一体机，改变了以往先开票再交钱后取茶的结账方式，节约了顾客的消费时间。正是通过这些视觉、味觉、听觉等全方位营造独特的品牌特色，吴裕泰带给了顾客更好的购物场景和消费体验。

第二，为顺应年轻消费新趋势，吴裕泰线上线下协同发展，全部连锁店上线微信商城，挖掘新的消费潜力。顾客在线上下单，线下可以自提也可以快递，实现了真正的 O2O。此种方式既满足了都市人群快节奏的消费需求，又填补了无店铺区域的销售空白。吴裕泰还试水"直播带货"，尝试短视频营销方式等。

第三，吴裕泰在升级公司及门店系统的同时，还引入 BI 系统，实现自助消费者大数据分析，并推动运用互联网开展精准私域营销，构建线上线下一体化营销体系，扩大了老字号在年轻消费群体的影响力，重塑品牌活力。

吴裕泰打造"老字号＋文化＋体验"的全新模式为客户带来全新体验，同时依靠新技术向数字化方向转型、不断摸索，为吴裕泰的发展找到了新的动力和方向，也为老字号的发展注入了新的力量。

4. 玉楼东 篇

（1）历史概览

长沙玉楼东有限公司（以下简称玉楼东）是商务部第一批命名的"中华老字号"企业，始建于 1904 年，至今已走过 110 多个年头，其在起家发展过程中历经了几个重要阶段，梳理如下。

玉楼东起源于清光绪三十年（1904 年），初名玉楼春，取白居易《长恨歌》中"金屋妆成娇侍夜，玉楼宴罢醉和春"之意。而后因玉楼春酒家正好位于老长沙青石桥的东茅巷口，故以"东"字取代"春"字，正式命名为玉楼东酒家。玉楼东真正声名鹊起可追溯到 1920 年，当时号称"湖南第一厨"的谭奚庭掌勺主理玉楼东。谭氏早期为殷实户操办酒宴，后受雇于江苏盐商朱乐堂当私厨，故其所制菜点果品除了具有浓厚的湘菜特点外，还兼具淮扬风味，玉楼东成为当时达官贵人宴请宾客的首选场所。玉楼东执掌湘菜之牛耳后，并未停滞不前，其不墨守成规，不泥古，既对历史文化有考究，又洞悉当今社会之变化，能在继承传统优秀湘菜文化的基础上加入现代元素，在继承中创新，这就使得这个百年老店日益焕发出新鲜生命力。据《玉楼东志》载："集湘菜之大成，传湖湘之文化，品名师之技艺，掀美食之新潮。"

从 1993 年起，玉楼东大力实施名牌战略，发展连锁经营，其连锁店遍布中国各大中城市，如玉楼东盐城店。该店虽地处较为僻静的城南，但终日车水马龙，顾客盈门。

现如今，玉楼东俨然成为一家驰名中外的"中华餐饮名店""中华老字号"，一直被誉为正宗湘菜的发源地，享有湘菜"黄埔军校"之美誉，是湖南省唯一的"国家特级酒家""全国十佳酒家""全国绿色餐饮企业"，也是湖南省餐饮企业中唯一的"小巨人企业"、湖南省著名商标、湖南省特一级店及湖南省优秀企业，享有"潇湘饮食第一店"的美誉。目前玉楼东在长沙有 5 家直属门店，职工 260 人。玉楼东自创建以来一直以"讲究实效，诚信待人"为经营宗旨，将诚信、守正、创新思想融入企业经营、生产服务、文化传承中，一直受到饮食界同行的敬重和广大顾客的青睐。

（2）创新与发展——以菜品定位为基础，服务定位为延伸，环境定位个性化的思路，实现合理的经济搭配

为增强行业竞争力，扩大就业，提高服务标准化效果，形成行业特点与优势的服务品牌，玉楼东通过改善企业内部生产技艺标准对其经营模式进行创新。玉楼东所属门店都设有完整的管理机构，班子团结，队伍稳定，支部工作完善，为了将特色生产技艺形成企业内部标准，推动生产环节标准化，公司从制订新的用人标准、环境卫生标准、用具消毒标准、消防安全标准、原料采购标准、物料存放标准、出品质量标准、服务操作流程标准、服务管理规范标准等方面着手，实施了企业服务标准体系向服务业体系的过渡，从而推动了门店形象和服务质量的提高，使企业得以健康发展和提升。其关注的重要因素如下：

第一，合适的人才。

玉楼东从创办之日一直走到今天，招聘到玉楼东的厨师必定是在长沙饮食集团公司内部公认的烹调技术最好且最负责任的厨师；选进玉楼东学徒弟的年轻人必定是长沙市饮食集团公司内部考察的最优秀且最服从组织安排的潜力股。于是老叶新叶，前波后波，玉楼东的经典湘菜和其他湘

菜，得以家庭式的代代相传。

第二，最乡土原材料。

玉楼东视产品质量为生命，建立严格完善的质量管理和质量保证体系。所有购进的原材料严格实行索证制度，拒绝使用无进货凭证及不符合食品卫生法要求的原材料；拒绝使用未经依法批准的新资源食品、保健食品；拒绝销售国家禁止销售的野生保护动植物。从产品原材料进货、保管、初加工、半成品的存放、成品的主辅料配比、成品的包装器皿、消毒到顾客的反馈意见，每个环节都有专人按食品卫生安全法的要求检查、监督、落实。在菜品的制作上秉持传统、精益求精。每道菜的主料配料、流程、火候要求等都有严格的规定，用材讲究，制作考究，让顾客吃得放心、吃得满意。

对原材料的要求，在守正的基础上又有创新。玉楼东采用最乡土的原材料制作。比如，麻辣仔鸡的鸡一定要用益阳桃江县的矮脚土母鸡，而且得是只饲养了半年左右、不超过1公斤、还没有生过蛋的仔母鸡，这样的"处女鸡"肉质才特别细嫩。酱汁肘子的猪肘一定要用宁乡流沙河的土花猪的前肘；这种土花猪俗称"米砣子猪"，是中国四大名猪品种之一，采用原生态的农家圈养方式，只喂青菜谷物粉糠，不喂饲料，所以肉质鲜嫩，富含多种维生素和氨基酸。柴把桂鱼的鱼一定要用洞庭湖打上来的野生桂鱼，它的选料是洞庭湖区产的活桂鱼，每条鱼的重量都要在三斤以上。洞庭龟羊的羊一定要用浏阳的黑山羊，羊肉膻味小，羊肌纤维细，肉质嫩，营养价值高。发丝百叶的主料是牛百叶，要选用湘中地区的黑牛或黄牛的百叶袋。不仅主料如此，连云耳、香菇、笋片等辅料，酱油、料酒、胡椒等调料也都规定了品牌和产地，不能随便购进。玉楼东选用的原材料全力将与化肥、激素、农药有关的一切食品菜品拒之门外，以满足食客们的要求。

第三，最讲究的刀工火候。

刀工火候是每一位厨师必须精心苦练的基本功。玉楼东对它出品的每一道菜，根据菜的色香味形，都有不同的刀工火候的要求。对于经典湘菜的刀工火候要求，属于湘菜的最高机密，采用最讲究的刀工火候，是只可意会，不可言传的。比如，发丝百叶为什么叫这个名称？就是说做这道菜的每一根牛百叶都要切得像头发丝一样细一样匀。此外，在制作麻辣仔鸡这道菜的过程中，切鸡丁也是刀工绝活，这要求在极短的时间内，剔除鸡的全部粗骨细骨，然后将鸡切成2厘米见方的鸡丁。剔骨时刀路有严格的规定，哪里必须去一刀，不去就会导致有残留的鸡骨头；而哪里绝对又不能去刀，因为如果去了刀不仅白白占用时间，还会切伤鸡肉，使切出的鸡丁不美观。做出来之后，它的每一颗鸡丁都要外焦内嫩，色泽金黄，此种火候非一般人能够掌握好。做酱汁肘子时，肘子靠内的素肉那一面，要剞花刀，且剞花刀要以切到素肉的八成深处为宜，但不能切穿素肉，以免伤到肥肉。制作洞庭龟羊时，龟肉与羊肉的解切，同样也是技术奥秘。龟肉要切砣，每一砣都要让"皮包肉"，羊肉要切片，要顺着羊肉的肉质纤维纹路切，不能反向切。龟肉砣和羊肉片的大小也要搭配合理，切忌一种很大，另一种很小。

第四，最地道的湖湘口味。

以麻辣仔鸡、发丝百叶、酱汁肘子、洞庭龟羊、柴把桂鱼、腊味合蒸六道经典湘菜为代表的长沙玉楼东湘菜，都是最典型的湖南风味。①麻辣仔鸡：外焦内嫩，麻辣鲜香。②发丝百叶：又脆又嫩，酸辣适口。③酱汁肘子：肥而不腻，红亮醇香。④洞庭龟羊：汤鲜味浓，回味绵长。⑤柴把桂鱼：鲜嫩无比，清淡爽口。⑥腊味合蒸：乡村口味，鱼肉烟香。

孟子说"口之于味也，有同嗜焉"，湘菜是我国饮食行业的骄子，玉楼东人对湘菜的传承和创新，已成为湘菜的杰出代表。诚如全国各地都在做烤鸭，但中国的名牌只有北京"全聚德"；全国各地都在做汤包，但中国的名牌只有天津"狗不理"；全国各地都在做湘菜，但中国的名牌只有长沙"玉楼东"。

玉楼东也是节能环保、安全绿色发展的餐饮业的典范。玉楼东年销售额4000多万元，实现利润500多万元，达到了制定的餐饮企业效益目标，促进了社会和谐稳定，增加了品牌效应，持续传承发展创新老字号。通过独特的经营模式的创新，以菜品定位为基础，服务定位为延伸，环境定位个性化的思路，合理的经济搭配，提高了餐饮企业的凝聚力，扩大了市场面，使玉楼东成了长沙市民及游客的打卡之地。玉楼东公司在菜品开发上不断创新，将特色生产技艺形成企业内部标准，推动生产环节标准化；分析、揣摩消费者的现代消费特点，力求研发的每一种口味、每一种规格的菜品都能够适应消费者需求。公司对菜品细化，对现有消费群体进行细分，适时推出系列菜品，使玉楼东菜品花开满园。

（二）国外老品牌

1. 川宁 篇

（1）历史概览

川宁由托马斯·川宁（Thomas Twining）于英国伦敦创立，始建于1706年，现属于英国联合食品有限公司（Associated British Foods）旗下品牌。

川宁的历史可追溯到1684年，当时经济的衰退迫使川宁家族移居伦敦。[1] 1701年，托马斯得以有机会在东印度公司从事贸易。彼时，各东印度公司正在从世界各地进口许多带有异国情调的新产品，其中就包括茶叶。

1706年，托马斯看到茶叶日渐流行，蕴含着无限商机，随即在伦敦斯特兰德创建了汤姆咖啡馆，由此开始了世界著名的茶叶生意。对茶的了解使托马斯相比其他咖啡馆更具有竞争优势。尽管当时茶税高昂，但英国上层人士对茶的喜爱让川宁茶一度脱销。

1717年，托马斯买下三栋相邻房产，并将其改建为一家茶馆，这就是现在的斯特兰德街216号，也就是今天著名的川宁商店。300多年后的今天，川宁商店仍然在斯特兰德街上蓬勃发展。

1749年，川宁就已经在为英国王室服务。托马斯去世后，其儿子丹

---

① 参见川宁网站，https://twinings.co.uk/blogs/news/history-of-twinings，2023年2月27日访问。

尼尔·川宁开始开拓国外市场并将茶叶远销至美国。当时的美国波士顿州长就是川宁的忠实客户。

川宁家族历史上另一位有趣的女主角是玛丽·川宁·利特尔（Mary Twining née Little），其为丹尼尔的妻子。1762年，丹尼尔去世后玛丽便接手并经营川宁21年，一直到1783年。在那个年代，女性经营企业是很不寻常的。当时，英国茶叶税已达到顶峰，而由于法国和荷兰的茶叶税不高，很多走私犯会将茶叶从法国和荷兰走私到英国。这也对英国的茶叶市场带来很大影响。但是尽管在茶叶税以及走私茶叶的挤压下，川宁仍然坚持只将优质的茶叶销售给客户。玛丽在生命即将结束时写了一篇日记，其中指出坚持只销售优质茶的承诺是她最骄傲的成就。

1831年，理查德·川宁，即丹尼尔和玛丽的儿子，应后续成为英国首相的第二代格雷伯爵（Earl Grey）的要求，调制出格雷伯爵茶。至今，川宁格雷伯爵茶仍是唯一一款得到格雷伯爵家族认可的格雷伯爵茶。1837年，英国维多利亚女王授予了川宁首份茶叶的皇家认证书，即认证川宁为英国王室的茶叶供应商。迄今为止，川宁仍然是历任英国王室的茶叶供应商。

进入20世纪后，川宁在商业上的活动更为活跃。1910年，川宁在法国开设第一家茶馆。1933年，川宁首先推出著名的英国早茶。1939年，川宁继续为身处第二次世界大战的英国提供茶叶，为红十字会战俘、妇女志愿服务组织和许多基督教青年会战时食堂提供茶叶。1956年，川宁首次推出茶包。1964年，川宁被起源于加拿大的英国食品巨头英国联合食品有限公司以200万英镑收购。1994年，川宁首次推出其独有的伯爵夫人茶，这是相较于格雷伯爵茶更柔和、更优雅的版本。1997年，川宁成为道德茶叶伙伴关系（Ethical Tea Partnership）的创始成员，该组织致力于为茶叶工人、农人和环境创造一个更公平、更可持续发展的茶产业。

2006年，川宁与美国咖啡机提供商克里格（Keurig）合作，首次推出茶叶胶囊储存盒（K-Cup Pods®）。2016年，川宁推出"源于关怀"计划。该计划旨在改善川宁茶园所在地居民的生活。该计划从生活机会、生活水平、生计和土地三个方面着手，努力提高茶园居民的生活。同年，川宁推出三种不同口味的格雷伯爵茶，包括茉莉味、薰衣草味以及味道更为浓厚的格雷伯爵茶。新口味的推出也标志着川宁在近两个世纪以来从经典茶到现代茶的转变。2017 年，川宁继而推出了三种不同口味的英式早茶，包括柠檬味、蜂蜜和香草味以及味道更浓厚的英式早茶。这使得喜爱英式早茶的消费者拥有更多的选择。2018 年，川宁推出系列健康茶，专注于源自草药本身的健康属性，并由川宁调茶大师精心调配。2019 年，川宁推出了 Cold Infuse，这是一系列美味的草本水增味剂，这种茶可以通过简单的方式来促进消费者更多的摄入水量。该系列水增味剂包含了水果和草药的混合物，可以在冷水中冲泡，消费者随时随地都能喝到清爽的饮料。2021 年，川宁推出新的"生活中的饮品"活动，促进了健康饮品的发展。

川宁现有 500 多款产品，每款茶都由英国川宁总部研发。川宁专业调茶师每周都会品尝 3000 杯以上的茶，并不断调配，以确保川宁每款产品的质量。川宁调茶师与全球新产品开发团队紧密合作，构思并创造出新产品，以为川宁消费者带来更多味蕾上的享受。

300 多年后，川宁对茶的热情依然不变，伦敦斯特兰德的川宁商店仍然在出售茶叶，川宁仍然持有皇家茶叶认证，川宁仍然继续为世界各地的茶爱好者不断带来新的优异品质产品。

（2）创新与发展——积极拥抱互联网和社交媒体

在为数不多的欧洲古老的百年茶品牌之中，川宁是极少数以家族传承为核心并传承 300 多年至今的世界顶级茶品牌。川宁可以百年基业长青，可以从传统经典茶品牌华丽转身为与时尚为伍的品牌，离不开川宁在经营模式方面作出的改变，川宁从如下角度着手进行创新改变：

第一，创新推广茶科学、人文。川宁有着丰富的历史以及深厚的茶文化，而其历史与人文均与英国的茶历史及文化紧密相关。300 多年的积累，使得川宁对每种拼配茶的味道、香气和历史的了解有其无法比拟的优势。川宁通过举办茶体验会以及推出茶相关的课程积极推广茶文化，让消费者可以接触茶背后的文化底蕴。川宁一直在告诉消费者，喝茶不仅是一种热爱，更是一种时尚生活方式。

第二，抓住新媒体时代，积极拥抱互联网和社交媒体。2006年，川宁就推出英国川宁官方网站。2011年，川宁设立 Facebook 账号。2014年，川宁更是全方位建立线上网站。

第三，关注茶园社区居民的生活。2016年，川宁推出"源于关怀"计划，该计划通过采取帮助茶园居民寻找更安全干净的水源、帮助提高居民的收入水平等措施改善茶园居民的生活。该计划不仅彰显了作为一家百年茶企积极承担社会责任，更向消费者表明了其努力创建一个高品质茶品牌的决心。

第四，重视全球市场。川宁茶已经在美国、欧洲及亚洲建立起属于自己的庞大市场。2005年，英国联合食品有限公司在中国上海建立了独资的英联川宁饮料（上海）有限公司。除了设立线下门店，川宁还积极开展京东线上购物商城。川宁在中国也有自己的微信公众号。

川宁顺应时代变化，抓住互联网及新媒体的优势，围绕产品特性积极探索在经营模式方面的创新性改变，如在保有线下商店的基础上，积极建立线上商城，扩大线上销售。300多年来，川宁得以在市场上屹立不倒，离不开其为顺应时代变化作出的创新性改变。

2. 雀巢 篇

（1）历史概览

1866年，雀巢公司由亨利·雀巢（Henri Nestlé）成立于瑞士。出生于德国的药剂师亨利在瑞士韦威推出他的"farine lactée"（牛奶面粉），该产品结合了牛奶、面粉和糖。这种产品主要用于无法进行母乳喂养的婴儿，以解决婴儿高死亡率问题。大约也是在此时，他开始使用标志性的"鸟巢"标志。同样也是1866年，美国兄弟查尔斯和乔治·佩奇一起建立了英瑞炼乳公司。他们利用瑞士供应充足的生鲜奶，建立了欧洲第一家炼乳生产工厂。

1878年，雀巢和英瑞之间展开了激烈的竞争，因为他们都开始销售对方的独创产品，即炼乳和婴儿米粉。1905年，雀巢和英瑞合并，组成了雀巢英瑞牛奶公司（以下简称雀巢英瑞）。公司有两个总部，分别位于瑞士的韦威和卡姆，并在伦敦开设了第三个办事处，以推动产品的出口销售。经过数年经营，雀巢英瑞不断扩大业务范围，又增加了无糖炼乳和灭菌乳产品。

1914年，第一次世界大战在欧洲的爆发破坏了公司的生产，但是战争也带动了对于雀巢英瑞奶制品的需求，促成了大宗政府订单。1916年，雀巢收购了挪威的乳业工业Egron，当时Egron已经取得利用喷雾干燥工艺生产奶粉的专利。完成收购之后，雀巢英瑞开始销售应用这种专利的产品。1921年，产品价格的下跌和高库存量导致雀巢英瑞出现第一次，也是有史以来唯一一次财务损失。银行家路易斯·达波尔（Louis Dapples）临危受命，担任危机处理经理。他首次鼓励公司任命职业经理人。之后，公司开始集中管理，科研部门也均集中在瑞士韦威的实验室。

1929年，雀巢英瑞收购了瑞士最大的巧克力公司Peter-Cailler-Kohler，自此，巧克力业务成为雀巢英瑞的主营业务之一。1934年，公司在澳大利亚推出麦芽巧克力饮料美禄（Milo），该款产品后来出口到国外市场。公司于1934年推出一款新的婴幼儿食品Pelargon，这是一款富含乳酸菌的全脂婴儿奶粉，可以帮助婴儿消化。1938年，雀巢咖啡正式推出。

1939年，雀巢英瑞将一些管理人员迁到美国，作为公司的第二总部。彼时的欧洲战事切断了欧洲牛奶的出口，所以公司得以从美国和澳大利亚向非洲和亚洲供应产品，并且借机扩展了拉丁美洲市场。1947年，公司与瑞士主要生产美极汤料、肉汤和调味料的Alimentana公司合并，并更名为雀巢Alimentana公司（以下简称雀巢Alimentana）。1948年，雀巢Alimentana在美国推出一种可溶茶饮Nestea。1954年，罐装预制意大利饺子被推出，其巨大的销售成就促使雀巢推出更多的罐装预制食品。1960年，雀巢Alimentana公司开始构建冰淇淋的商业版图，其收购多家冰淇淋公司，包括德国的Jopa公司和法国的Heudebert-Gervais公司，并于1962年收购了瑞士冰淇淋品牌Frisco。雀巢Alimentana还收购了英国罐头食品公司Crosse&Blackwell。1968年，雀巢Alimentana收购法国酸奶生产商Chambourcy。1969年，雀巢Alimentana收购法国饮用水品牌Vittel并进入矿泉水领域。

1977 年，雀巢公司更名为雀巢股份有限公司（以下简称雀巢）。

1985 年，雀巢以 30 亿美元的价格收购了美国的三花食品公司，并将三花和咖啡伴侣等品牌加入其产品组合中。1988 年，雀巢收购了英国糖果公司 Rowntree Mackintosh。2012 年，雀巢以 119 亿美元的价格收购惠氏营养品公司，其前身为辉瑞营养品公司，用以巩固在婴幼儿营养品领域的领先地位。2020 年，雀巢出售银鹭花生牛奶和罐装八宝粥业务。雀巢还发布了净零路线图，宣布公司最迟在 2050 年实现净零碳排放。

（2）创新与发展——多元化经营结合本土化策略

雀巢根据其独特的眼光以及富有前瞻性的策略，在经营模式方面进行改变与创新，从 150 多年的小型企业发展到现在全球企业中的佼佼者。在企业发展过程中，雀巢主要从以下方面对经营模式进行创新：

第一，雀巢实行多元化经营模式，开启多种产品业务线。初期的雀巢产品线仅有炼乳和婴幼儿奶粉，后续雀巢通过收购及合并不断将其触角伸到各种各样的产品类型。从初期的炼乳和婴幼儿奶粉，雀巢发展到如今已经拥有多条产品业务线，产品覆盖婴幼儿奶粉、咖啡、咖啡机、咖啡胶囊、矿泉水、奶制品、雪糕、糖果、宠物食品及调味品等。[①] 雀巢从多条线路出发，渗透到人们生活的方方面面，其品牌影响力也是在这期间不断构建并成长起来。

第二，雀巢还采用了"集中—分散型"管理模式。雀巢瑞士总部负责对战略决策和基本政策进行决定，各个地区市场在执行层面则拥有自主权。此种管理模式使得雀巢在并购大量企业后能够成功整合它们。

第三，除去"集中—分散型"管理模式外，雀巢还采用本土化经营策略。从雀巢的历史可以看出，雀巢在其发展壮大的过程中不断的并购和合并企业。在并购不同地区的公司后，雀巢会尽可能雇佣本土员工，尽可能使用本土材料。雀巢还会采用本土化的品牌名称，而不会将雀巢品牌强行

---

① 参见雀巢网站，https：//www.nestle.com.cn/brands，2023 年 3 月 9 日访问。

加于被并购企业，比如，雀巢在中国的品牌包括徐福记、银鹭花生牛奶及大山矿泉水等。

第四，雀巢顺应时代的变化，积极建设线上商城，这也帮助雀巢打开更多的消费市场，加深其与消费者的联系。

雀巢经历了两次世界大战以及互联网革命，其产品一直贯穿至今，在市场上乃至中国市场上占有着非常重要的地位。雀巢，作为当今世界上最大的食品公司之一，穿越百年走到现在，不是某一次偶然的成功，也不仅仅是因为在各个时期的市场机遇，更是因为雀巢可以看清局势、抓住机遇以及自我颠覆的创新精神。

（三）对比

综合上述案例可以看出，经营模式的多元化是国内老字号与国外老品牌均选择改变经营模式的方式，蕴含在其中的逻辑也非常明了，丰富产品一方面可挖掘客户的新需求，提高企业完成交易的机会；另一方面可迎合客户需求，维护现有客户并维持其黏性。"经营模式的多元化"是个广义的概念，包括狭义层面增加具体产品线，亦包括丰富完善服务内容及提高服务品质。

国外老品牌以"雀巢"为例，雀巢起初的产品主要为奶粉及炼乳，在后续 100 多年的发展中，雀巢通过不断的收购合并其他企业，将其产品范围扩大到咖啡、巧克力、狗粮、饮用水、零食等产品。国内老字号以"玉楼东"为例，玉楼东通过搭建完善的内部人员结构集合标准体系的建立、制定、覆盖、实施、满意度、培训、信息管理、评价改进等方面，实施了企业服务标准体系向服务业体系的过渡，不断完善、提高服务质量，服务于客户，在市场上获得充沛的竞争力。

此外，互联网的发展也是影响企业经营模式的重要因素之一。在传统线下商铺的基础上，线上商城已成为企业的必争之地。国内老字号"微山湖""吴裕泰"借力各大国内电商平台以及新媒体资源，打造门店电商，扩展知名度，促进销量。企业还利用社群以及微信进行私域流量引流。国外老品牌"川宁""雀巢"也积极拥抱互联网和社交媒体，大力发展在线网站，吸引全球各地的消费者。且当国外品牌在发展中国市场时，也会利用具有中国特色的电商及新媒体平台如京东线上购物商城及微信公众号等，创新经营模式并为自己的产品宣传造势。

总结而言，市场的变化考验着企业的应变能力，"经营模式的多元化"是必然的趋势，毕竟在日新月异的生活中，守旧的生活方式不再是主流，这对所有市场参与主体而言都是需要持续思考的问题，期待更多的老字号剥落旧尘，笑语盈盈暗香来！

四、推广模式的改变

（一）国内老字号

1. 菜百　篇

（1）历史概览

北京菜市口百货股份有限公司（以下简称菜百公司）成立于 1956 年，是商务部第一批命名的"中华老字号"企业。作为国有控股企业，菜百公司是西城区国资委的重要子企业。经过几十年的发展，菜百公司在黄金珠宝商品的原料采购、款式设计、连锁销售和品牌运营等方面积累了丰富的经验，是北京黄金珠宝市场收入规模领先的黄金珠宝企业，也是国内黄金珠宝行业中直营收入规模领先、单店收入规模领先、线上线下全渠道经营的黄金珠宝专业经营公司。

菜百公司于 1985 年经中国人民银行批准率先拿到了《黄金内销零售许可证》，成为北京市第一批经营黄金首饰的百货商场。

1992 年，菜百公司销售额破亿，走上特色发展之路。1994 年，北京菜市口百货有限责任公司成立，并于 1996 年建成全市第一个钻石岛。1997年，北京市商业委员会授予菜百公司"京城黄金第一家"的牌匾和证书。

1998 年，菜百公司通过 ISO9002 质量体系认证，成为北京市国有商业中第一家通过该项认证的单位。

1999 年，菜百公司在中华人民共和国成立 50 周年之际发售第一根"千禧金条"，这也是中华人民共和国成立后卖出的第一根金条。2002 年，菜百公司加入上海黄金交易所，并于 10 月 16 日成功敲定黄金交易第一单，当年销售额过 5 亿元。2003 年，菜百公司设立东安菜百首饰店，走出了连锁经营第一步。2004 年，菜百公司是中国商业企业联合会命名的"中国黄金第一家"。2005 年，"北京奥运金"纪念金条在菜百公司发售；世界黄金协会授予菜百公司"2005 年黄金协会指定 K-gold 经销商"牌匾；菜百公司成为中国金币特许零售商。2006 年，中华人民共和国商务部授予菜百公司"中华老字号"牌匾、证书。2008 年，菜百公司成为奥运会特许商品零售商。2009 年，世界首个钻石品牌——Forever Mark 永恒印记全球首家概念店在菜百公司亮相。

2013 年，菜百公司开始搭建电商平台，京东商城菜百首饰旗舰店正式上线，经营全品类商品。2014 年，天猫菜百旗舰店正式上线。2016 年，与农商银行合作，菜百公司新渠道建立。2017 年，作为北京市唯一的一家商贸企业，菜百公司获批国家级服务标准化试点项目。2018 年，菜百故宫店开业，菜百公司成为冬奥会特许商品零售商。

2021 年 9 月 9 日，菜百公司正式在上海证券交易所主板上市交易，股票简称菜百股份，股票代码 605599。菜百公司主要经营黄金饰品、贵金属投资产品、贵金属文化产品和钻翠珠宝饰品等在内的各品类、多款式黄金珠宝商品，服务于广大、多样化的消费者群体。公司总店（总部）位于北京市西城区广安门内大街 306 号，营业面积约 8800 平方米；同时，也是一家在北京市文物局正式备案的博物馆，即北京菜百黄金珠宝博物馆。

菜百公司拥有包括北京总店、覆盖华北地区的几十余家直营连锁门店、银行渠道在内的线下销售网络，以及天猫菜百旗舰店、京东菜百首饰旗舰店、菜百首饰官方商城等十余个覆盖全国市场的线上电商销售网络，并设有深圳子公司和电商子公司，为消费者提供集"博物馆式的鉴赏、专业知识的普及、体验式的购物、个性化的定制"于一体的沉浸式购物体验。

作为以北京市为核心、华北地区领先的黄金珠宝专业经营公司，菜百公司是"全国文明单位""全国质量诚信标杆典型企业""全国模范劳动关系和谐企业"，2004 年被授予"中国黄金第一家"的称号，并曾荣获"中国质量奖提名奖""企业信用评价 AAA 级信用单位""中国黄金行业社会责任杰出贡献奖""全国五四红旗团支部""最具影响力十大品牌""中国改革开放 40 周年珠宝行业社会贡献奖""北京市人民政府质量奖提名奖"等诸多荣誉和称号。

菜百公司是上海黄金交易所业务委员会的委员单位，是中国珠宝玉石首饰行业协会副会长单位和中国黄金协会副会长单位，是中国金币特许零售商，曾是 2022 年北京冬奥会和冬残奥会组织委员会特许零售商。公司管理层作为全国珠宝玉石标准化技术委员会（TC298）委员和全国首饰标准化技术委员会（TC256）委员，参与制定、修订黄金珠宝国家标准和行业标准。2019 年，公司成为"中国珠宝玉石首饰品牌集群"首批标杆品牌集群副主席成员单位，并通过"国家级商贸服务业标准化试点"验收。同时，菜百公司是上海黄金交易所第一批综合类会员单位。

在经营黄金珠宝几十年的过程中，菜百公司制定了较国家和行业标准更为严格的"菜百首饰"标准，培养了一批专业的管理和设计人员。作为中国珠宝首饰文化推广先锋企业，菜百公司在国内积极与行业上下游交流，开发具有市场号召力的自主产品，在国际上与世界黄金协会、国际铂金协会、国际有色宝石协会、戴比尔斯集团等众多国际推广组织保持良好的合作关系，公司北京总店已成为中国黄金珠宝行业新品发布和推广基地。

菜百公司始终秉承"以情经商，以质取胜"的经营理念，大力践行"做每个人的黄金珠宝顾问"的企业使命，坚持"心比金纯"的服务理念，为消费者持续提供优质的黄金珠宝商品及服务。

（2）创新与发展——名城联动，馆店结合，文化兴商

自1956年成立到现在，菜百公司仍然在市场上占有非常重要的地位，离不开菜百公司在推广模式方面作出的创新性举措，具体如下。

第一，进驻各大城市的购物中心。

菜百公司在"加快形成国内大循环为主体，双循环相互促进的新发展格局"大背景下，积极施行营销网络布局发展战略，加密京内核心商圈，拓展天津、河北等地门店网点，现已实现北京市16个区的连锁全覆盖；华北以外地区实现连锁版图新突破，以西安为试点形成异地连锁经营样板，进驻西安赛格国际购物中心，并开设开元钟楼银泰、曲江银泰及雁塔区南城店等门店，开设华东地区苏州首店，进一步延伸京外辐射圈。北京、苏州、西安三座历史文化名城联动，遥相呼应，以文化兴商，更好地促进历史文化与现代商业文化的结合。

第二，线上线下联动销售，渠道布局持续拓展。

菜百公司通过"线上直播，线下促销"的多样形式，不断创新营销模式，全面打通各营销渠道。自疫情以来，菜百公司积极打开营销新思路，提振消费市场。具体手段如下：

一是持续推动直播业务增长，直播矩阵与达人矩阵"双阵并举"，并逐步建立"菜百股份直播基地"，除总部外，还拥有电商、连锁两大分部，27个直播间，拥有一支兼具黄金珠宝顾问、黄金珠宝博物馆讲解员、黄金珠宝主播于一身的主播团队。菜百公司自主培养主播近百名，销售覆盖全国31个省区市。2022年6月，菜百公司作为北京市商务局重点推介的直播基地之一受邀参加"2022北京网络直播促销月"启动仪式。2022年上半年，菜百首饰天猫旗舰店取得了老字号天猫旗舰店成交额、直播电商成交额双料第一的好成绩，荣膺"天猫老字号超级直播奖"。

二是在私域平台发力，公司各部门创建客户微信群，超千名员工参与全员营销，将金价播报、优质产品推荐、售后服务、问题咨询等线下的宣传和服务工作"复制"到云端，在线上履行"做每个人的黄金珠宝顾问"的企业使命。此外，公司升级自有官方商城平台的功能，开设全员分销业

务，员工可通过自己的账号随时随地产生素材，形成订单，此种方式不仅有效提高了员工的工作积极性，更方便了顾客的购物需求。

第三，馆店结合：打造北京菜百黄金珠宝博物馆，设置多处网红打卡地，吸引群众。

菜百公司经过多年的文化积累，在2020年打造北京市文物局认证的博物馆——北京菜百黄金珠宝博物馆，是中国旅游景区协会会员单位，先后获得2021年北京网红打卡地、北京市创新成果一等奖、中国旅游景区创意大赛优秀作品奖、入围奖等诸多荣誉，设置近20处互动打卡点，展出珍贵黄金珠宝玉石、矿晶、虫珀展品近千件，涵盖宝石学、古生物学、矿物学等多个领域。

菜百流动博物馆首站落户菜百大兴分店，让博物馆真正走进人们异彩纷呈的世界，接近生活、接近实际、接近群众，让广大群众都能深切地感受到博物馆的魅力，学习到黄金珠宝玉石文化，将北京菜百黄金珠宝博物馆打造成一个足不需远行，便可赏宝石矿物臻品，品黄金珠宝玉石，看世界奇珍异宝，集品质化、多元化、个性化、便利化于一体的博物馆。

菜百公司引进"与大师同行""邂逅白垩纪——虫珀珍宝展"等系列主题展览，打造博物馆文化标杆；举办"珠宝小能手""地球科学体验馆""非物质文化遗产"等多形式、多类型的文化科普活动聚焦文化教育，联动首都博物馆、中国地质博物馆、国检培训中心等权威科普机构，先后开展三期累计31场科普训练营，惠及1000余名学生及家长，形成独特的菜百博物馆科普标签。

此外，菜百公司还与北京市第四中学深入开展合作，与北京四中国际校区于线上开展"2022北京四中国际校区'商业与设计'活动课程"项目，与北京四中本部开启社会化教育课程实践项目，推动了菜百公司公益科普进校园的进程。菜百公司与心飞扬志愿中心于菜百总店联合开展了"北京市青少年志愿服务艺术展"，通过艺术展的形式，提供美育教育，传播志愿精神，培养担当民族复兴大任的新时代好少年。

通过名城联动，馆店结合及文化兴商等手段在推广模式方面进行创新，菜百公司为老字号企业赋予了新的活力，在市场上依然熠熠生辉。

2. 鸿茅　篇

（1）历史概览

内蒙古鸿茅实业股份有限责任公司是商务部第二批命名的"中华老字号"企业，至今已走过将近300个年头，其在起家发展过程中历经了几个重要阶段，梳理如下。

清乾隆四年（1739年），鸿茅药酒在内蒙古凉城县厂汉营创制，至今已有将近300年的生产历史。根据《凉城县志》的记载：清乾隆四年（1739年），县境厂汉营始生产鸿茅药酒。鸿茅药酒的始创者是一位来自山西的王姓中医，清乾隆年间，他走方行医来到厂汉营，见这里山水毓秀，药材资源丰富，然而百姓却缺医少药，便举家迁居到了这里，悬壶开号，医济世人。乾隆四年（1739年），他总结多年诊脉开方心得，集众多古方之精华，采67味道地药材，以独门秘法入酒调制，创出品质上乘，既能治风寒湿痹、气虚血亏及脾胃肝肾亏虚等多种病症，又兼具补益养生作用的"鸿茅药酒"。鸿茅酒凭借其显著疗效而驰名四方，购者络绎不绝，不久就传到清宫中，为皇室所用，一时名声大振，成为名贵产品。

由中央编译出版社编撰出版的《历代御医推荐给皇帝的养生食谱》一书中也有关于鸿茅药酒的记载："鸿茅药酒的基酒始创于清代康熙三十二年，已有300多年的生产历史。清乾隆四年（1739年），山西名医王吉天到包头行医，途经鸿茅古镇，为古镇风光及佳酿所动，买下鸿茅基酒酿制缸坊，将自家历代秘传的中草药秘方配入该酒，发明了鸿茅药酒。清道光十年（1830年），鸿茅药酒被敬献朝廷，道光皇帝饮用后甚喜，钦定为宫廷御酒。"

民国期间，鸿茅药酒品牌有了进一步发展。编撰于20世纪30年代，尘封70余年的《绥远通志稿》是中华民国绥远省的一部大型地方志图书，其珍贵的文献资料是研究内蒙古自治区西部地区历史的基本史料。在其中的物产篇中，对鸿茅药酒更有生动描述："惟县属第三区厂汉营之隆盛荣，制有红毛酒一种。为本县之特产。色如胭脂，香浓味醇……有患腰腿疼痛者，饮之每奏奇效。故价值虽昂，销路仍极发达，近而山西、内蒙，远而外蒙各地，皆有行销，蒙人对之尤视为珍品。其制法据云配有药品百余种，本号恐人仿制，密而不传。"

1962年，地方国营凉城县红毛酒厂（鸿茅药酒厂历史名）成立，这里成为一家地方国营企业，1973年，因为出口的原因"红毛酒"改名为"鸿茅酒"。20世纪70年代至20世纪80年代，鸿茅药酒曾出口远销蒙古、日本、新加坡、马来西亚、朝鲜等20多个国家和地区。1992年10月16日，鸿茅药酒由原内蒙古自治区卫生厅批准注册，原批准文号为"内卫药准字（86）I-20-1355号"。1997年，鸿茅药酒药品标准收载入《中华人民共和国卫生部药品标准（中药成方制剂）》第14册。但是到2006年10月重组前面临了几经起落，已是多年停产，濒临倒闭，鸿茅药酒这个近300年的经典名方也濒临失传。1999年，鲍洪升作为大股东出资建立了内蒙古鸿茅实业股份有限责任公司。2002年，内蒙古鸿茅药业有限责任公司（以下简称鸿茅药业）成立，鲍洪升任董事长。2003—2006年，企业历经多次改制探索，最终导致连年亏损，严重资不抵债，企业长期处于停产状态，濒临倒闭。

2006年鸿茅药业经历了重组，重组后的鸿茅药业，经过10余年艰苦创业，已经由一个边远县域小厂成长为全国知名的少数民族地区医药企业，并成为凉城县脱贫攻坚和自治区民营经济发展的代表性企业。公司发挥产业龙头优势，努力做到"发展一个产业、带动一方经济、富裕一方百姓"，在帮扶贫困地区发展中药种植基地、扩大地方就业、推动区域文化旅游业等方面都作出了积极的贡献。2011年，百年鸿茅品牌被中华人民共和国商务部授予"中华老字号"称号，被原国家工商总局认定为"中国驰名商标"。同年，鸿茅中医药酒文化再次以传统医药类别入选内蒙古自治区《非物质文化遗产名录》。2014年，鸿茅药酒配置技艺入选国务院批准、原文化部确定的《第四批非物质文化遗产代表性项目名录》。2017年，经内蒙古自治区人民政府批准，凉城县新增鸿茅镇，为凉城县人民政府驻地。

（2）创新与发展——坚持推广营销模式的守正创新，让鸿茅药酒走进大众

鸿茅药业利用互联网赋能品牌影响力，在推广模式上进行多种创新，具体如下：

第一，鸿茅药业积极探索互联网新零售，建设互联网＋移动端电商自主平台，并与京东健康、天猫医药馆、拼多多等头部电商平台建立战略合作。通过互联网电商和新零售OTO模式，构建互联网直销及分销体系，开展产品直达用户的营销模式新探索。仅京东自营大药房一个电商客户就有20万＋的用户评价，其中，好评率达98%。

第二，鸿茅药业先后投资建设"鸿茅文化馆"及"鸿茅药酒配制技艺传习所"，用于传播药酒文化，同时对鸿茅药酒的传统配制技艺进行系统的整理、挖掘和保护。用珍贵的史料和历史文物，以生动多元的展示形式，展示了鸿茅药酒近300年的发展历程，展示明清时期新兴的药酒"热浸法"的代表"八步古法"中选药、炮制、另煎、鼎合、封坛、泉浸、地养、茅缩的古法酿制工艺。每一位到鸿茅文化馆的参观者，都能详细地了解鸿茅的文化传承，了解鸿茅的匠心精神，了解鸿茅的社会责任与使命担当。

第三，鸿茅药业多次邀请大中小学生走进"鸿茅文化馆""鸿茅药酒配制技艺传习所"，通过近距离了解鸿茅药酒的历史、文化，参观鸿茅药酒的生产过程，亲手制作中药小香囊等，让同学们感受传统中医药的独特魅力。

为加大品牌在消费者中的影响力以及市场竞争力，鸿茅药业不仅坚持宣传传统中医药文化，同时积极探索互联网新零售，建设互联网＋移动端电商自主平台，并与头部电商平台建立战略合作。正是这些创新举措使得鸿茅品牌产品得以在市场上日趋活跃。

3. 红星 篇

（1）历史概览

中国宣纸集团公司是商务部第一批命名的"中华老字号"企业，至今已

走过 70 多个年头，其在起家发展过程中历经了几个重要阶段，梳理如下。

1951 年 10 月初，"泾县宣纸联营处"开业，其封刀印的上部，盖有一颗"红五角星"，"红星"标志在宣纸业问世。1954 年，泾县人民政府批准成立"公私合营泾县宣纸厂"。1966 年，"公私合营泾县宣纸厂"更名为"安徽省泾县宣纸厂"。1978 年至 1992 年期间是宣纸发展的第三个鼎盛时期，此时宣纸厂家大增，产品扩展到一百五十余种。1979 年、1984 年、1989 年泾县"红星"宣纸荣获国家质量金奖。1992 年，以"国营安徽省泾县宣纸厂"为核心组建成立"中国宣纸集团公司"。1993 年，泾县县委、县政府举办首届"泾县国际宣纸艺术节"。1996 年，由中国宣纸集团公司独家发起，成立了安徽红星宣纸股份有限公司，并成功上市（经省政府统筹安排，2000 年与海螺型材达成战略合作）。2001 年 5 月 21 日，江泽民视察宣纸厂并为其题词。2002 年，宣纸被原国家质检总局正式批准为中华人民共和国原产地域产品。2004 年 9 月 5 日，宣城市被授予"中国文房四宝之乡"称号。中国宣纸集团公司完成改制。2005 年 11 月 28 日，泾县中国宣纸协会成立。中国宣纸集团公司成为中华老字号。

现如今，中国宣纸股份有限公司已是全国最大的文房四宝生产企业、手工造纸领袖企业、宣纸标准和书画纸国家标准起草单位，被授予全国最具影响力国家文化产业示范基地、国家重点文化出口企业、国家级高新技术企业、中华老字号、全国首批研学游示范基地等称号。

（2）创新与发展——新旧媒体推广渠道并行

近年来，公司注重品牌营销，努力进一步提升红星品牌形象。具体手段如下：

第一，注重传统媒体宣传。公司积极争取央视、省级卫视制作专题栏目或纪录片，登录央视成为常态，每年至少有 2 个节目在央视播出。其中，《大国工匠》《中华百工》以及大型纪录片《中国文房四宝》等影响巨大。

第二，注重新媒体宣传。以"互联网 +"思维提升宣传与品牌营销，建设公司、博物馆官网及微信公众号、入驻抖音等短视频平台，常态化开展淘宝直播、抖音直播，注重原创内容发布，以提升宣传与品牌营销。新华网、光明网等多次进行了现场直播。

第三，积极与业界各大机构和院校合作，举办行业活动等。公司与中国美协、中国书协、国家博物馆、国家画院等各级艺术机构和各大艺术院校加强交流与合作，成为中国美协、国家画院创作写生基地，在全国八大美院设立红星宣纸奖学金并成为他们的创作写生基地。此外，公司还组织一系列大型活动，包括承办 2016 年中国美协培训班，举办三届"泾上丹青"全国中国画展（首届 2017 年）、2018 年首届中国宣纸出版论坛和第二届"书画同春"作品展、2019 年中国美协创作中心（写生基地）工作会和"印象桃花潭"当代中国画名家作品展、2020 年"笔墨耕耘"天津市名家中国画作品展、2021 年宣纸文化节"千载纸韵·百年华章邀请展"、2022 年"艺海同舟"当代中国画六人作品展和"掀起你的盖头来"新疆桑皮纸中国画作品展等。通过举办一系列活动，将广大书画艺术家吸引到泾县，让他们了解泾县、了解宣纸、了解"红星"，致力于打造书画艺术交流的平台，服务广大书画艺术家及其艺术创作的基地与家园。公司还会参加各种展览，以展示宣纸技艺，弘扬宣纸文化，比如，上海世博会、进口博览会和品牌博览会，每年参加全国文博会、艺博会等 10 余次。

第四，不断完善品牌服务。公司在北京设立旗舰店和体验店，2021年，公司还在上海建成了品牌店，在上海白茅岭农场学校开设宣纸体验工坊。公司还将力争建成上海市红星宣纸体验园，让宣纸全面走进上海中小学。

第五，公司还开设了天猫旗舰店、淘宝直营店、工商银行"e"网店，进一步扩张线上商城，扩大消费者的地域范围。

第六，积极采取措施维护品牌声誉。公司积极与第三方维权机构合作，针对侵犯品牌利益的各种违规行为（冒名、制售假等）进行坚决打击。经不完全统计，自 2021 年 6 月以来，线上维权共处理 1000 条违规链接，有力维护了品牌声誉。

中国宣纸集团公司一直以来注重品牌营销，在现代化发展的今天，坚持新旧媒体宣传渠道的并行，坚持引进来与走出去的推广手段，如与各级艺术机构和各大艺术院校加强交流与合作，使得品牌影响力加大；同时通过线上维权的形式加强推广宣传的正面维护，有力维护品牌声誉。

（二）国外老品牌

梵克雅宝　篇

（1）历史概览

梵克雅宝是一家法国奢侈品品牌，隶属于历峰集团（Richemont），主要产品包括珠宝、腕表及香水等。1906 年，阿尔弗雷德·梵克（Alfred Van Cleef）和其岳父所罗门·雅宝（Salomon Arpels）在巴黎创立梵克雅宝。至今，梵克雅宝始终将珠宝视为灵魂的艺术，不断在高级珠宝及腕表制作领域绽放着瑰丽而神秘的永恒之光。梵克雅宝的珠宝作品通常以花朵、动物和仙女为主题，深受时尚偶像和皇室成员所喜爱。

1906 年，梵克雅宝首家精品店于巴黎芳登广场（Place Vendôme）22 号揭秘，见证法式优雅与高级珠宝的交融。梵克雅宝继而在多维尔、维希、勒图凯、尼斯和蒙特卡洛等度假胜地开设多家精品店。

1916 年，Touch Wood 木质珠宝系列问世。"摸木头能带来好运"，梵克雅宝将木材与宝石融入至代表幸运的珠宝作品。1925 年，以红宝石和钻石制成的 Rose 手链为代表的一系列作品荣获国际装饰艺术及现代工艺博览会大奖。珍贵宝石演绎白玫瑰的明艳之美，将自然又简约的花卉完美呈现。

1930 年，梵克雅宝被任命制作埃及娜兹丽女王（Queen Nazli）的王冠。[①] 1933 年，梵克雅宝的 Mystery Set 隐秘式镶嵌工艺获得专利，这是享誉世界的镶嵌技术。错综网络之上，珍贵宝石逐颗入座，镶座藏而不露，尽显宝石华彩。

1941 年，梵克雅宝与舞蹈艺术结下不解之缘，首款芭蕾舞伶及仙子

---

① 参见 prestigeonline 网站，https：//www.prestigeonline.com/id/style/jewellery/van-cleef-arpels-and-the-royalty-who-wore-them/，2023 年 3 月 3 日访问。

胸针问世。雅宝家族中的路易·雅宝（Louis Arpels）对舞蹈艺术的钟情与热爱，激发了梵克雅宝对芭蕾舞伶的不竭灵感。1950 年，Zip 项链问世，一条"平凡"拉链的"非凡"演绎。在拉链上下滑动之际，作品于项链和手镯之间自由转换。

1968 年，首款 Alhambra 四叶草幸运系列长项链问世。雅宝家族中的雅克·雅宝曾说："心怀幸运之愿，方能成为幸运之士。"梵克雅宝创作的 Alhambra 四叶草幸运系列，在不断的演变中历久弥新。

1999 年，历峰集团收购梵克雅宝。[①]

2001 年，梵克雅宝在芝加哥开设第一家精品店。2003 年，Frivole 系列问世，繁华晶簇，勾绘曼妙春景；以生机盎然的璀璨花瓣，赞颂大自然旺盛不息的生命力。2008 年，Perlée 系列问世，上演一阕金珠芭蕾。2009 年，在纽约佳士得拍卖会上，一件 1936 年梵克雅宝定制的带有 Mystery Set 隐秘式镶嵌工艺的珠宝以 32.65 万美元的价格售出。

2010 年，Lady Arpels Pont des Amoureux 腕表问世，见证恋人的甜蜜邂逅。2010 年至 2011 年，梵克雅宝总销售额高达 4.5 亿欧元，其中，手表销售额为 4500 万欧元。2012 年，"Van Cleef &Arpels 梵克雅宝，美之传承"典藏臻品回顾展于上海当代艺术馆举办。这是梵克雅宝在中国的首次展览，以瑰丽之作致敬艺术传承。2016 年，梵克雅宝在澳大利亚墨尔本柯林斯街开设精品店。[②] 次年，梵克雅宝在悉尼开设第一家精品店。2018 年，梵克雅宝在墨尔本开设第二家精品店。[③] 2018 年，"When Elegance Meets Art 雅艺之美"典藏臻品回顾展于北京今日美术馆举办，展览以时间为主线，形

[①] 参见维基百科网站，https：//www.wikiwand.com/en/Van_Cleef_&_Arpels#History，2023 年 3 月 3 日访问。

[②] 参见金融评论报网站，https：//www.afr.com/life-and-luxury/fashion-and-style/australia-the-finishing-jewel-in-van-cleef--arpels-global-crown-20161202-gt2md7，2023 年 3 月 3 日访问

[③] 参见维基百科网站，https：//www.wikiwand.com/en/Van_Cleef_&_Arpels#Boutiques，2023 年 3 月 3 日访问。

象鲜明的作品承载着每个时代的印记。2020年12月，由世界品牌实验室编制的第17届《世界品牌500强》揭晓，梵克雅宝排名第353位。①

（2）创新与发展——加大全球布局且积极开展线上网站

梵克雅宝以其富有创意的营销举措而闻名，具体包括：

第一，梵克雅宝加大全球精品店布局。梵克雅宝以巴黎芳登广场旗舰店为核心，向欧洲、中东、东南亚等地区辐射。梵克雅宝现已在中东和东南亚设有多家独立精品店，且在大型百货公司内设有多家精品店。梵克雅宝精品店遍布于日内瓦、苏黎世、慕尼黑、伦敦、米兰、上海、北京、巴黎、新加坡、墨尔本、悉尼、芝加哥、纽约、波士顿、拉斯维加斯及贝弗利山庄等多个城市。②

第二，拥抱社交媒体活动。梵克雅宝将社交媒体视为促进其业务的有力工具。梵克雅宝定期使用 Instagram 及 Facebook 等平台发布幕后内容及展示新产品等，此种方式使得梵克雅宝与现有客户持续保持互动的同时还可以开发新的潜在客户。梵克雅宝 Instagram 账号上有240万粉丝。

第三，梵克雅宝开展线上销售平台。互联网时代下，梵克雅宝完成数字化转型，积极搭建梵克雅宝在线商店，使得全球各地消费者均可以触及梵克雅宝，进一步扩大其市场。

第四，与有影响力的名人合作。梵克雅宝举办各种活动，与有影响力的名人合作以及利用社交媒体和数字广告等方式吸引潜在客户，扩大自身的品牌影响力。

梵克雅宝通过布局全球精品店、社交媒体、线上销售平台及与名人合作等极具富有创意的营销举措，赢得了奢侈品市场的占有率。

---

① 参见世界品牌实验室网站，https：//www.worldbrandlab.com/world/2020/brand/new.html，2023年3月3日访问。

② 参见维基百科网站，https：//en.wikipedia.org/wiki/Van_Cleef_%26_Arpels#Boutiques，2023年3月3日访问。

（三）对比 🦋

综上可以总结出，在推广模式改变层面，无论国内老字号抑或国外老品牌，互联网技术已经成为企业用于推广企业以及加强品牌知名度的重要手段。抓住互联网时代特性，在稳定扩展线下门店的同时，积极发展线上商城，是提振消费市场的主要方式之一。

以"菜百"及"鸿茅"为例，二者均顺势而为，紧扣时代特性，利用国内盛行的新媒体直播等方式升级营销体系，最大化地囊括各个阶层、各个年龄段的消费者，加强销售。这也是在消费人群日趋年轻化、消费方式日渐互联网化的背景下，老字号得以转型成功并在市场占有一席之地的重要手段。

国外老品牌也需要紧扣互联网时代的特性以及消费者的偏好及需要才可以更好地将品牌延续并发展下去。例如，梵克雅宝以其奢华的产品和卓越的客户服务为立足点，从线上购物平台、社交媒体、线下线上主题活动以及与知名人士合作等不同维度创新营销方式，一步步成长为如今世界最负盛名的珠宝品牌之一。

线上市场已成为全球企业的必争之地。在互联网技术的帮助下，地域已经不再成为限制企业走向更广阔市场的因素。社交媒体、新媒体、线上商城、直播等各种手段已经成为企业用以加强自身品牌影响力以及市场竞争力的重要方式。互联网时代下，如何转型去适应时代的变化以及消费者趋于年轻化的变化是企业得以向前发展的一个重要课题。不管是国内老字号还是国外老品牌均需要紧扣时代特性，在自身历史悠久的优势下，进一步创新。